LES MYSTÈRES D'OUVÉA

Patrick Forestier

LES MYSTÈRES D'OUVÉA

filipacchi

Sommaire

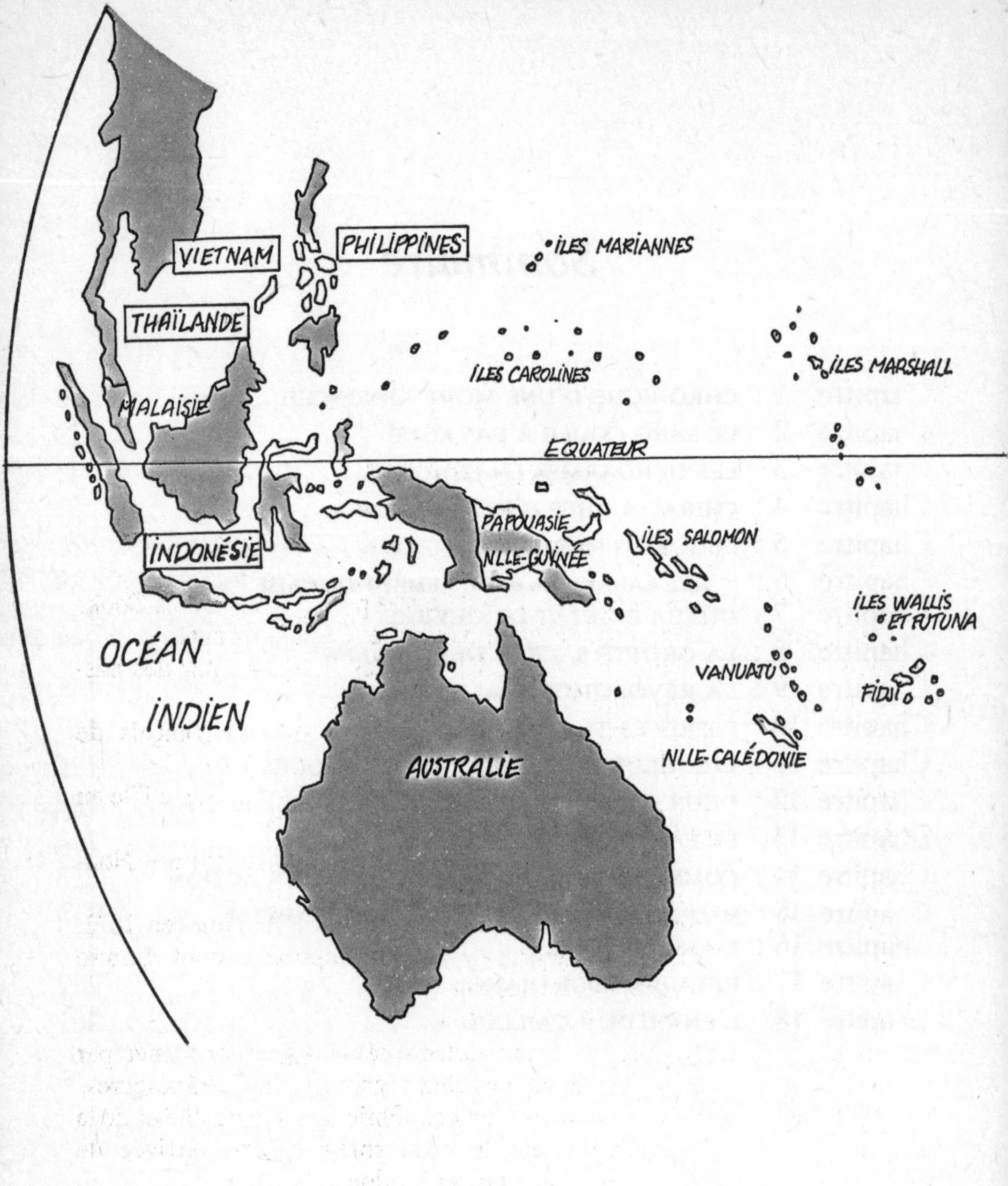

LA SITUATION GÉOGRAPHIQUE
DE LA NOUVELLE-CALÉDONIE DANS LE PACIFIQUE.

CHRONOLOGIE

1774.4.9	Découverte de l'île d'Ouvéa par l'anglais James Cook.
1827-1837	Dumont D'Urville découvre les Iles Loyauté.
1840	Début de l'évangélisation des Canaques par des missionnaires protestants puis catholiques.
1850 Nov.	Des indigènes massacrent les marins français de l'Alcmène.
1853.24.9	Le Contre-Amiral Febvrier-Despointes annexe l'île au nom de la France et de Napoléon III.
1854	Création de la capitale, Port-de-France, future Nouméa.
1864-1896	Installation d'un pénitencier dans l'île Nou (en 1872, des communards y seront déportés, dont Louise Michel et Rochefort).
1874	Exploitation du nickel.
1878	Répression d'une violente révolte canaque menée par Ataï. Les indigènes sont regroupés dans des réserves.
1895	Développement de l'économie agricole de l'île et de la colonisation par le gouverneur Feillet. Arrivée de travailleurs javanais et hindous.
1914-1918	Formation du « Bataillon du Pacifique » (1/4 sont morts au combat).
1917	Rebellion canaque contre les enrôlements.
1940.19.10	Ralliement à la France libre.
1942	Etablissement des troupes américaines pour les combats en mer de Corail.

1945.22.8	Création d'un siège de député, droit de vote pour les autochtones (anciens combattants, pasteurs, chefs coutumiers, moniteurs), soit 1444 canaques sur 9500 électeurs.
1953	Création de l'Union Calédonienne (U.C.).
1956	La Nouvelle Calédonie devient un territoire d'Outre-Mer (T.O.M.).
1957.26.7	Election d'une Assemblée territoriale, majorité U.C.
1958	Référendum du général De Gaulle. Le territoire garde son statut de T.O.M.
1963	Boom du nickel.
1969	Des étudiants canaques, « Les foulards rouges », menés par Nidoish Naisseline, réclament l'indépendance.
1977.8.12	Création d'un 2e siège de député.
1981.19.9	Assassinat de Pierre de Clercq, Secrétaire général de l'U.C. Début des troubles.
1981.9.12	Christian Nucci est nommé Haut-Commissaire.
1982 Juin	Jean-Marie Tjibaou (U.C.) devient Vice-Président du Conseil de gouvernement.
1983.10.1	Deux gendarmes sont tués et quatre blessés par des Mélanésiens à Koindé.
1984.24.9	Constitution du F.L.N.K.S. (Front de libération nationale kanak socialiste).
1984.18.11	Elections régionales boycottées par le F.L.N.K.S. Succès des anti-indépendantistes (R.P.C.R.).
1984.22.11	Séquestration du Sous-Préfet des Iles Loyauté.
1984.23.11	Quatre C.R.S. tués par balles.
1984.2.12	Nomination d'Edgar Pisani, délégué du gouvernement.
1984.5.12	Fusillade à Hienghene. Dix membres du F.L.N.K.S. tués.
1985.7.1	1er plan Pisani d'indépendance association.
1985.11.1	Assassinat d'un Caldoche, mort d'Eloi Machoro (F.L.N.K.S.) abattu par le G.I.G.N. Etat d'urgence décrété.
1985.19.1	Visite de François Mitterrand.
1985 Février	Incident à Thio. Expulsion de 5 Européens.
1985.20.8	Adoption d'un nouveau statut du territoire.

1985.29.9	Elections régionales, les anti-indépendantistes remportent 60,8 % des suffrages.
1986 Janvier	Expulsion du Consul d'Australie.
1986.29.6	Procès de Koindé (assassinats de gendarmes), 10 ans de réclusion pour le principal inculpé.
1986.29.9	Non-lieu pour les inculpés de la fusillade de Hienghene.
1986.2.12	L'O.N.U. affirme le droit à l'indépendance de la Nouvelle-Calédonie.
1987.13.9	Référendum d'autodétermination boycotté par le F.L.N.K.S. (59,1 % de participation, 98,3 % des suffrages pour le maintien au sein de la République).
1988 Février	9 gendarmes pris en otages pendant 12 heures à Poindimié.
1988.22.4	Un commando du F.L.N.K.S. attaque la brigade de Fayaoué, à Ouvéa. 4 gendarmes sont tués, 27 sont pris en otages.
1988.24.4	Elections régionales boycottées par le F.L.N.K.S. Les anti-indépendantistes obtiennent plus des 2/3 des sièges.
1988.5.5	Assaut de l'armée à la grotte d'Ouvéa. 19 militants indépendantistes et 2 militaires du 11e choc sont tués.
1988.8.5	Au deuxième tour de l'élection présidentielle, Jacques Chirac obtient 90,29 % (38,30 % d'abstention) en Nouvelle-Calédonie.
1988 Juin	Arrivée d'une « mission du dialogue ».
1988.26.6	Accords de Matignon entre Jacques Lafleur du R.P.C.R. et Jean-Marie Tjibaou du F.L.N.K.S. sous l'égide de Michel Rocard, prévoyant un référendum d'autodétermination pour 1998.
1988.6.11	Référendum sur le nouveau statut de la Nouvelle-Calédonie.

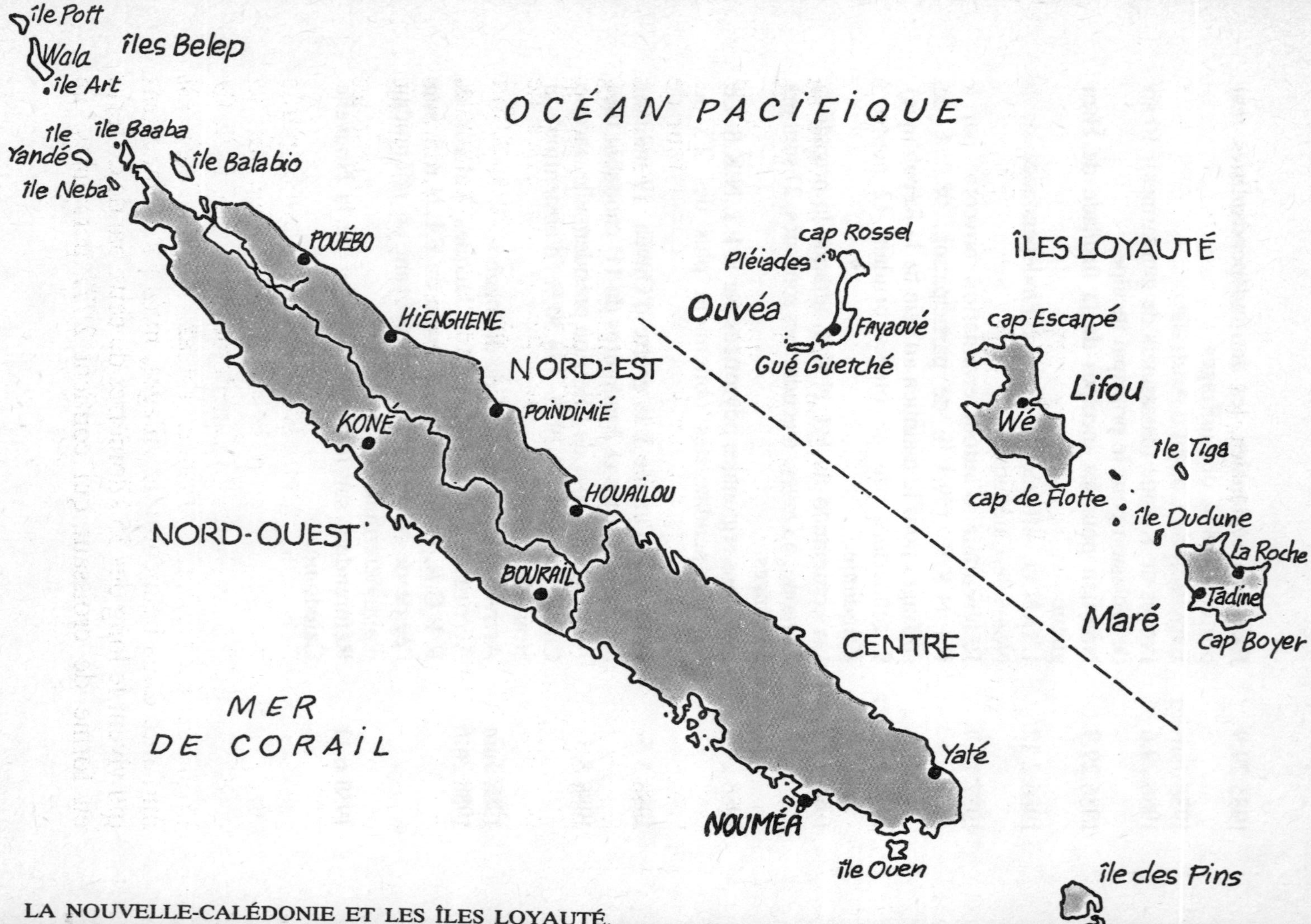

LA NOUVELLE-CALÉDONIE ET LES ÎLES LOYAUTÉ.

Chapitre 1

CHRONIQUE D'UNE MORT ANNONCÉE

S'il reste un endroit calme en Nouvelle-Calédonie au matin du 22 avril, c'est bien Ouvéa, la troisième des Iles Loyauté, à une bonne centaine de kilomètres à l'Est de la Grande Terre.

Sur la Grande Terre, à deux jours du premier tour de l'élection présidentielle, doublée des « régionales », les forces de l'ordre sont en alerte maximum. A Canala, les gendarmes mobiles sont pratiquement assiégés dans la gendarmerie, un vieux fortin aux pierres couvertes de mousse, qui domine la ville désertée par les habitants. Sur la route qui traverse la chaîne entre la Foa et Canala, devant les barrages édifiés pendant la nuit, des gendarmes sont morts, d'autres blessés. Ils ont été abattus par les guerilleros canaques indépendantistes qui boycottent les élections.

A Ouvéa, rien de tout cela. L'île semble épargnée par le vent de folie qui souffle sur le « Caillou ». Bien sûr, ici comme partout en Nouvelle-Calédonie, le F.L.N.K.S. (le Front de Libération Nationale Kanak et Socialiste), est implanté dans beaucoup de villages, mais les Mélanésiens qui vivent le long des 35 kilomètres de cette bande de terre en forme de croissant qui contient 2777 personnes, ne donnent pas l'impression d'être sur le pied de guerre. L'atoll s'ouvre sur un magnifique lagon aux eaux turquoise. Un véritable paradis terrestre. Les cocotiers penchés sur la mer. Et dans la transparence du lagon, le feu d'artifice de formes et de couleurs des coraux et des poissons. On rêve de robinsonnade, de vie sauvage et paisible, de cueillette et de pêche dans une nature amicale. Ce sont de tels endroits qui provoquent le désir de quitter « l'Europe aux anciens parapets », comme un Gauguin ou un Jacques Brel, et de renaître, homme nouveau dans un premier matin du monde. D'ailleurs, le joyau des Iles Loyauté figure en bonne place sur les cartes postales vendues aux touristes japonais à Nouméa.

Malgré ce calme à l'approche du scrutin qui s'annonce particulièrement houleux partout ailleurs, des renforts ont été acheminés à Ouvéa. Depuis le 14 avril, le lieutenant Destremau garde l'aéroport avec un peloton de 25 hommes, qui vit sous des tentes installées dans la tribu loyaliste d'Ouloup. Le lieutenant habite aussi Ouloup, chez un employé d'Air Calédonie qui l'a invité chez lui, à 200 mètres à peine de l'aérodrome. Ce saint-cyrien de 27 ans a belle allure. Des yeux clairs où se lit la volonté de bien servir adoucissent son visage émacié, aux joues creuses et aux pommettes hautes. Le sport et le grand air lui ont façonné un corps d'athlète. Après un an d'école d'application à Saumur, Destremau a commandé pendant trois ans un peloton au R.I.C.M., le Régiment d'Infanterie des Chars de Marine à Vannes. Il est arrivé en Nouvelle-Calédonie le 24 avril 1987. Depuis, il est chef de peloton à l'escadron blindé du R.I.M.A.P., le Régiment d'Infanterie de Marine du Pacifique. Un homme heureux sous les tropiques. Il y exerce pleinement son métier de soldat. Le 6 février dernier, il a épousé à Wellington une ravissante Néo-zélandaise, Lee, assistante d'anglais au lycée Lapérouse à Nouméa. Le lieutenant a déjà fait sept ou huit séjours à Ouvéa. Il a la responsabilité d'une zone au sud de l'île, entre Lékine et Mouly, où il est chargé d'apporter, avec ses hommes, une assistance technique pour la construction d'un dispensaire au titre d'une convention Etat-tribu de 2 millions C.F.P. (1 C.F.P. = 5 F. métropolitains), passée entre le grand chef Doumaï et le sous-préfet des îles Loyauté. Tous les deux mois donc, il parcourt la brousse d'Ouvéa en compagnie d'un médecin et d'un projecteur de cinéma. L'après-midi, le toubib donne des consultations. Chaque soir dans un village, on projette un film sur un drap blanc. Une vie paisible qui a permis à Destremau de nouer des contacts chaleureux avec les habitants de l'île.

D'autres renforts sont arrivés à Ouvéa. 28 hommes exactement. Des gendarmes mobiles appartenant, pour treize d'entre eux, à l'escadron 2-5 de Villeneuve d'Ascq, dans le Nord, le reste venant de l'escadron 7-22 d'Antibes, dans les Alpes-Maritimes. Le lieutenant Florentin commande, depuis le 21 avril, ce détachement arrivé de métropole.

Le maréchal des logis-chef Jean-Paul Lacroix, commandant de la brigade territoriale de Fayaoué, la seule « ville » d'Ouvéa, n'est pas mécontent de ce remue-ménage. Bien sûr, ces « renforts » lui donnent un surcroît de travail. Mais cela fait de nouvelles têtes dans l'île. Mis à part le médecin du dispensaire et une poignée d'enseignants, les Métropolitains ou même les Caldoches (c'est ainsi qu'on désigne la population coloniale, d'origine européenne. Les Pieds-noirs de la Nouvelle-Calédonie, en quelque sorte) de la Grande Terre viennent peu sur l'atoll. A la brigade, le maréchal des logis-chef Lacroix a deux hommes sous ses ordres : le gendarme Dujardin arrivé dans l'île avec sa femme Laurence, originaire de Nogent-le-Rotrou, et leur petit garçon, le gendarme C.O.M. (Cadre d'Outre-mer)

Samuel Ihage, dit Samy, un Mélanésien célibataire de 29 ans né à Quakono sur l'île voisine de Lifou.

Trois gendarmes pour Ouvéa, cela suffit en temps normal. Vêtu d'un short et d'une chemise, Jean-Paul Lacroix sillonne l'île à bord de sa Land-Rover. Il dresse peu de procès-verbaux. Il résoud les différends à l'amiable. Samy, le gendarme mélanésien, l'accompagne parfois. C'est un peu le guide de la brigade. Il parle quelques mots du dialecte d'Ouvéa et évite à ses deux camarades de commettre des impairs dans les tribus toujours très attachées à leurs traditions séculaires. Parce que c'est une île, peut-être plus qu'ailleurs, la vie des Canaques est soumise à la coutume. Depuis huit ans qu'il est à Ouvéa, Lacroix croit connaître son monde et c'est vrai que la « Blanche », la gendarmerie territoriale, est assez bien vue de la population.

Les mobiles, eux, ont moins bonne presse. Leur présence est synonyme de répression. Mais ils sont discrets. Ils dorment sous trois tentes dressées dans la cour de la brigade et prennent leurs repas sous une paillotte-salle à manger. Ils sortent peu de la gendarmerie. Ils sont là, en réserve, au cas où il y aurait du grabuge.

Ce 22 avril, vers 7 h 50, Lacroix sort de sa petite maison construite dans l'enceinte de la gendarmerie. Il est en tenue et porte son pistolet de service au côté, car il doit patrouiller dans la matinée. Josie, son épouse, un petit bout de femme blonde, est partie vers 7 h 15, comme tous les jours, accompagner leur fils Fabien à l'école primaire située pratiquement de l'autre côté de la route. Il ne reste plus que Laurence Grezelak, une jeune professeur de musique de 26 ans, née à La Seyne-sur-Mer, qui, tous les jeudis et tous les vendredis, vient de Nouméa donner des cours de solfège à la Mission Saint-Michel. Laurence a passé presque toute sa vie en Nouvelle-Calédonie où son père, militaire à la retraite, est venu s'installer il y a une vingtaine d'années, à Nouméa. Chrétienne convaincue elle a fondé à Ouvéa un mouvement de scout, et de guides qui rassemble une soixantaine d'enfants. Son petit scooter rouge est célèbre dans l'île. Entre Josie et Laurence, une amitié est née et chaque jeudi soir, la jeune professeur de musique est invitée à dîner chez les Lacroix.

Dans la brigade, personne ne se doute qu'un drame est en train de se nouer. Les gendarmes interviennent peu. Ils ferment les yeux sur les rares voitures démunies de vignette ou sur les conducteurs qui roulent sans assurance. Le « réseau » routier goudronné n'atteint pas les cinquante kilomètres et les accidents sont rares. En 1984, pendant que le sang coulait sur la Grande Terre, à Thio, Ouvéa n'avait connu que trois incendies dont un, à la mairie de Fayaoué, rapidement circonscrit par les élèves et les professeurs du collège protestant voisin. Mais depuis plusieurs jours, une conspiration se met lentement en place dans la plupart des dix-neuf tribus de l'île. Pour faire échec au statut Pons et « boycotter les élections », une opération commando a été organisée dans le plus grand secret au nez et à la barbe des gendarmes. D'ordinaire, les Canaques ont la réputation de ne pas « tenir leur langue ». Cette fois, aucune information ne parvient aux oreilles du maréchal des logis-chef Lacroix qui, au bout de huit mois de présence dans ce « mouchoir de poche », estime pouvoir prendre la température de l'île. Pour mieux préserver le secret, les membres du commando n'ont été, pour la plupart, mis au courant de l'opération que la veille du jour J.

Le jeudi 21 avril vers 20 heures, Joanny Chaoury, un éleveur de 34 ans, entend frapper à la porte de sa maison bâtie dans la tribu d'Ogniat. Winceslas Lavelloi et Gaston Nie, deux membres du F.L.N.K.S., demandent à le voir. Joanny possède une voiture, une Peugeot 404 bâchée. Ses

camarades en ont besoin. Son essence sera payée. Il n'a pas de souci à se faire. Il suffit qu'il conduise un certain nombre de Mélanésiens à Fayaoué.
Joanny embarque d'abord Constantin Bege et Delphin Ogat, des gens de sa tribu, avant de commencer son ramassage. Dans la nuit, près des tribus de Gossanah et de Saint-Joseph, des hommes attendent au bord de la route. 17 ou 19 personnes s'entassent à l'arrière. Joanny a du mal à compter dans l'obscurité. Il remarque cependant qu'un des passagers est armé d'un fusil. Gaston Nie lui explique que tout ce remue-ménage nocturne est en fait la préparation de l'attaque de la brigade de Fayaoué prévue pour le lendemain matin. Le véhicule s'arrête à 500 mètres de la gendarmerie. Les membres du commando descendent. Joanny retourne dans sa tribu.

A 20 heures, ce même jeudi, Léonard Faoutoio, un jeune célibataire de 24 ans, qui vit chez sa mère dans la tribu de Mouly, au sud de l'île, voit arriver son cousin Eric. Comme beaucoup de jeunes Canaques, Léonard est un militant F.L.N.K.S. qui souhaite l'indépendance immédiate de la Nouvelle-Calédonie. Quand son cousin, militant comme lui, lui propose de participer à l'occupation de la brigade le lendemain matin, il accepte bien volontiers. « Le but de l'opération, lui explique Eric, est de prendre la place des gendarmes tout en gardant ceux-ci en otage. » Rendez-vous est fixé pour le lendemain à 7 h 30 devant la mairie située à une centaine de mètres de la brigade. Eric ne donne aucun détail sur la manière d'opérer. « Prends un couteau pour faire peur aux gendarmes », précise-t-il simplement à son cousin. Puis il ajoute : « Tu feras partie d'un groupe de cinq gars de la tribu de Mouly. Avec toi, il y aura Louis Meaou, Charly Aena, Théophile Adjiriop et Alain Tangopi. »

A 7 h 30, le vendredi 22, devant la mairie, Léonard

retrouve une vingtaine d'autres militants. Il les connaît presque tous, tout au moins de vue, comme Victor, un jeune de 19 ans de Saint-Joseph. Tous les gars de son groupe sont là. C'est Louis Meaou qui commande. Rapide briefing avant l'attaque : « Notre groupe doit attaquer par le côté droit, explique Louis. Des gars de la tribu de Saint-Joseph se chargent de l'entrée principale. L'attaque par l'arrière est assurée par des gens de Ouloup, Nimaha et Fayaoué. Quant au côté gauche, c'est un groupe de la tribu de Lékine qui s'en charge. Le responsable de chaque groupe donnera le signal au moment convenu pour approcher de la brigade. »

C'est au cours d'une réunion F.L.N.K.S., que Louis Meaou s'est porté volontaire pour cette opération. Les cousins Kapoeri, Chanel et Robert, l'avaient convoqué. L'ordre du jour était clair : « occuper et neutraliser la gendarmerie de Fayaoué ».

Faissen Touet, lui, a été prévenu de l'attaque la veille. C'est Bein Wea, également de la tribu de Gossanah, qui lui a demandé sa participation. Faissen est chargé d'une mission bien précise : rejoindre des militants de la tribu de Wadrilla et monter un barrage après le passage du convoi des otages, pour protéger leur fuite.

En fait, la décision d'attaquer la gendarmerie d'Ouvéa a été prise il y a presque un mois. Fin mars, les îles Belep un archipel situé au Nord de la Grande Terre accueillaient les réunions préparatoires des actions prévues dans le cadre de « la mobilisation musclée » contre les élections régionales et présidentielle du 24 avril. Outre le maire de Belep, Aymard Bouanaoué, délégué au Comité Directeur de l'Union Calédonienne, Edmond Nekiriai, président du bureau politique du F.L.N.K.S., plusieurs membres du Palika (Parti de Libération Kanak), l'aile dure du mouvement, et Alphonse Dianou participaient à ces réunions secrètes.

Qui est Dianou ? Dianou Kagnapa Alphonse, fils de Sylvain Dianou et Marie Adeda, est né le 3 juillet 1959 à Téouta, dans la tribu de Saint-Joseph. Il a suivi des cours du séminaire de Païta, non loin de Nouméa, avant d'aller étudier au « Pacific Theological College » de Suva aux îles Fidji. Il ne sera jamais ordonné à cause de son « excès de zèle religieux ». De retour en Nouvelle-Calédonie, il se lance dans le militantisme politique comme de nombreux prêtres mélanésiens (Jean-Marie Tjibaou, le leader du F.L.N.K.S. est lui-même un prêtre défroqué). Bien que président du Comité de Lutte d'Ouvéa, Alphonse Dianou habite le quartier de Rivière Salée à Nouméa avec sa concubine et leur enfant. Membre du bureau politique du F.L.N.K.S., il mène une vie discrète. Pourtant, une fois, il sortira de sa réserve. En compagnie d'Elie Poighousse, professeur de mathématiques, d'ailleurs apprécié au lycée Lapérouse, il est interpellé lors des manifestations contre le référendum les 22 et 23 août 1987 à Nouméa et écope, avec son camarade, de quinze jours de prison avec sursis. Fin octobre 1987, il séjourne à Alice Spring, en Australie, à l'invitation de Barbara Flick, une passionaria de 50 ans qui milite pour la cause du « Peuple kanak et aborigène » à travers son organisme, l'« Institute for Aboriginal Development ».

Aux îles Belep, on a choisi le gros coup, mais ce n'est pas la première fois que les indépendantistes s'en prennent à des gendarmes. L'exemple est tout récent puisqu'il date du 26 février. Ce jour-là, à 16 heures locales, une centaine de Mélanésiens attaquaient un peloton de gendarmes mobiles de l'escadron 2-4 de

Blois à coup de bâtons, de pierres, de machettes et de cocktails Molotov. Premier bilan : dix-sept gendarmes blessés et neuf autres pris en otages avec armes et munitions.

La raison ? Un différend politico-foncier qui opposait les militants F.L.N.K.S. de la tribu de Tiéti à la municipalité et à l'administration. Depuis plusieurs semaines, des Canaques occupaient les 54 hectares prévus pour la construction de l'hôpital de Poindimié. Le terrain, situé au bord de plage, est revendiqué par plusieurs clans de la tribu de Tiéti, fief du Palika, la fraction extrémiste du F.L.N.K.S. liée à la Ligue communiste révolutionnaire d'Alain Krivine. Cet hôpital, toute la population de la côte Est, à majorité mélanésienne, le réclame, car elle est contrainte de se rendre à Nouméa, à plusieurs heures de voiture, pour s'y faire soigner. Jean-Marie Tjibaou, lui-même, y est favorable. Sur les seize clans de la région de Tiéti, deux seulement sont opposés à sa construction sur le territoire retenu par le maire indépendantiste, Francis Pouadouy, qui a accepté l'idée du gouvernement de faire de son gros village de 3600 habitants la deuxième ville du territoire pour contrebalancer l'influence de Nouméa, « Nouméa la blanche », comme on disait « Alger la blanche »...

Le lundi 26 février, les gendarmes, sur le chantier, et les Canaques, de l'autre côté de la route, sur la plage, se font face. Chez les Canaques, l'ambiance semble bon enfant et endort la méfiance des forces de l'ordre. Soudain, les femmes et les enfants disparaissent et une centaine de Mélanésiens se ruent sur les forces de l'ordre prises au dépourvu. Pour se défendre, les gendarmes lancent des grenades lacrymogènes. Ils gardent leur sang-froid. Aucune balle ne sera tirée, bien que plusieurs d'entre eux aient subi des fractures multiples sous les coups des Canaques en furie. Les otages seront retenus toute la nuit avant d'être libérés à 5 h 20 du matin. « Ils avaient pris nos armes et nous gardaient, le canon sur la nuque », expliquera un rescapé. Le lendemain, les armes étaient récupérées. Pas toutes cependant. Un Famas, deux Mas 36, cinq pistolets MAC 50 et une lunette de tir circulent encore aujourd'hui du côté de Poindimié.

Cette opération « frontale » survenait moins d'une semaine après le VIIe Congrès du F.L.N.K.S. qui devait dans un premier temps se tenir à Tiéti. Le choix de la tribu voisine de Tibarama fut certainement estimé moins provocateur par Jean-Marie Tjibaou. « Cet attentat contre la gendarmerie apparaît comme une tentative de la composante extrémiste du F.L.N.K.S. pour entraîner le front indépendantiste, par solidarité, dans une spirale de violence-répression destinée à impressionner l'opinion publique métropolitaine à l'approche des élections présidentielles », écrit, avec prémonition, le 23 février, Jacques-Maurice Cler, correspondant du « Figaro » à Nouméa. « Les auteurs de ce mauvais coup appartiennent précisément à la fraction qui s'est démarquée de l'Union Calédonienne (le Parti de J.-M. Tjibaou, composante principale du F.L.N.K.S.) lors du VIIe Congrès du F.L.N.K.S. Cette tendance extrémiste, manipulée par des militants blancs d'origine métropolitaine, qui n'a pas obtenu gain de cause lors de ce XIIe Congrès, bascule dans la violence et compte y entraîner le reste du F.L.N.K.S. », conclut Jacques-Maurice Cler.

Le lendemain, un Métropolitain de souche européenne, Paul Naud, 43 ans, instituteur à la D.E.C. (Direction de l'Enseignement Catholique) est arrêté, ainsi que Amabili Poaragnimou, responsable local du Palika et animateur du Comité de revendication des terres de Tiéti. Florence Decamp, la correspondante de « Libération », rapportait quant à elle la réflexion d'un militant du F.L.N.K.S. sur cette affaire : « Une prise d'otages de gendarmes en Nouvelle-Calédonie, c'est la première fois qu'on voit ça. » Ce n'était pas en tout cas la dernière. Ce militant avait beau préciser que « ce n'était pas la décision annoncée au VIIe Congrès par Jean-Marie Tjibaou de faire de la résistance musclée », pour boycotter les élections qui les avait motivés, l'idée a fait rapidement son chemin dans les rangs des extrémistes.

« Au moment où l'Union Calédonienne, composante principale du F.L.N.K.S., parti de Jean-Marie Tjibaou, admet un renversement du rapport de forces à son désavantage, le Palika s'efforce de démontrer qu'une bande de quelques dizaines de militants déterminés, agissant ponctuellement, par surprise, en situation de supériorité numérique, peut créer l'événement et aboutit à un effet médiatique de résonance nationale et internationale », écrit encore le correspondant du « Figaro » qui ne croit pas si bien dire. Etant donné le précédent heureux, de Tiéti, pourquoi ne pas recommencer à la veille des élections du 24 avril ? Il n'y a pas de raison que le même scénario ne réussisse pas une seconde fois ! Surtout si le coup est bien préparé. Aux îles Belep, la prochaine cible est arrêtée. Yeiwene Yeiwene, n° 2 du F.L.N.K.S., et Franck Wahuze, F.L.N.K.S. franc-maçon de Lifou, en sont les inspirateurs. Alphonse Dianou en sera l'exécutant.

Pour l'Union Calédonienne, il s'agit seulement d'occuper la brigade de la gendarmerie d'Ouvéa, comme il avait été fait à Thio en 1984. Mais pour le Palika, qui envisageait de passer à un stade déterminant de sa stratégie de lutte, c'est l'occasion d'intensifier son action, comme à Tiéti.

Huit jours avant le déclenchement de l'attaque, les trois hommes font partie des vingt passagers du Twin Otter d'Air Calédonie. Destination : Ouvéa. Dianou a un retour open. Yeiwene Yeiwene et Wahuze repartent pour Nouméa le soir même. Les dernières phases de l'opération ont été préparées dans le plus grand secret, aussi bien vis-à-vis des participants que de la population. Pour mieux brouiller les pistes, les organisateurs ont recruté dans tous les composante politiques du F.L.N.K.S. Bien que sur ses gardes, la brigade de gendarmerie n'a pas eu le moindre soupçon. Aucune information sur le projet n'a pu être recueillie dans l'île qui comprend pourtant un pourcentage important de population loyaliste. Les responsables de l'Union Calédonienne et la majorité des participants ignorent l'intention de tuer, tout au moins de frapper fort, qui anime les militants du Palika.

Un certain désarroi règne à l'époque à la direction du F.L.N.K.S. Attaqué par son aile extrémiste, ayant du mal à mobiliser ses troupes, inquiet de l'incertitude du résultat de la présidentielle (si Chirac passe, le statut Pons sera mis en application), Jean-Marie Tjibaou n'a pas été très bavard lors du dernier Congrès de son mouvement au mois de mars. Pendant la Convention des indépendantistes qui se tient le 2 avril dans la tribu de Houaïlou, à 240 kilomètres au nord-est de Nouméa, il n'est guère plus disert. Il s'en remet aux trente-deux comités de lutte — un par commune — présents qui devront « faire preuve d'ingéniosité tactique et stratégique en fonction des circonstances. A chaque comité de lutte de décider de la meilleure méthode pour boycotter les élections ». Le leader du F.L.N.K.S. est-il au courant du coup qui se prépare à Ouvéa ? Lui seul pourrait répondre. En tout cas, il prendra plus tard le train en marche « en assumant les conséquences politiques de la prise d'otages qu'il ne condamnera pas ».

Lors du Congrès de mars, deux courants s'étaient déjà affrontés : les partisans du boycott actif et ceux du boycott passif. Lors de la Convention de Houaïlou, le consensus ne s'est pas mieux établi. Chacun prône un type différent d'action. Cela va, selon Jean-Marie Tjibaou, du pèlerinage et de la journée de prières, jusqu'à des « actions plus viriles et plus démonstratives », en passant par la grève de la faim. « Le mot d'ordre de “ mobilisation musclée ” n'est pas remis en cause, mais chacun pourra l'exprimer selon sa propre interprétation », explique Florence Decamp pour « Libération ». Ce 2 avril, le leader du F.L.N.K.S. annonce l'organisation « d'une manifestation pour l'indépendance », le 16 avril à Nouméa dans le cadre d'une « campagne d'explications et d'informations » sur les raisons du boycottage des élections régionales et présidentielles du 24 avril.

Cette manifestation à laquelle sont conviées « toutes les personnes éprises de justice sur le territoire et dans le monde », selon M. Tjibaou, « ne remet pas en cause la mobilisation et les actions musclées sur le terrain ».

Rentrant d'un long séjour en métropole, où il s'est entretenu avec MM. Rocard, Joxe et Jean-Louis Bianco, secrétaire général de l'Elysée, Jean-Marie Tjibaou précise le but de son action à Houaïlou : « Faire échec aux entreprises du gouvernement dont le candidat est l'adversaire de M. Mitterrand. Si nous nous organisons bien, les actions que nous menons ici, bien expliquées, peuvent avoir une répercussion nationale qui pourrait peut-être ne pas faire gagner des voix à M. Mitterrand mais en faire perdre à M. Chirac. »

Le 16 avril, la « journée de mobilisation » est un fiasco. Elle se borne à un sit-in de tout au plus 600 Canaques, accroupis dans l'aube mouillée sous la pluie, dans la cité H.L.M. de Montravel, le quartier mélanésien de Nouméa. Il faut relever « le moral des troupes ». L'idée de frapper un grand coup s'en trouve confortée chez les extrémistes qui ont mis sur pied l'opération Ouvéa.

Les militants ne font, en fait, qu'appliquer un texte saisi

par les « services » dans la valise d'un conseiller F.L.N.K.S. de la région centre à son retour de métropole le 20 juin 1986. Sous le nom de « Opération Coup de Poing », ce texte décrit les diverses actions qui peuvent s'échelonner sur deux mois à partir du moment où le processus est enclenché.

L'O.C.P., est une véritable insurrection armée qui s'inspire visiblement des théories de guérilla lancées en Amérique du Sud par Che Guevara :

Stade A — Premier mois : convergence des troupes offensives vers le continent.

Stade B — première semaine du deuxième mois : mise en place des barrages, mise en place de l'auto-défense.

Stade C — deuxième semaine du deuxième mois : neutralisation des points sensibles par les troupes offensives.

Stade D — troisième semaine du deuxième mois : convergence des troupes offensives vers la capitale.

Stade E — quatrième semaine du deuxième mois : neutralisation de la capitale.

Suivent la définition, l'organisation et la composition des troupes offensives : chaque tribu doit fournir au minimum dix militants. Les troupes offensives des îles combattront sur le continent. Toute arme doit être réquisitionnée au profit des troupes offensives. Le commandement national des troupes offensives est composé de Mélanésiens.

Le document se termine par les différentes missions des troupes offensives : neutralisation de points stratégiques dans les communes, neutralisation de la capitale, neutralisation des points sensibles communaux par les troupes respectives avec effet de surprise en rendant coup pour coup et en prônant la légitime défense. Toutes les armes réquisitionnées iront principalement aux troupes offensives, le surplus aux troupes d'auto-défense. Tous les

Canaques servant dans les casernes doivent se rebeller. Enfin, la destruction de tous les moyens, terre, air, mer, de l'ennemi doit être opérée.

L'O.C.P. correspond à la phase finale d'une stratégie qui en comportent deux autres. La première : action psychologique et « conscientisation des militants ». La deuxième : déstabilisation, comme à Canala, avec tirs de harcèlement sur les forces de l'ordre et vols d'armes, sans toucher aux colons. Enfin, l'attaque de points sensibles, tuer des gendarmes et en faire prisonniers pour les détenir en otages.

Outre Alphonse Dianou, le noyau dur du commando qui doit attaquer la gendarmerie d'Ouvéa, comprend Wenceslas Lavelloi, né le 25 janvier 1948 à Takedji, à Ouvéa, « cultivateur » de profession. « Vince » a été l'objet d'une interdiction de séjour pour une « durée indéterminée », prononcée par le Conseil des anciens réunis à la grande chefferie de Takedji le 21 juin 1984. Verdict des autorités coutumières : « Interdiction d'accès à la tribu et en cas de non respect de la “ condamnation ”, application de la loi coutumière : bastonnade jusqu'à ce que mort s'en suive ».

Le propre frère d'Alphonse Dianou fait partie de « l'état major » des troupes qui vont prendre l'assaut la gendarmerie. Hilaire est né le 17 janvier 1957, à Nouméa et est domicilié à Téouta, tribu de Saint-Joseph. Comme ses camarades impliqués dans l'affaire d'Ouvéa, il est pratiquement inconnu des services de police avant le drame.

Vient enfin Chanel Kapoéri, né le 22 septembre 1949 à Mouly (Ouvéa), dirigeant de l'Union Calédonienne, premier vice-président des Iles Loyauté (adjoint de Yeiwene Yeiwene). Kapoéri n'est pas un inconnu. Le 13 mai 1987, il avait interdit à Pons, en visite à Ouvéa, l'accès de sa tribu de Mouly...

Chapitre 2

LE SANG COULE À FAYAOUÉ

En s'approchant du bureau peu avant 8 heures, le maréchal des logis-chef Jean-Paul Lacroix remarque trois ou quatre Mélanésiens devant le bâtiment. Il reconnaît parmi eux Chanel Kapoéri. La voiture du dirigeant de l'Union calédonienne, une 504 verte, est d'ailleurs garée devant l'entrée. Le sous-officier ne trouve pas cette visite insolite. Kapoéri ne vient-il pas de temps en temps à la brigade ? C'est un homme avec qui la gendarmerie entretient de bons rapports malgré ses opinions politiques. Il a souvent fourni d'excellents renseignements. La veille, l'adjudant l'a encore rencontré dans Fayaoué. Kapoéri lui avait demandé si Samy qui fournissait du poisson à la brigade était là en ce moment. Cette fois, il était question de langouste. « Vous n'avez qu'à passer demain matin », avait répondu Lacroix.

Quand le chef de la brigade arrive près du groupe, il serre les mains des Mélanésiens qui discutent de la pluie, du beau temps et du prix des langoustes avec Samy. Kapoéri plaisante : « Vous voulez m'échanger votre arme contre une orange », lance-t-il en éclatant de rire. « Vous plaisantez », répond Lacroix en souriant, avant de pénétrer dans le bureau déjà occupé par son adjoint, le gendarme

Edmond Dujardin, un gendarme mobile, Eric Alengrini, et le lieutenant Florentin du 7-22 qui est le seul à porter un pistolet. Les deux autres, de « corvée » d'écriture pour toute la matinée, n'ont pas pris la peine d'emporter leur arme de service.

Pour peler son orange, Kapoéri a demandé un couteau à Samy qui est retourné en chercher un chez lui. Muni du couteau, le conseiller régional emboîte le pas du chef Lacroix, laissant Samy en discussion sur le seuil de la porte avec ses deux compagnons Augustin Poumelli et Célestin Wegue. Lacroix pense que Kapoéri a oublié de lui demander quelque chose, mais il s'aperçoit soudain, qu'il y a beaucoup trop de monde dans le bureau. Une intuition. C'est déjà trop tard. Chanel Kapoéri, qui a jeté le couteau de cuisine de Samy, lui saute à la gorge. C'est son propre coutelas qu'il appuie contre la carotide du sous-officier. « Je suis venu vous dire que vous êtes prisonniers. Donnez-moi votre pistolet, où je vous tue », crie le conseiller régional. Un deuxième Canaque, Célestin Wegue, saisit les jambes de l'adjudant pour tenter de l'immobiliser. Sans succès. Lacroix pense d'abord à une mauvaise plaisanterie : « La cour est pleine de gendarmes. A trois ou quatre Mélanésiens, ils ne font pas le poids ». Il se débat comme un diable. Passé le premier moment de stupeur, Samy saute sur Kapoéri pour l'empêcher d'égorger son chef. La bagarre les entraîne dehors. Un autre Canaque, Casimir Bolo, menace alors Samy : « Si tu touches à Célestin et à Chanel, je te tue. » Tout en cherchant à protéger son arme, le chef Lacroix continue à se débattre. Avec ses assaillants, il tombe à terre. Chanel Kapoéri réussit finalement à défaire son ceinturon et s'empare du pistolet : « Arrête Jean-Paul, crie-t-il au sous-officier. C'est fini. » C'est alors que claque le premier coup de feu. Le lieutenant Florentin vient de loger une balle dans la mâchoire d'Augustin

Poumelli au moment où celui-ci lui assénait un coup de tamioc — la hache calédonienne — sur le crâne. Les deux hommes, blessés, tombent à terre. Le gendarme Alengrini est également hors de combat : il a reçu un jet de gaz lacrymogène en pleine figure.

Le coup de feu semble surprendre Kapoéri. Mais l'alerte est maintenant donnée et d'autres coups crépitent derrière les bâtiments. Trois commandos d'une douzaine d'hommes envahissent la gendarmerie. Un premier groupe de la tribu de Saint-Joseph enfonce l'entrée principale, à côté des docks de la municipalité. Un deuxième, composé de militants F.L.N.K.S. de Mouly, enjambe le grillage qui entoure les bâtiments. Un troisième groupe des tribus d'Ouloup, de Fayaoué et de Nimaha franchit la clôture derrière les tentes des gendarmes mobiles.

Dans un ultime sursaut d'énergie, le maréchal des logis-chef Lacroix lance un S.O.S. radio sur la fréquence 60 : « Nous sommes attaqués. » Chanel le rejoint et, sous la menace du revolver, l'empêche de poursuivre son message. Par la fenêtre du bureau donnant sur l'arrière, le sous-officier se rend compte de l'ampleur du désastre : des dizaines de Canaques, pour la plupart masqués, armés de fusils, de haches et de couteaux, courent en tous sens dans l'enceinte de la brigade.

Josie Lacroix, qui se trouve dans sa cuisine, a du mal à comprendre ce qui se passe. Cette Stéphanoise de 35 ans — elle a suivi son mari dans chacun des postes où il était affecté — n'aurait jamais pensé qu'ici, à Ouvéa, elle se trouverait mêlée à une telle aventure. Son amie Laurence est en train de lui dire au revoir. Les deux femmes entendent crier : « On nous attaque ! » dans la cour. C'est un gendarme mobile qui se précipite vers son campement situé légèrement à gauche. A travers la moustiquaire de la porte, Josie voit une quinzaine de Canaques envahir la gendarmerie par le portail d'entrée. Elle n'a même pas le temps de fermer la porte à clé. Une demi-douzaine d'assaillants font irruption dans la maison. Malgré la peur qui les envahit, les deux femmes essaient de parlementer. « Taisez-vous, leur intime-t-on, et asseyez-vous. ». L'un des Canaques impressionne fortement la femme du gendarme : 1,75 mètre, trapu, il porte une barbe fournie, une chevelure abondante en forme de boule et serre une machette dans sa main. Il semble être le chef du groupe. Un autre Canaque, plus petit, mince, les cheveux courts, se tient devant la baie vitrée de la salle à manger. Il incite les deux femmes terrorisées à reprendre leur calme. « Qu'est-ce qui se passe ? Que voulez-vous ? » demandent-elle. « Nous avons des ordres », répond simplement un troisième Mélanésien planté entre la cuisine et la salle à manger.

Laurence Grezelak, elle, a tout compris. Elle regardait par la fenêtre au moment où un camion Toyota blanc enfonçait le portail de l'entrée. Elle a reconnu le véhicule affecté à la région des îles et conduit habituellement par Chanel Kapoéri, le conseiller régional. Cette fois-ci, le camion est rempli d'hommes masqués et armés. La jeune femme remarque que le Canaque à la machette parle le langage de Fayaoué. Il a enlevé le linge qui lui masque le visage. Il se met à fouiller partout pour trouver des armes. Un autre, âgé d'environ 18 ans, de taille moyenne, les cheveux courts et crêpus, vêtu d'un parka, le regarde mettre la maison sens dessus dessous. Celui qui se tient entre la cuisine et le salon porte une touffe de cheveux blonds bouclés et délavés. Il est vêtu d'un short clair et d'un simple tee-shirt. Le quatrième est très maigre, et, bizarrement, ses cheveux crêpus sont de couleur claire, presque blonds. Il va et vient entre chaque pièce sans se séparer de son long couteau. Dehors, des coups de feu claquent encore, des gens courent dans tous les sens en hurlant.

22 ans, 1,78 mètre, David Jeumetz est un gars de Boulogne-sur-Mer qui s'est engagé dans la gendarmerie après son service militaire. Parti de Villeneuve d'Ascq où est basé son escadron mobile, il est arrivé à Ouvéa le 7 avril avec dix camarades et trois gradés. La veille de l'attaque, il était de garde pour 24 heures. A partir de 19 h 45, toutes les deux heures, il faisait une ronde dans le cantonnement avec cinq autres camarades. Il attendait avec impatience la fin de ce vendredi pour prendre un repos bien mérité.

A 7 h 40, David Jeumetz se dirige vers l'armurerie pour échanger son Famas, le pistolet-mitrailleur utilisé pendant le service de nuit, contre le pistolet automatique du service de jour. Dans les tentes, les copains sont déjà réveillés et s'apprêtent à prendre le petit déjeuner. En longeant le parc à véhicules, Jeumetz aperçoit une demi-douzaine de Mélanésiens qui discutent avec le gendarme Samy tout en mangeant des oranges non loin de l'adjudant-chef Moulié, de l'escadron d'Antibes. Tout à coup, la bagarre éclate et des grappes de Mélanésiens sautent par-dessus le grillage. Le temps que Jeumetz comprenne, c'est déjà trop tard. Il court pourtant jusqu'à l'armurerie pour donner l'alerte et chercher du renfort. Devant le bâtiment, il tombe sur deux gars de son escadron, Leblond et Zadvasky et trois autres d'Antibes, Bass, Cézanne et l'adjudant Marion. Zadvasky vient tout juste de toucher son Famas. Il se tient à côté de Jeumetz qui tire son pistolet de l'étui. Un Canaque leur fait face, armé d'une carabine de chasse. Des coups de feu claquent. Zadvasky s'écroule, mortellement touché. Selon le témoignage de plusieurs gendarmes et de l'un des assaillants, Benoît Tangopi, 24 ans, de la tribu de Saint-Joseph, c'est Wenceslas Lavelloi qui a abattu avec sa carabine à lunette de calibre 270 Zadvasky d'une balle en pleine tête.

Avec l'adjudant Marion et les trois autres gendarmes,

David Jeumetz s'enferme précipitamment dans l'armurerie. Les cinq hommes pensent ainsi se protéger et empêcher les assaillants de se saisir de l'arsenal. Au moment où ils ferment la porte, ils entendent le lieutenant Florentin crier : « Pas d'effusion de sang, l'adjudant-chef est blessé. »

En fait, l'adjudant-chef Georges Moulié est à l'agonie (il décédera quelques jours plus tard dans un hôpital de Sydney en Australie). Benoît Tangopi, apportera plus tard un témoignage formel : « J'ai vu l'adjudant-chef à genoux, à côté de l'antenne radio, les bras levés, s'écrouler après avoir reçu une balle. Je n'ai pas vu qui a tiré, mais le coup venait de l'endroit où se tenait Alphonse, armé d'un fusil de chasse, qui s'est vanté ensuite de l'avoir tué. »

Alphonse Dianou, comme rendu fou par le bruit des détonations et le bain de sang provoqué par son commando, n'hésite pas à exécuter de sang froid un autre homme : Daniel Leroy, 40 ans, originaire de Lomme dans le Nord. Ce gendarme veut porter secours à ses camarades blessés. Sous le coup de l'émotion, il ne sait plus quoi faire. « Couche-toi ! » hurle Alphonse Dianou. Leroy hésite, craignant de mourir abattu comme un chien. « J'ai vu Alphonse, près des jeeps, vers le fond de la cour, tuer un gendarme agenouillé, les mains en l'air et qui se trouvait à l'angle du bâtiment au pied d'un cocotier », affirmera Benoît Tangopi lors de son audition. Il ajoutera même : « Il (Alphonse) l'a tué parce qu'il ne se couchait pas assez vite. » Devant les yeux remplis de terreur de ses camarades, Leroy est projeté à terre sous la violence de la déflagration, fauché par onze plombs de gros calibre qui, selon le rapport d'autopsie, ont provoqué un « hémothorax, un hémopéricarde et une plaie au cœur ».

La porte de la maison des époux Lacroix s'ouvre brutalement. Plusieurs Mélanésiens poussent Laurence

Dujardin vers Josie Lacroix et Laurence Grezelak, qui restent terrées dans le salon, sous bonne garde. La jeune femme tremble de peur. A 29 ans, sa vie vient de basculer dans l'horreur, à 18 000 kilomètres de la France et de l'Eure-et-Loir paisible où elle est née. Edmond et Laurence Dujardin étaient arrivés en Nouvelle-Calédonie à la mi-janvier avec leur petit garçon. C'est à Nouméa qu'Edmond avait fêté son 32e anniversaire avant de rejoindre son affectation de gendarme territorial à la brigade de Fayaoué. Ce matin, il a quitté sa femme à 7 heures pour prendre son poste de planton au bureau. Comme il ne devait pas sortir de la brigade, il avait passé une tenue légère et décontractée : short blanc et chemisette mauve. Les « Métros » supportent mal cette chaleur humide qui règne à cette époque de l'année entre deux orages. A 7 h 15, Laurence a emmené leur fils à l'école Saint-Michel, distante de quelques centaines de mètres. Un aller-retour de cinq minutes. Puis elle a pris tranquillement son petit déjeuner. En sortant, elle n'a rien remarqué d'anormal, si ce n'est, peu avant le presbytère, un bateau de pêche ancré près de la côte en face de l'école catholique. C'est la première fois qu'elle voit un bateau à cet endroit dans le lagon. Revenue dans la cuisine, Laurence est perdue dans ses pensées quand soudain son mari fait irruption, tout essouflé d'avoir couru : « Cache-toi. La brigade est attaquée ! » crie-t-il. Voyant que la bagarre dans le bureau tournait à l'avantage des Mélanésiens, Edmond Dujardin a fui par l'arrière pour aller chercher sa carabine personnelle. Laurence pousse la table de la cuisine contre la porte et s'accroupit derrière. Les premiers coups de feu retentissent dans la cour. « Oh ! les salauds ! » crie Edmond, fou de rage. Il vient d'être touché à la main droite. En traversant la région carpo-métacarpienne, la balle a fendu en deux la main qui pend, morceau de chair sanguinolante, comme si elle avait été tranchée à vif. A Nouméa et à Paris, les premiers compte-rendus affirmeront qu'un gendarme a eu la main tranchée par un coup de machette. L'autopsie prouvera qu'en fait, c'est une balle qui est à l'origine de cette blessure. Edmond Dujardin réussit à s'enfuir en enjambant la fenêtre de la cuisine. Sa femme l'entend crier « Au secours ! » Ce sont ses derniers mots. Armé d'une carabine de chasse à lunette pour tirer le gros gibier, Wenceslas Lavelloi a ajusté son tir. Cette fois, il fait mouche : Edmond Dujardin est touché de plein fouet dans la poitrine et meurt d'un « hémothorax » (trois litres de sang se répandent dans sa poitrine) et de graves lésions à un poumon et à des vaisseaux. Dans sa déposition, Benoît Tangopi précisera qu'il a vu Lavelloi Wenceslas « tuer un gendarme assez corpulent qui sortait de la maison en face des bureaux avec sa carabine de chasse à lunette ».

Cachée dans la cuisine, Laurence ignore que son mari gît à quelques mètres dans une mare de sang. Elle se risque de temps en temps à jeter un coup d'œil par la fenêtre et elle voit une vingtaine de Canaques fouiller les tentes des gendarmes mobiles. Une demie-heure s'écoule qui lui paraît une éternité. Soudain, elle entend des hommes farfouiller dans la maison. Son cœur bat encore plus fort dans sa poitrine. Accroupie derrière la table, retenant sa respiration, elle manque de défaillir quand un Mélanésien tente d'ouvrir la porte de la cuisine. Il devine qu'il y a quelqu'un derrière et s'énerve après la poignée. Laurence n'y tient plus : « Ne tirez pas, crie-t-elle, je vais sortir. » Elle tombe alors nez à nez avec deux Canaques masqués d'un foulard sur le nez et d'un fichu sur la tête. L'un d'eux mesure 1,75 mètres environ, il a un visage assez fin. Celui qui, d'un geste brusque, lui intime l'ordre de sortir de la cuisine, est armé d'une carabine sans lunette. « Peut-être celle d'Edmond », pense-t-elle. Son mari est chasseur et possède deux carabines, dont l'une avec lunette reste dans la chambre. D'autres Canaques pénètrent dans l'appartement. L'un d'eux bouscule les autres et arrive tout excité dans le salon, riant comme un fou en brandissant le pistolet mitrailleur qu'il a récupéré dans la brigade. Un autre, armé d'une machette, fouille la cuisine. Laurence est pétrifiée par la peur. Elle se risque tout de même à demander des nouvelles de son mari au Canaque hirsute qui est chargé de la surveiller : « l'ambulance arrive », grommelle-t-il l'air gêné.

Les Canaques entraînent Laurence et la font sortir du côté de la maison des Lacroix. Dans la cour, elle comprend que tout est perdu. Les gendarmes sont à genoux, les mains posées sur la tête. Sur la gauche, à cinq mètres à peine, un vêtement recouvre la poitrine et le visage d'un homme, allongé sur le sol. A cause de la couleur d'une manche de chemise qui dépasse, elle identifie le corps d'Edmond, son mari. Mais Laurence n'aura pas le temps d'en savoir davantage. Elle est poussée dans le salon des Lacroix où se trouvent déjà Josie et Laurence.

René Fretellière est cuistot. Il appartient à l'escadron 7-22 d'Antibes. A 41 ans, ce Parigot en a vu de toutes les couleurs. Il a bourlingué un peu partout, de la Corse jusqu'à Ouvéa où, ce matin du 22 avril, il prépare le petit-déjeuner du détachement. Même sous les tropiques, la « bouffe », ça compte. Surtout pour ceux qui ont monté la garde pendant la nuit. Soudain, devant sa marmite remplie de jus noir, il sursaute en entendant le branle-bas de combat. « Alerte, alerte ! Aux armes ! », hurlent plusieurs de ses camarades. René se précipite aussitôt en direction de la chambre du gendarme Bass, responsable de l'armurerie. Des coups de feu crépitent un peu partout. Les gens crient, courent dans tous les sens. Il y a déjà des morts et des blessés. En passant devant la salle de bains, René voit son copain, le cuisinier de l'escadron de Villeneuve-d'Ascq vomir, secoué par des convulsions. L'autre cuistot est malade de peur. Il y a de quoi. Il préparait tranquillement sa tambouille quand soudain il s'est trouvé nez à nez avec une bande de types à la mine patibulaire, armés jusqu'aux dents et qui tiraient dans tous les sens. René emmène son copain dans sa chambre. Ils sont rejoints par le gendarme Pinther armé de son pistolet. René est furieux. Ils sont trois et ils n'ont qu'une arme. Par la fenêtre, ils aperçoivent plusieurs Mélanésiens armés de fusil de chasse. L'un d'eux serre dans ses mains un fusil à canon long.

Le Canaque n'a pas vu les trois gendarmes planqués derrière la fenêtre. Pinther l'ajuste. Clic ! L'arme s'enraye. A plusieurs reprises, il tente de faire feu. Sans résultat. Soudain, les trois mobiles voient sortir de sa maison leur collègue Dujardin qui crie au secours en tenant, avec sa main gauche, sa main droite qui paraît sectionnée. Il faut à tout prix essayer de sauver Dujardin. René, le cuistot, tente une sortie. Un premier projectile frôle son visage avec une bruit de frelon. Il se jette à plat ventre et tente de progresser en rampant vers l'armurerie. Impossible d'approcher de Dujardin à cause des tirs et de la proximité de trois Mélanésiens. Reste une seule solution : atteindre l'armurerie pour prendre un Famas et contre-attaquer. Une deuxième balle miaule au-dessus de la tête du cuistot. Avancer à nouveau, c'est aller au suicide. Un Mélanésien est embusqué dans l'angle des chiottes. Avec son fusil à lunette, il couvre la cour. La mort dans l'âme, René fait demi-tour. Avant de trouver un abri dans la pièce qui fait office de bar, il voit Zadvasky s'écrouler touché par le Mélanésien à fusil à lunette, qui n'est autre que Winceslas Lavelloi.

Peu à peu, les coups de feu s'espacent. La moitié des gendarmes sont déjà prisonniers, allongés par terre au milieu de la cour, sous la menace des armes. Chanel Kapoéri a ordonné à Samy de demander aux mobiles qui possèdent encore une arme de cesser le feu et de se rendre. « Rendez-vous, crient les autres assaillants, sinon on tue vos collègues ! ». Dans le baraquement, les gendarmes comprennent que la partie est perdue. René prend alors le pistolet des mains de Pinther et cache l'arme sous la viande, dans le congélateur. Pinther sort le premier. Suit René Fretellière qui demande l'autorisation à ses gardiens d'aller porter secours à Dujardin quit gît dans une mare de sang dans la cour. « Non », répondent les Canaques en ordonnant aux nouveaux prisonniers de s'allonger par terre. C'est alors que le cuistot découvre le chef du commando. Maigre, de taille moyenne, âgé d'environ 25 ans, les cheveux tressés style rasta, Alphonse Dianou tient sous le bras un objet étrange. Pour René, il s'agit d'une sorte de quille agrémentée de laine tressée verte, jaune et rouge. Alphonse Dianou n'a plus d'arme à feu et pour cause. L'objet qui paraît si mystérieuse au cuisinier est une massue, un totem casse-tête, symbole phallique de la virilité et de la puissance du chef, selon la tradition mélanésienne.

Planté au milieu de la cour, Alphonse Dianou est furieux. Il veut les clés de l'armurerie. « Donnez-moi les clés, hurle-t-il, sinon vous allez tous mourir ! » Il ordonne à Samy de tirer le cadavre de Zadvasky qui gît devant la porte. « Je veux vérifier s'il est bien mort », lance-t-il. Le corps de Leroy baigne dans son sang, plus à gauche, sous un cocotier. Pendant ce temps, d'autres Mélanésiens s'attaquent à la porte de l'armurerie à coups de pioche. Retranché à l'intérieur avec quatre hommes, l'adjudant Marion ne dit pas un mot. « Où sont les clés ? » hurle Dianou. Un Canaque, hors de lui, lève sa hache et menace dc frappcr un gcndarme mobile allongé par terre. « Quel est l'effectif de la brigade ? » demande Dianou de plus en plus nerveux. « 32 », répond le chef Lacroix qui comprend que les manquants sont enfermés dans l'armurerie. Alphonse Dianou fait le même calcul. Au comble de l'excitation, il s'adresse à Samy : « Dis aux autres qui sont dans l'armurerie de se rendre, sinon ! » Samy comprend qu'il est inutile de résister davantage. Le sang a assez coulé. D'autant plus que les agresseurs commencent à défoncer la porte. Ils vont certainement massacrer les gendarmes retranchés à l'intérieur. « La situation est désespérée. Des gens de chez nous sont morts. Il vaut mieux se rendre que résister », crie Samy à ses camarades. L'adjudant Marion, le jeune gendarme David Jeumetz et les autres sortent un à un. Ils sont rassemblés au milieu de la cour, au pied de l'antenne radio. « A plat ventre ! » crie Alphonse Dianou, et il donne l'ordre à Samy et à l'adjudant Lacroix de les enchaîner deux par deux avec les menottes récupérées dans la brigade. Jeumetz a le temps de remarquer un Canaque de 1,85 mètres, assez mince, âgé d'environ 35 ans et qui porte des cheveux blanc sur son visage sombre. Mais il n'ose pas le regarder de face.

Après la victoire, le pillage. Dans les habitations et dans les tentes, les effets personnels et l'argent des gendarmes sont raflés. Mais surtout, l'armurerie est mise à sac. Boîtes de cartouches, pistolets, grenades en tous genres, Famas, Mas 36, fusils de chasse, lampes de poche, treillis sont chargés sur les camions. Les guerilleros complètent leur arsenal en emportant une mitrailleuse AA52 et ses bandes de cartouches aux balles jaunes.

Au moment où l'ambulance arrive, deux Mélanésiens surgissent dans la maison où sont enfermées les trois femmes européennes. Vêtus de pantalons de treillis, le visage masqué, ils brandissent des pistolets-mitrailleurs et l'un d'eux porte un émetteur radio TRPP 11 récupéré dans les tentes. Les trois femmes croient leur dernière heure arrivée. En fait, les deux hommes sont venus jeter un dernier coup d'œil sur leurs prisonnières pendant le chargement des otages et du matériel dans les camions.

Outre cinq gendarmes, morts ou blessés, les Mélanésiens ont laissé trois des leurs sur le terrain. Augustin Poumelli a été touché le premier. Au moment où il assénait un coup de hache sur le crâne du lieutenant Florentin, celui-ci tirait un coup de pistolet. La balle a ricoché sur la mâchoire du Canaque, qui, malgré le choc, est parvenu à sortir du bureau et à atteindre le portail de la brigade. Une Renault 12 peinte aux couleurs de la « République de Kanaky » vert, bleu, rouge, avec un rond jaune orné d'une flèche, l'a emmené jusqu'au dispensaire.

C'est à ce moment que Joanny Chaoury, le propriétaire de la 404 bâchée qui avait transporté pendant la nuit une partie du commando jusqu'à Fayaoué, est arrivé devant la gendarmerie. Au début de l'attaque, il attendait devant la nouvelle poste après avoir déposé sa femme à l'hôpital. A la première détonation, il s'est précipité devant la brigade. Il a vu d'abord le jeune Léonard Faoutolo, 24 ans, marcher vers la route en claudiquant et en se tenant la jambe. Du sang coulait entre ses cuisses, tachant de rouge son blue jean et son débardeur blanc. Pendant la réunion qui s'était tenue la veille dans la tribu de Mouly, Chanel Kapoéri avait chargé Léonard de prendre un couteau pour intimider les gendarmes. Le jeune Canaque ne s'en est pas servi. A peine a-t-il essayé de franchir les barbelés sur le côté droit de l'enceinte, qu'il s'est fait « cueillir » par deux balles de 9 mm. Touché à l'abdomen et à la cuisse, il sera sauvé grâce à l'hélicoptère qui le transportera dans l'après-midi à l'hôpital Gaston Bourret de Nouméa.

Aira Gnipate de la tribu Wadrilla était chargé quant à lui de prendre la radio et de la détruire pour éviter que l'alerte ne soit donnée. Au moment où il escaladait le grillage, il était blessé à la cuisse et à l'avant-bras gauche. Bien soigné au dispensaire, il sera opéré à Nouméa. Aujourd'hui il ne court plus aucun danger.

Marcel Ouaiegnepe a tout juste 30 ans. Il habite la tribu du Guei, dans Fayaoué même. C'est le bruit des détonations qui le réveille en sursaut. Intrigué par la fusillade, il se dirige vers la gendarmerie d'où viennent les coups de feu. Cinq minutes après, il s'arrête à la limite de l'enceinte, côté école et découvre, bouchée bée, le spectacle. Il aperçoit un gendarme blessé à la tête allongé devant le garage. Plusieurs autres sont également couchés, sous la menace d'hommes armés. De l'intérieur, Alphonse Dianou, muni d'un fusil de chasse, exhorte les Canaques qui regardent, effarés, de l'extérieur, à venir se joindre à lui. Marcel Ouaiegnepe apprend ainsi que Winceslas Lavelloi et Alphonse Dianou se vantent d'avoir tué deux gendarmes. Il n'était pas au courant de ce que la brigade devait être attaquée. Mais quand Alphonse lui a tendu un fusil calibre 16 et des munitions, il a accepté. Et il est devenu preneur d'otage.

Benoît Tangopi, lui, a été prévenu la veille. Il a quitté sa tribu de Weneky pour aller à celle de Gossanah où se tenait une réunion secrète. Ce soir-là, Alphonse Dianou haranguait ses troupes. « Il faut investir la brigade et prendre les armes des gendarmes. Il faut également les faire prisonniers. En cas de résistance, tirez ! » Le matin, peu avant l'assaut, Winceslas Lavelloi lui a remis un calibre 16 de chasse. Quelques instants plus tard, il franchissait la clôture derrière les bureaux. Le massacre commençait après que Gérard Ouckewene, premier adjoint au maire et militant de l'Union Calédonienne, eut donné le signal à Nicolas Outchaou du Palika, agent des P.T.T. de couper le téléphone aux 35 abonnés de l'île.

L'opération avait été bien préparée et le réseau de complicités mis en place dans les jours précédents s'était avéré parfaitement fiable. Mais la majorité des membres du commando, Chanel Kapoéri en tête, ne se doutait pas que cette prise d'otages allait tourner à la tragédie dès le début de l'assaut.

Un homme, cependant, avait remarqué la veille qu'il se tramait quelque chose d'anormal autour de la brigade de Fayaoué. Mais ce Métropolitain, installé depuis peu sur le territoire, n'a pas accordé plus d'importance à ce qu'il avait vu. Ce n'est que le lendemain de l'assaut qu'il a compris qu'il avait peut-être échappé à la mort.

Né le 28 janvier 1933 à Montataire (Oise), Bernard Théry n'est que de passage à Nouméa. Il compte s'y installer en travaillant pour le compte de la société E.B.M. Le samedi 21 avril, il se trouvait à la brigade de Fayaoué en compagnie du directeur de cette société, M. Mestraud, venu là pour une étude de travaux. Comme il n'est pas concerné par ce chantier, Bernard Théry reste à l'écart et flâne dans l'enceinte de la brigade.

Vers 10 heures, un jeune Mélanésien sort du bureau de la gendarmerie et l'accoste. « Etes-vous un nouveau gendarme en civil ? » lui demande-t-il. « Est-ce que tu vois ma coupe de cheveux ! Crois-tu que je puisse être gendarme ? répond Bernard Théry. J'accompagne quelqu'un qui doit entreprendre des travaux à la brigade et à l'école ».

Après ces quelques mots, le Canaque quitte le Métropolitain comme s'il était rassuré. Cette attitude intrigue Bernard Théry qui remarque que le Mélanésien, pendant une vingtaine de minutes environ, s'attarde dans la cour pour voir ce qui se passe du côté du campement des mobiles. Une fois sorti devant la gendarmerie, Bernard Théry aperçoit un groupe de Mélanésiens à hauteur de la porte, autour d'une camionnette bâchée. Les Canaques le regardent avec tant d'insistance qu'il préfère s'éloigner du côté de la plage. En fait, il est tombé, sans le savoir, sur l'équipe de surveillance qui venait jeter un dernier coup d'œil avant le jour J pour savoir si de nouveaux renforts n'étaient pas arrivés. Théry se souvient : le jeune Mélanésien qui discutait avec lui devait avoir une vingtaine d'années. Il mesurait 1,60 mètre environ, son teint était clair, sa coiffure bouclée mais pas de type rasta. Ses cheveux étaient mi-longs découvrant les oreilles, avec des décolorations jaunes prononcées sur le devant. Son visage avait des traits assez fins. Il était vêtu d'un tee-shirt à manches courtes de couleur jaune vif et portait une musette du type militaire sur l'épaule. Cet inconnu était, en fait, l'un des assaillants du lendemain.

Chapitre 3

LES GENDARMES EN OTAGES

Une fois les armes entassées dans les 4 × 4 Renault, les jeeps et la Land-Rover de la brigade, les gendarmes prisonniers sont méticuleusement fouillés. René, le cuistot, se voit délesté de son porte-monnaie, des 2 000 CFP qu'il contient et de son couteau de poche Vendetta au manche noir cerclé de cuivre frappé de l'emblème corse et du mot « Ajaccio ». Un souvenir d'une précédente mission de maintien de l'ordre sur l'île de Beauté qu'il ne reverra jamais plus. Pas plus que ses effets militaires, et les 40 000 CFP qu'il conservait sous la tente avec un poste radio Philips et une montre de plongée.

Avant d'embarquer dans les camions, le maréchal des logis-chef Lacroix reconnaît près du portail deux adjoints au maire qui n'ont pas participé à l'attaque et qui affirment être là pour arrêter la violence ! Bien que Dianou ait refusé que l'on s'occupe des blessés, les deux hommes ont réussi à prévenir le docteur Eric Degen qui arrive à bord de l'ambulance du dispensaire. Le médecin veut évacuer les victimes. « Pas question. Ne bougez plus sinon... ! » crie à nouveau le chef du commando en braquant à plusieurs reprises son fusil sur lui. Alors, prononçant des paroles apaisantes et faisant valoir sa neutralité en qualité de médecin, Eric Degen réussit peu à peu à entamer un début de dialogue : « Il y a des blessés des deux côtés, explique-t-il calmement. Vos amis vont mourir s'ils ne reçoivent pas de soins. Laissez-moi emporter tous les blessés. » Alphonse finit par accepter.

Eric Degen découvre alors l'ampleur du drame. Le gendarme Dujardin est mort. Il gît au milieu d'une large tache de sang à 7,40 mètres à l'angle sud-est de sa maison, dans le prolongement des escaliers de sa terrasse qu'il a dévalés avant d'être abattu par une deuxième balle. Dans l'entrée de sa maison, des traces de sang se succèdent, du congélateur jusqu'à la porte, et dans le hall, des morceaux de chair sont collés aux murs et au plafond.

Atteint à la tête par un coup de hache, le lieutenant Florentin baigne, tout près du bureau, dans une mare de sang de 1,10 mètre de long. Il respire encore et, grâce à la rapidité des secours, il a retrouvé aujourd'hui sa femme et ses deux enfants à Antibes. L'adjudant-chef Moulié, 54 ans, a eu moins de chance. Il est dans le coma, étendu dans la cour intérieure, à trois mètres de l'antenne radio. Il ne reverra plus sa femme malade et ses trois enfants dont l'un fait partie du G.I.G.N. Georges Moulié était à quelques mois de la retraite.

Le corps du gendarme Zadvarsky repose pratiquement contre la porte de l'armurerie qu'il a voulu défendre avec son Famas. Le bas de la porte est souillé par des éclaboussures de son sang. A 36 ans, Zadvarsky était déjà un « vieux » gendarme. Il avait choisi cette arme après son service militaire au régiment des Dragons à Noyon, d'où il avait gardé, à l'image des anciens, une solide paire de moustaches. Gendarme auxiliaire en Aquitaine, il avait été affecté à l'escadron 2-5 en 1972, à l'époque où il était basé à Le Quesnoy, avant de prendre ses quartiers à Villeneuve d'Ascq. Il était décoré de la médaille de bronze de la

Défense Nationale et de la médaille d'Outre-mer, distinctions qu'il avait obtenues au cours de ses nombreux déplacements, en particulier au Liban. Il laisse aujourd'hui dans le malheur, non seulement ses parents qui vivent à Roubaix, mais aussi une veuve et deux fillettes de dix et quatorze ans.

A cinquante centimètres du cocotier qui trône au milieu de la cour de la brigade, est couché le gendarme Daniel Leroy, la deuxième victime que le docteur Degen trouve près de l'armurerie. Leroy, célibataire, était entré à la gendarmerie par l'école de Châtellerault en 1972. Il avait été affecté à l'escadron mobile 4-3 de Pontyblon, puis à Aubervilliers en septembre 1976. Depuis le 1er août 1979, il servait au 2-5 de Villeneuve d'Ascq, un escadron déjà stationné en Nouvelle-Calédonie de juin à octobre 1985 et qui avait déjà été frappé par le destin, alors qu'il séjournait au Liban d'avril à juin 1984. Le 26 avril, l'adjudant Gombert, âgé de 52 ans, qui gardait l'ambassade de France à Beyrouth, avait été tué par des inconnus, tirant à partir d'une voiture.

Le médecin découvre une gendarmerie dévastée. Du bureau du commandant où le fil d'alimentation reliant l'émetteur au récepteur radio a été emporté par les assaillants, à l'armurerie en passant par la baraque Fillod qui abrite les cuisines, tout a été visité. Sur la porte à double battant de la soute à essence, neuf impacts de balles témoignent de la violence des combats. Mêmes dégâts sur la façade du bureau. Quant aux volets de la cuisine de la maison de la famille Dujardin, ils sont criblés, à un mètre de hauteur, de plombs de chasse.

Folle de douleur, Laurence Dujardin s'est précipitée à l'école chercher son fils, le seul être qui lui reste. Laurence Grezelak, traumatisée par les scènes d'horreur qu'elle vient de vivre, trouve la force de l'accompagner. Sur la route, les deux malheureuses croisent le père François-Xavier de Vivier qui, cherchant les mots du réconfort, leur propose de venir au presbytère, où « elles ne risqueront plus rien ». Laurence, qui s'était totalement investie dans cette île, est écœurée. « Toutes mes valeurs ont basculé d'un coup », dit-elle aujourd'hui, encore traumatisée par ce qu'elle a vécu.

Josie Lacroix a couru, elle aussi, jusqu'à l'école chercher son fils Fabien qu'elle serre contre son cœur. Son mari n'est pas parmi les victimes. Il fait partie des otages. Pour elle, une longue attente commence.

A l'aéroport d'Ouloup, distant d'une quinzaine de kilomètres, le lieutenant Patrick Destremau ignore tout de la tragédie. Ses 25 hommes vaquent autour du tarmak, sous le crachin. Plusieurs fois par jour, le lieutenant patrouille pour vérifier si tout est en ordre. De la routine. De toutes manières, les indépendantistes s'attaqueraient d'abord aux colons, à la rigueur aux gendarmes, mais jamais à l'armée.

Destremau ne se doute pas qu'il vient d'échapper, bien malgré lui, à une attaque en règle. Dans les plans d'Alphonse Dianou, qui a déjà isolé Ouvéa du monde extérieur en coupant le téléphone et la radio de la gendarmerie, figurait la destruction de l'aéroport d'Ouloup, seule piste de l'île. Après l'attaque de la brigade, il a même envoyé un homme de reconnaissance qui revient très vite rendre compte. A Ouloup, les soldats sont en alerte. L'effet de surprise ne peut plus jouer. Un professeur de Fayaoué a prévenu Destremau de l'attaque de la gendarmerie. Pour vérifier que cette information n'est pas une blague, le lieutenant se précipite vers le bâtiment de l'aéroport : le téléphone de la brigade ne répond plus. Quelle attitude adopter ? Se porter sur Fayaoué avec ses hommes, c'est secourir les gendarmes, mais aussi dégarnir l'aéroport et se priver du seul moyen de recevoir très vite des renforts et une aide médicale. Il opte pour le deuxième terme de l'alternative, d'autant plus que le professeur qu'il a envoyé aux nouvelles revient avec des informations plus précises. L'attaque est terminée et il y a des morts et des blessés. Le lieutenant a bien fait de rester à son poste. Il a déployé ses hommes dans les bâtiments et près de la piste, prêts à toute éventualité. Ce dispositif dissuade Alphonse Dianou qui ne peut plus, comme il l'avait prévu, venir creuser des tranchées et installer des obstacles sur la piste pour empêcher les avions de se poser. Alerté par le message radio brutalement interrompu du chef Lacroix, Nouméa répète sans cesse ses appels sur Fayaoué. Rien. Le seul émetteur qui reste sur l'île, c'est celui du radio des Bérets Bleus.

Le quartier général demande des informations. Le lieutenant Destremau n'a pas de peine à en fournir. Entre-temps, le médecin, Eric Degen, est arrivé avec les morts et les blessés. Il raconte toute l'histoire à Destremau qui déclenche l'alerte et fait installer des chicanes. Deux hélicoptères Puma, en provenance de l'île voisine de Lifou, transportent les premiers renforts de gendarmes. La chasse à l'homme va s'organiser. Une poursuite qui va se révéler difficile. Les otages ont été scindés en deux groupes. Un convoi est parti vers Mouly au sud, et le second, plus important, s'est dirigé vers Saint-Joseph, au nord.

Onze gendarmes sont emmenés vers le sud à bord de trois 4 × 4 Renault dérobés à la brigade. A bord, la consigne est stricte : « Le premier qui bouge, on le tue », disent les gardiens. Passé le monument aux morts commémorant le centenaire de l'arrivée des premiers pasteurs en 1856, la route traverse la tribu de Ghéhi avant d'atteindre le marais, entre la falaise et la plage, où les Canaques cultivent des taros dans la plaine humide (le taro est un légume dont on consomme le bulbe et parfois la feuille).

Après l'ancienne piste d'aviation, abandonnée parce qu'inondable pendant les pluies, les camions bifurquent à droite en direction de Lékine. A la hauteur de la tribu, le convoi tourne encore à droite, dans un chemin de terre qui aboutit à la lagune. Les gardiens mettent alors la mitrailleuse A/A 52 en batterie face aux camions, pour dissuader ceux qui auraient éventuellement envie de fuir. Les otages débarquent des camions et s'enfoncent dans la réserve coutumière. Ils croient traverser une rivière. En fait, c'est un bras de mer entre les pistes sableuses de la passe de Lékine et Mouly, l'extrémité sud de l'île. Bien abritée, entre mer et falaises, la baie de Lékine forme un superbe plan d'eau d'où, par temps clair, on aperçoit la Grande Terre, ou, tout au moins, la houle du large se briser sur le récif qui borde la passe de Lifou toute proche. Escortés par une bonne dizaine de gardiens armés de pistolets, de sabres, de coutelas, de fusils de chasse et d'un Famas récupéré dans la brigade, les otages sont emmenés jusqu'au pied des falaises. Soudain, au début de l'escalade, le chuintement caractéristique des rotors se fait entendre. « Couchez-vous ! Vite ! » crient les gardiens. Quatre Puma de l'armée passent en rase-motte sans les voir. Chez les otages, beaucoup affichent un sourire en coin. La présence des hélicoptères les rassure. Tôt ou tard, les recherches donneront des résultats. Une fois atteint le sommet des falaises, les gardiens paraissent plus calmes, comme si l'excitation et le défoulement qui avaient prévalu le matin pendant l'attaque de la brigade s'étaient peu à peu estompés pour laisser place à la lassitude et, peut-être, au découragement. La nuit est déjà tombée depuis longtemps quand, vers 22 heures, l'ordre est donné de rebrousser chemin. L'un des gardiens porte une C.B. et de temps en temps s'éloigne du groupe pour communiquer avec un correspondant. Est-ce bon ou mauvais signe ? Les otages embarquent à nouveau sur les 4 × 4 dissimulés sous les arbres près de Lékine. Sous un ciel noir chargé de gros nuages, le convoi s'enfonce plus au sud, vers Mouly, la dernière « portion » de croissant d'Ouvéa qui s'étend à peine sur sept kilomètres de long et ne dépasse pas un kilomètre de large. Dans la tribu de Mouly, dominée par son église, la chefferie abrite les cases rondes et rectangulaires de réunion, entourée par une palissade traditionnelle en troncs de kohu. Dix minutes à pied suffisent pour atteindre l'autre rive où les Canaques entretiennent de petites plantations entre les blocs de corail et les calanques qui échancrent la falaise.

Située à l'extrémité sud de l'île, Mouly est un véritable cul de sac où son désormais enfermés otages, mais aussi gardiens. Les gendarmes sont emmenés jusqu'à la centrale électrique Enercal, construite à côté de la tribu. Chanel Kapoéri, le conseiller régional qui donna le signal de l'assaut en sautant à la gorge du chef Lacroix, leur tient ce discours. « En échange de votre libération, le F.L.N.K.S. pose trois conditions : la suspension des élections régionales, l'envoi d'un médiateur de Paris du style Edgard Pisani, et le retrait des renforts envoyés à Ouvéa. » Avant de les quitter, il s'inquiète tout de même de leur santé, et pour les rassurer leur explique que les femmes et les enfants de la brigade ont été transportés par l'armée à Nouméa.

Quelques vêtements chauds leur sont distribués. Couchés sur des feuilles de cocotiers coupées par leurs geôliers à coups de machette, ils s'apprêtent à passer leur première nuit à la belle étoile.

***

Depuis le matin, l'aéroport d'Ouloup n'a jamais connu une aussi grande activité. Dès 10 h 15, le 22 avril, quatre

Puma transportant quarante gendarmes débarquent à Fayaoué pour occuper la brigade. A midi, le lieutenant-colonel Picard et le chef d'escadron Damoy, commandant la compagnie de Nouméa et des Iles Loyauté, arrivent à leur tour, suivis dans l'après-midi par deux Transalls, chargés de soldats du R.I.M.A.P. et du capitaine commandant le peloton blindé, qui prend le relais du lieutenant Destremau sur l'aéroport. Les gendarmes filent immédiatement vers le nord et vers le sud de l'île. Sans résultat. Les otages semblent s'être évanouis dans la nature. Aucun de ces hommes ne connaît évidemment Ouvéa, ni l'entrelacs compliqué qui unit, ou désunit, les grands, les petits chefs et les tribus entre elles, ni le poids des batailles et des alliances passées. Munis de leur carte d'état-major, ils se heurtent à un terrain difficile, au mur de silence des Mélanésiens qui voient, en quelques heures, leur île transformée en champ de manœuvres. Dans la brousse, les ravisseurs déplacent leurs otages plusieurs fois par jour pour brouiller les pistes. Sur les routes, des Canaques les saluent parfois d'un geste amical. Pour protéger la fuite de ses camarades, le F.L.N.K.S. établit des barrages en abattant des cocotiers qui retardent la progression des patrouilles qui, le premier jour, ne possèdent presque pas de véhicules, tous les camions de la brigade ayant été emportés par les ravisseurs.

Au sud, les otages sont réveillés à cinq heures du matin. Ils marchent dans la forêt pour atteindre des grottes à l'intérieur des terres. Ce devait être un abri temporaire. En fait, les onze otages du sud ne bougeront plus de là. Impressionnés par le déploiement des forces de l'ordre, les ravisseurs commencent à s'inquiéter de la tournure que prennent les événements.

Le 23 avril, de nouveaux gendarmes sont arrivés sur l'île, avec le lieutenant-colonel Benson, un ancien de Vanuatu, patron de la « Blanche », la gendarmerie territoriale et la mobile. Il est accompagné du colonel Bauster qui commande le dispositif de recherche. Après le massacre de Fayaoué, les gendarmes sont doublement motivés. Ils mettent un point d'honneur à retrouver les assassins de leurs camarades et à délivrer les otages qui, à tout moment, peuvent être exécutés. Les ravisseurs se sont enfermés dans une spirale de violence. Ils n'ont plus rien à perdre. Les officiers de la gendarmerie demandent à Destremau de les aider. Lui seul connaît l'île, ses hommes et ses coutumes. A Nouméa, le général Jacques Vidal, patron de toutes les forces armées du territoire, commence par refuser. Il s'agit d'une affaire de maintien de l'ordre dans laquelle aucun élément militaire ne peut être impliqué sans réquisition spéciale. Mais devant les difficultés de la gendarmerie et les faibles moyens dont elle dispose dans l'île (sur la Grande Terre, les troubles mobilisent, en particulier à Canala, la majorité des effectifs), le général Vidal se rend, ce samedi matin à 9 heures, chez le haut-commissaire Clément Bouhin pour lui proposer d'associer les forces armées à une action de police judiciaire. Le « Haussaire » est réticent. De toutes manières, il doit en avertir Paris.

C'est Régis Mourier, directeur général de la Gendarmerie, qui a prévenu en pleine nuit le ministre de la Défense, André Giraud, dans son appartement de l'Hôtel de Brienne. Le ministre appelle aussitôt Jacques Chirac. Le Premier ministre prend l'affaire très au sérieux. En pleine campagne électorale, où son emploi du temps est comptabilisé à la minute près, il convoque à Matignon la cellule de crise. Tant pis pour la dernière sortie avant le premier tour qu'il avait prévu d'effectuer dans le Ve arrondissement. A neuf heures précises, se présentent rue de Varenne André Giraud, Edouard Balladur, ministre des Finances, Albin Chalandon, ministre de la Justice, Bernard Pons, ministre des DOM-TOM, Charles Pasqua et Robert Pandraud qui représentent le ministère de l'Intérieur. Pas un militaire n'est présent. Régis Mourier a été également convoqué. Les mâchoires crispées, fumant cigarette sur cigarette, Jacques Chirac est très mécontent et il le fait savoir. Il est surtout furieux contre la gendarmerie : « Comment ont-ils pu se faire prendre avec armes et bagages ? Où sont les ravisseurs et les otages ? » lance-t-il sèchement à Régis Mourier qui se sent dans ses petits souliers. « Il faut les retrouver ! Vite », reprend-il. Il veut des informations supplémentaires. Le patron de la gendarmerie, comme André Giraud, ne dispose guère de plus d'éléments que ceux qui s'étalent à la première page des journaux. Là-bas, à 18 000 kilomètres, la nuit tombe quand ici, à Paris, le jour se lève presque (il y a neuf heures de décalage entre Paris et Nouméa). Les gendarmes piétinent. « Non seulement les gendarmes se font " prendre aux pattes ", comme des bleus, souligne un membre du cabinet dans un bureau voisin, mais en plus ils ne trouvent rien. Ce sont des rigolos. »

Au cours de cette première réunion houleuse, Jacques Chirac demande des cartes d'Ouvéa. Alors que ce n'est évidemment pas à lui, chef du gouvernement, qu'incombe de régler les détails de ce type d'opération (le ministre de la Défense et les généraux sont présents), il s'implique personnellement dans le processus, avec toute la fougue qui le caractérise. Selon un membre du cabinet d'André Giraud, « le Premier ministre sent immédiatement que cette affaire peut lui coûter cher à quelques jours des élections. Il devine que les otages d'Ouvéa constituent une " bombe politique " qui peut à tout moment lui exploser entre les doigts. Il pense au complot, à un mauvais coup des socialistes qui entretiennent des relations privilégiées avec le F.L.N.K.S. et Jean-Marie Tjibaou. Déjà méfiant envers la gendarmerie, particulièrement choyée par Charles Hernu, il fulmine contre cette arme qu'il soupçonne d'être à la botte de François Mitterrand. Le colonel-préfet Christian Prouteau, ancien patron du G.I.G.N., devenu conseiller à l'Elysée du Chef de l'Etat pour les affaires de terrorisme, entretient des liens privilégiés avec son corps d'origine ».

« En situation normale, l'impact d'une prise d'otage d'une telle ampleur aurait été colossal, dit cet ancien conseiller d'André Giraud. Mais à cause de l'échéance du 10 mai, nous constatons, Jacques Chirac le premier, que la dimension politique est abordée immédiatement dans la presse au détriment de la prise d'otage proprement dite. Mettre l'accent sur les faits, l'attaque de la gendarmerie et la prise d'otage qui s'en est suivie, c'était faire le jeu de Chirac, et la presse, en majorité opposée au courant politique du Premier ministre, a traité le sujet avec beaucoup de prudence dans les premiers jours. Le massacre des gendarmes à Fayaoué était estompé, l'opinion publique ressentait peu d'émotion sur cette affaire. »

« A qui profite le crime ? Qui a monté le coup ? Voilà ce qui préoccupait les médias. Chirac a tout de suite senti le " coup fourré " en prenant conscience, dès le premier jour, que cette affaire représentait un grand danger pour lui. »

A Matignon, Chirac se sent trahi, en premier lieu par la gendarmerie qui, elle aussi, selon un proche du ministre de la Défense, « a l'impression d'être cocue de tous les côtés ». Chirac se sent trahi parce que son cabinet a veillé personnellement à la nomination de certains de ses responsables, comme par exemple le lieutenant-colonel Benson, le patron de la gendarmerie territoriale, qui affiche une sensibilité de droite. Cet officier, au demeurant très compétent, prend sa retraite à la fin de l'année.

Les gendarmes, eux, se sentent « cocus », parce que,

quoi qu'ils fassent, ils sont accusés d'avoir agi maladroitement.

Après la prise d'otage de Tiéti, au mois de février, ils n'avaient pas tiré sur les assaillants. Jacques Chirac leur en avait rendu hommage. « Ils ont, avait-il déclaré, assumé une fois de plus leurs responsabilités avec un calme et une sérénité au-dessus de tout éloge... L'incident (la prise d'otage) s'est terminé normalement et j'en profite pour dire toute ma reconnaissance aux gendarmes. »

Au terme d'une visite de quatre jours en Australie, André Giraud avait tenu à s'arrêter vingt-quatre heures sur le territoire pour « rendre hommage », déclarait-il devant les dix-sept blessés de Tiéti, « au sang-froid et au courage des gendarmes de Tiéti face à une provocation d'extrémistes. Il est beaucoup plus difficile de garder son calme dans des situations comme celle-là que, éventuellement, de réagir plus violemment. Des incidents de ce genre peuvent ensuite être exploités et je tiens à remercier les gendarmes pour le sang-froid dont ils ont fait preuve dans ces circonstances extrêmement pénibles ».

Trois mois plus tard, le Premier ministre s'en prenait aux mêmes hommes qui, pourtant, avaient adopté la même attitude au cours d'une attaque semblable. « L'état-major de la gendarmerie ne comprenait plus », affirme l'ancien membre du cabinet d'André Giraud. « Si nos hommes avaient tiré et tué des Canaques, imaginez l'exploitation politique qu'aurait suscité un tel fait divers », grognaient certains officiers. La différence avec l'affaire de Tiéti, c'est que la prise d'otage d'Ouvéa survient à quelques jours de l'élection présidentielle. Le Premier ministre ne pardonne pas le manque de vigilance des gendarmes dans une période aussi sensible.

Bien que membre du P.R., un parti qui soutient Raymond Barre, André Giraud reste, en tant que ministre de la Défense, attaché à la hiérarchie qu'il représente. Cet ancien polytechnicien, davantage technocrate qu'homme politique, servira jusqu'au bout de « tampon » entre le pouvoir politique et l'armée, et il tentera d'empêcher que les militaires ne deviennent, à travers cette affaire, un enjeu dans le combat des présidentielles.

« Il faut retrouver les ravisseurs et libérer les otages. Sans perdre de temps. Il faut y mettre les moyens nécessaires. Que l'armée et le général Vidal prennent le commandement des opérations. Le ministre des DOM-TOM, Bernard Pons, ira sur place représenter le gouvernement pour résoudre cette affaire », conclut le Premier ministre qui accepte par ailleurs le départ du G.I.G.N., les super gendarmes spécialistes des prises d'otage. « Outre le fait que la gendarmerie n'a pas obtenu de résultats, Jacques Chirac choisit le général Vidal comme patron, parce que, traditionnellement, l'armée est plus aguerrie et dispose de plus de moyens et d'hommes sur le terrain », confie un membre du cabinet.

Au lieu de laisser la poursuite des opérations à la gendarmerie concernée au premier chef par cette affaire où elle a perdu des hommes et la face, le Premier ministre commet peut-être une faute en décidant d'y impliquer l'armée traditionnelle. Les gendarmes n'ayant obtenu aucun résultat vingt-quatre heures après le début des recherches, il ordonne au Haut-Commissaire de faire appel aux forces de 3e Catégorie pour ratisser l'île.

A midi, à l'issue de la réunion, Bernard Pons déclare que le gouvernement « a pris toutes ses dispositions pour que tous les moyens nécessaires dont a besoin le Haut-Commissaire délégué du gouvernement à Nouméa, lui soient donnés dans les plus brefs délais ». « Le gouvernement, poursuit Bernard Pons, ne peut accepter qu'on agresse des gendarmes, qu'on les tue et qu'on les retienne en otage. Il ne laissera pas évoluer les choses dans le mauvais sens. »

Ensuite, le ministre des DOM-TOM replace « les choses dans leur contexte » : « La Nouvelle-Calédonie était en paix en 1981. Il y avait simplement sur tout le territoire, un escadron et demi de gendarmes mobiles. A l'époque où MM. Mauroy et Fabius ont assuré la responsabilité du gouvernement, on a dû porter le nombre d'escadrons de gendarmes à vingt-sept. Il y a eu, entre 1981 et 1986, trente-deux morts, des centaines de blessés, dont certains très gravement, et qui sont aujourd'hui invalides. Il y a eu des femmes violées, des centaines de maisons incendiées. La Nouvelle-Calédonie était en état de guerre civile. Depuis deux ans, nous avons rétabli la situation, restauré l'autorité de l'Etat et fait appliquer la loi républicaine. Petit à petit, le F.L.N.K.S. s'est réduit comme une peau de chagrin, mais sa tendance dure s'est radicalisée, d'autant plus qu'il y a été parfois encouragé. »

L'avertissement au parti socialiste est clair et traduit bien l'irritation du Premier ministre qui prend « cette action commando du F.L.N.K.S. en Nouvelle-Calédonie comme un coup de poignard dans le dos ».

A peine le message est-il arrivé sur son bureau, que le Haut-Commissaire signe la réquisition concernant l'emploi des forces armées :

« Requérant en vertu de la loi, au nom du peuple français, Clément Bouhin, délégué du gouvernement, Haut-Commissaire de la République, requérant en vertu de la loi Monsieur le Général Vidal, commandant supérieur des forces armées de Nouvelle-Calédonie et dépendances, de prêter le secours de troupes nécessaires pour contribuer sur l'île d'Ouvéa à un maintien de l'ordre public, à la libération des personnes détenues illégalement et à l'arrestation des fauteurs de troubles. D'employer la force pour l'exécution de la présente réquisition, comportant l'usage des armes, l'autorité militaire restant libre d'en régler l'emploi. »

Le soir même, le général Vidal reçoit à son tour un ordre de l'état-major. Il doit se porter sur Ouvéa dans les plus brefs délais.

Dimanche 24 avril. 5 heures du matin. Les vitres de l'aéroport de la Tontouta vibrent sous l'effet des turbopropulseurs des Transalls qui marquent un arrêt pour une dernière check-list avant de décoller. Leur mission : acheminer les deux compagnies de cent hommes chacune qui attendent sur le tarmak. Trois hélicoptères Puma s'envolent également pour Ouvéa. Ils transportent le général Vidal, ainsi que deux officiers de gendarmerie : le lieutenant-colonel Benson et le commandant Damoy. Ils sont revenus la veille d'Ouvéa. Ils ont fait « chou blanc ». Comme le deuxième groupe d'otage était signalé au nord de l'île, ils se sont rendus dans la tribu de Gossanah, à majorité indépendantiste, qui abrite la première U.P.K. (Université populaire kanak) de Nouvelle-Calédonie ! En fait, une grande case tapissée de drapeaux de Kanaky, et qui, outre un tableau noir, contient quelques imprimés, des brochures contre le « colonialisme français » et « l'armée impérialiste » qui occupe le pays. Comme à Wadrilla, la tribu d'à côté, qui abrite elle une E.P.K. (Ecole populaire kanak), les rares élèves qui suivent les cours apprennent l'écologie, les chants et les danses « mobilisatrices », plutôt que les mathématiques, la grammaire ou la philosophie. A la mode après les événements de 1984, ces « établissements » où règne la langue de bois de la révolution sont aujourd'hui pratiquement désertés. Jean-Marie Tjibaou préfère envoyer ses propres enfants à l'école catholique. Idem à Ouvéa pour Chanel Kapoéri qui a inscrit ses enfants au collège Saint-Michel. « J'ai repris des élèves qui avaient fréquenté l'Ecole populaire kanak, raconte un professeur. Ils avaient régressé de niveau par rapport à la 5e qu'ils avaient abandonnée deux ans avant ! »

Quand les deux officiers de gendarmerie ont débarqué à Gossanah, ils ont demandé à voir le grand chef Imwone. Le colonel Benson, qui en a vu d'autres, est plutôt conciliant. Le commandant Damoy se montre plus ferme. Les deux méthodes n'ont pas plus d'effet l'une que l'autre sur le grand chef qui, du bout des lèvres, affirme ne posséder aucune information sur les ravisseurs.

Le dimanche matin, Benson et Damoy reviennent, cette fois accompagnés par le général Vidal et le lieutenant Destremau, attaché désormais à l'état-major comme officier de renseignement et comme intermédiaire avec les coutumiers. Leurs hommes fouillent plusieurs cases et s'enquièrent de Djoubely Wea, un ancien pasteur qui a troqué la religion pour la politique en devenant un militant très actif au sein du Palika pro-marxiste. Djoubely affirme être malade et alité depuis quinze jours dans sa case. « Où sont les otages ? » Il l'ignore. « Accepterait-il de servir de médiateur ? » Il veut bien, à condition que « le général accepte de discuter des revendications politiques du peuple kanak ». Il pose deux autres conditions : le retrait des forces militaires de l'île et la présence d'un médiateur mandaté par Jacques Chirac et François Mitterrand pour envisager l'indépendance. Ni plus ni moins. « Je ne peux pas promettre quoi que ce soit sur le plan politique. Ce n'est pas de mon ressort, répond le général. En revanche, je peux vous assurer que si les ravisseurs libèrent les otages et se rendent, aucun mal ne leur sera fait. Ils seront présentés devant la justice avec toutes les garanties. C'est le seul moyen d'interrompre le cycle de la violence. » Le général demande à Djoubely Wea de traduire ses paroles à toute la tribu. Grâce à un interprète, un militant du

R.P.C.R., Rassemblement Pour la Calédonie dans la République, qui l'accompagne, le lieutenant Destremau s'aperçoit que Wea ne traduit pas les paroles apaisantes du général. Bien au contraire, il met de l'huile sur le feu pour éviter toute collaboration canaque : « Soyez disciplinés, dit-il. Ne parlez pas. Il faut tenir bon et ne pas donner de renseignements. »

Djoubely Wea demande également à rencontrer le Haut-Commissaire, puis Bernard Pons, dont la venue est annoncée. D'après lui, « Le conseil de la chefferie de Gossanah refuse de collaborer tant qu'il n'y aura pas de discussion sur les revendications politiques du F.L.N.K.S. ».

Les militaires font traduire les paroles du général pour tenter de convaincre les autorités coutumières de négocier. En vain. La tribu reste muette. A la fois pour impressionner ses interlocuteurs et parce qu'il est hors de lui, car il sait très bien que les ravisseurs ne sont pas loin, le général Vidal prend la parole : « La France, à l'heure actuelle, vous déclare la guerre. La France déclare la guerre aux Canaques. » Et le colonel Benson passe les menottes aux poignets de Wea, ainsi qu'à deux autres Mélanésiens, qui sont conduits à la gendarmerie de Fayaoué.

« On m'a attaché, menottes aux mains, au tronc d'un cocotier. Les gendarmes m'ont donné des coups de crosse sur les mains. On m'a interrogé de nouveau et comme je ne disais rien, les gendarmes m'ont enlevé deux fois les menottes en me donnant des coups dans les jambes. J'ai compris qu'ils voulaient que j'essaie de m'enfuir pour me tirer dessus et je me suis assis par terre en demandant un médecin et la présence du premier substitut, M. Bianconi. Quand Bianconi est venu, il m'a redemandé d'être le médiateur et j'ai de nouveau répondu qu'il fallait discuter politique. Je lui ai de nouveau dit que je voulais voir le Haut-Commissaire et Pons, mais il a dit non et il m'a inculpé », raconte aujourd'hui Wea, qui sera libéré après 53 jours de prison pour « recel de malfaiteurs ». En effet, le substitut Bianconi l'a inculpé, mais il est aussi intervenu énergiquement pour faire cesser les brutalités contre son prévenu.

Faute d'informations précises, le général Vidal a lancé depuis le matin d'épuisantes et infructueuses opérations de ratissage dans la forêt. Les otages sont certainement quelque part au nord, dans une grotte. Mais où ? Deux cents hommes tentent de trouver la réponse avant dimanche, le jour du premier tour de l'élection présidentielle...

Chapitre 4

CHIRAC « CHEF D'ÉTAT-MAJOR »

Au cours de la deuxième réunion de la cellule de crise, Jacques Chirac est tout aussi furieux que lors de la première. Il fulmine non seulement contre les gendarmes, mais aussi contre l'armée qui n'obtient, pour le moment, guère plus de résultats. « La veille, pour joindre le général Schmitt, chef de l'armée française, il a fallu donner dix coups de téléphone ! », raconte un proche de Jacques Chirac.

Le Premier ministre prend l'affaire d'Ouvéa très à cœur. Sur une carte de l'île, le ministre de la Défense lui montre le secteur, présumé, où sont détenus les otages. Jacques Chirac veut des précisions, questionne le général Schmitt et Régis Mourier, le major général de la gendarmerie. « Comment se fait-il que la grotte où son détenus les otages n'ait pas encore été trouvée », répète-t-il. Il va même jusqu'à demander « de combien est l'écartement des hommes du R.I.M.A.P. sur le terrain ? ». « A croire qu'il avait des résurgences du temps où, sous-lieutenant en Algérie, il ratissait le Djebel », confie un ancien haut fonctionnaire du gouvernement précédent.

« Vu les insuffisances locales en Nouvelle-Calédonie qui caractérisaient jusqu'ici cette affaire, le Premier ministre avait raison de poser les questions-tests qui lui semblaient importantes », explique un proche de Jacques Chirac.

Il est vrai que du côté du ministre de la Défense, les réponses sont souvent accompagnées de la même phrase censée justifier le manque de résultat : « L'île n'est pas grande, mais la progression de nos hommes est retardée par un terrain difficile. »

Au cabinet du Premier ministre, cette phrase irrite beaucoup de gens. « Le terrain est difficile, mais à Bir-Akheim, au Tchad, il l'était aussi. Monte-Cassino, c'était aussi difficile. Ça n'a pas empêché les goumiers d'y aller », explose un conseiller de Matignon qui poursuit : « Ouvéa, c'est tout de même pas la guerre, mais plutôt une affaire de grand banditisme, non ? Si ça s'était passé en Israël, il y a longtemps que ce serait réglé. » Puis de conclure : « Beaucoup de monde juge actuellement l'armée française sur ce fait divers. C'est lamentable ».

Si une réunion avec le général Norlain, chef du cabinet et ses trois colonels, terre, air, mer, se tient à Matignon tous les jours, autour du Premier ministre ou d'Edouard Balladur qui le remplace quand il est en campagne, deux autres cellules de crise se réunissent au ministère de la Défense à 10 heures et 12 heures. Y sont le plus souvent présents, André Giraud, qui continue de penser que les gendarmes doivent régler eux-mêmes cette affaire, le Chef d'Etat-major des armées Schmitt et son chef des opérations, un amiral, le Major Général Wautrin de la gendarmerie, le général d'aviation Fleury, chef d'Etat-major du Président de la République et le général Mermet de la D.G.S.E., Direction Générale de la Sécurité Extérieure. D'autres officiers supérieurs sont invités à se joindre à ce noyau au fur et à mesure des besoins.

Les besoins de l'armée deviennent de plus en plus importants. L'analyse des facteurs révèle bien vite un manque de moyens. L'affaire d'Ouvéa dégarnit et désorganise les forces qui sont réparties dans le territoire. Ordre est donné à deux nouveaux escadrons de gendarmerie mobile (le 1/4 de Châteauroux et le 6/6 d'Amiens) de quitter Paris pour renforcer les trois autres escadrons (le 4/9 de Cherbourg, le 5/19 de Troyes et le 1/20 de Decize) partis la semaine précédente. Vingt-sept escadrons (environ 2500 hommes) sont en place désormais en Nouvelle-Calédonie, soit plus de 20 % des unités françaises de gendarmerie spécialisée dans le maintien de l'ordre. A ces forces militaires s'ajoutent huit Compagnies républicaines de sécurité (C.R.S.). 350 hommes appartenant à la 9e Division d'infanterie de marine spécialisée dans les interventions Outre-mer, quittent également Paris dans la nuit. Ces professionnels, dont l'effectif correspond à celui de trois compagnies, appartiennent, pour l'essentiel au 9e régiment de commandement et de soutien (Nantes), au 6e régiment du génie (Angers) et au 3e régiment d'infanterie de marine (Vannes). Leur arrivée porte le nombre des militaires de l'armée de terre présents en Nouvelle-Calédonie à 3882 hommes qui doivent renforcer la protection des points sensibles.

Une trentaine d'heures d'avion séparant Nouméa de Paris, l'état-major désire parer à toute éventualité en « prévoyant large ». Il ne faut pas attendre que les otages soient découverts pour commencer à acheminer les troupes et le matériel adéquats pour les libérer. Le temps qu'ils arrivent, il sera peut-être trop tard. « Suivant nos calculs, on estimait qu'il fallait au minimum 48 heures pour envoyer sur place n'importe quel spécialiste, un type qui imite « le cri de la chouette », ou pour transporter, si ça nous était demandé depuis Nouméa, un « fusil qui tire dans les coins », explique en souriant un membre du cabinet d'André Giraud.

Alors, pour éviter la moindre perte de temps, l'Etat-major dépêche immédiatement en Nouvelle-Calédonie ses techniciens et leurs gadgets. « Il nous fallait la panoplie complète, poursuit ce fonctionnaire. Tous les “ outils ” permettant de parer dans l'heure à toute éventualité pour libérer les otages. »

Les spécialistes entraînés pour ce type de mission ne sont pas nombreux. D'autant plus que les ravisseurs, en nombre relativement important, disposent d'un armement de guerre complet permettant de soutenir une attaque en règle si la négociation échoue. Le général Schmitt n'hésite pas. Il propose au Premier ministre le départ d'éléments du 11e Choc, le service action de la D.G.S.E., et du commando marine « Hubert », le nec plus ultra des forces spéciales françaises. Recréé par le ministre socialiste Paul Quilès à l'issue de l'affaire Greenpeace, le régiment du 11e Choc, réparti entre Cercottes, dans le Loiret, et Quélern dans le Finistère, regroupe les nageurs de combat d'Aspretto, en Corse, qui avaient coulé le Rainbow Warrior, et des parachutistes et des spécialistes des services secrets. Ils ne font pas à proprement parler partie du renseignement, mais constituent plutôt le bras armé de la D.G.S.E. pour des opérations clandestines. D'une opération « homicide » en Europe ou au Proche-Orient pour décapiter un réseau ennemi, à l'envoi de spécialistes en plein désert, comme au Tchad, pour combattre l'armée libyenne, en passant par le « conseil » d'un chef d'Etat africain, les hommes du colonel Magnificat demeurent des soldats polyvalents, aptes aux coups de main les plus audacieux. S'il n'a pas ce caractère « secret », le commando Hubert, le plus prestigieux de la Marine nationale, reste tout de même très discret sur ses opérations. A Beyrouth, ce sont les derniers soldats français qui ont quitté la ville, quand le contingent tricolore de la Force multinationale a cessé sa mission.

Moins de cinq cents hommes font partie de ces commandos marines. Ils sont répartis en cinq groupes qui portent tous le nom d'un officier tué sur les plages de Normandie ou en Indochine. Des noms prestigieux : Jaubert, Treppel, de Montfort, de Penfentenyo et enfin Hubert, implanté depuis 1963 à Saint-Mandrier près de Toulon.

L'histoire de cette unité d'élite est une véritable épopée. Leur béret est vert, comme celui des légionnaires, mais il est penché à droite à l'image de leurs « cousins » britanniques du « Royal Marine » chez qui les commandos français ont été constitués pendant la Deuxième Guerre Mondiale. Un homme entré dans l'histoire, créa en avril 1941, dans les landes d'Ecosse, le premier bataillon de fusilliers marins (B.F.M.). Cet enseigne de vaisseau s'appelait Philippe Kieffer. L'année précédente, en juillet 1940, son collègue, le capitaine Bergé, avait créé les S.A.S. (Spécial Air Service) français. Ces deux unités, commando de la France libre, furent engagées derrière les lignes ennemies de 1941 à 1945. Le commando Kieffer fut connu du grand public à l'occasion de la sortie du « Jour le plus long ». Le film racontait le débarquement du 6 juin 1944, et l'action du commando sur la plage d'Ouistreham. Ce jour-là, le commandant Kieffer répéta la prière de Sir Jacob Astley à la bataille d'Edgehill (1642) : « Mon Dieu, vous savez que je vais être terriblement occupé aujourd'hui : si je vous oublie, mon Dieu, ne m'oubliez pas ! ». Puis, sous le feu des mitrailleuses et des canons allemands, l'officier français se rua à la tête de ses 171 hommes à l'assaut du casino fortifié. La bataille fut rude et quand le casino fut pris, un quart de l'effectif était mort ou blessé.

Au commando Hubert, le même esprit de sacrifice règne, mais, depuis 1944, l'entraînement et les moyens ont changé. Formés à la pénétration et à la dislocation des dispositifs ennemis, ces nageurs de combat parfaitement polyvalents jouent sur l'effet de surprise et la rapidité d'exécution pour réaliser des coups de main, tant en mer qu'en montagne, par n'importe quelle température. Leur principale qualité : l'endurance. Ils peuvent « palmer » pendant huit heures, frapper et repartir en nageant trente kilomètres pour être recueillis par un hélicoptère, un bateau ou un sous-marin. Ouvéa étant une île, l'Etat-major considère que les hommes du capitaine de vaisseau Jaillot, patron « d'Hubert », ne seraient pas de trop au cas où la solution militaire devrait être employée pour délivrer les otages.

***

Le 21 avril, dans son bureau qui occupe tout un angle du bâtiment moderne qui abrite le G.I.G.N. (Groupement d'Intervention de la Gendarmerie Nationale) à Satory, le capitaine Philippe Legorjus est plongé dans une pile de dossiers. Il a demandé à son secrétariat qu'on ne le dérange sous aucun prétexte. Du travail administratif en retard qu'il entend terminer avant ce soir. Il y tient. Car chaque dossier qu'il ouvre engage l'avenir de ses hommes. Il note les gendarmes sur leur travail. Des notes qui les suivront ensuite pendant toute leur carrière. Legorjus aimerait sans doute ne pas être astreint à ce genre de pensum. D'abord, parce que ce n'est jamais plaisant de juger un homme, mais aussi parce que rester assis derrière un bureau, ce n'est pas son fort. S'il a choisi la carrière militaire, ce n'est certainement pas pour gratter du papier. Il est conscient, bien sûr, que l'armée c'est aussi, peut-être plus qu'ailleurs, la « paperasserie » nécessaire, mais il ne se retrouve parfaitement à l'aise qu'en plein air. A Satory, il est gâté. A travers les baies vitrées de son bureau décoré de fanions et de posters de parachutisme, une discipline où il excelle,

Philippe Legorjus n'a qu'à lever les yeux pour voir la forêt qui commence de l'autre côté des locaux anodins du G.I.G.N.

Il ne faut pas s'y fier. Une clôture électrique doublée d'un système radar au sol protège cet espace réservé, à l'écart des autres bâtiments du camp. 24 heures sur 24, un gendarme assis dans un bureau surveille les écrans de contrôle des caméras vidéo qui balaient les abords du cantonnement. Pour pénétrer dans l'enceinte du G.I.G.N., il faut s'annoncer par interphone avant que le portail électrique ne coulisse sur ses rails. A l'intérieur, il est difficile de soupçonner que l'endroit abrite les gendarmes d'élite capables de mener à bien les opérations les plus tordues. On se croirait davantage dans un lycée. L'ambiance est décontractée. On ne voit pas d'uniforme. Le « patron » est le plus souvent habillé en civil et les gendarmes portent le short ou le survêtement. Ici, c'est le temple du sport. Du matin au soir, les gendarmes s'entraînent par groupe. Et chacun à l'intérieur du groupe fait ce qu'il a envie. Le matin, c'est le footing ou le vélo. Et le soir, vice-versa. En solitaire ou en peloton, l'individu choisit sa discipline. Depuis quelques mois, le V.T.T., le vélo tout terrain, a trouvé des adeptes. Rien de tel pour muscler les cuisses. Des stages ont même été effectués dans les Alpes, entre quelques courses en montagne et des descentes en canoë-kayak. Au G.I.G.N., tout est bon pour entretenir la forme. Ce n'est pas par jeu. C'est une question de survie. L'alcool et la cigarette, ce n'est pas interdit, c'est déconseillé. Chacun doit prendre sa responsabilité. La sienne et celle des autres. Car là, Legorjus ne plaisante jamais. Chacun suit son entraînement comme il l'entend, mais attention à celui qui se relâche. Il ne pourra pas rester dans le groupe. En cas de coup dur, il risque de mettre ses compagnons en danger. Et les coups durs, c'est le lot quotidien de ces gendarmes d'élite. Des révoltes dans les prisons au forcené qui tire dans une foule en passant par un braqueur qui prend les clients d'une banque en otage, le G.I.G.N. est appelé pour tenter de résoudre l'affaire en douceur. Depuis 1973, l'année de sa création, il a réalisé plus de 200 interventions, dont une bonne quarantaine pour des prises d'otages. A Djibouti pour un car de ramassage scolaire retenu en otage, en Arabie Saoudite pendant les émeutes à la Mecque, dans bien d'autres pays étrangers, il est appelé à dénouer des crises graves. Tir, close-combat, alpinisme, parachutisme, mais aussi psychologie sont enseignés chaque jour à ces hommes triés sur le volet et issus des rangs, pour la plupart, de la gendarmerie mobile.

Philippe Legorjus rentre tard chez lui de rejoindre Chantal, sa femme, et ses quatre enfants, dans l'appartement qu'il occupe de l'autre côté de Satory. Cette nuit-là, il ne dort pas beaucoup. Le téléphone portatif Matra dont il ne se sépare jamais est posé à côté de son lit. Il est cinq heures du matin. L'homme de permanence le réveille. A Ouvéa, la gendarmerie de Fayaoué a été attaquée. Le G.I.G.N. doit se mettre en alerte. En quelques minutes, Philippe Legorjus se retrouve dans son bureau. Le capitaine Jean-Pierre Picon, son adjoint, écoute les infos sur Europe 1. La radio ne donne pas de noms, mais précise le nombre de gendarmes abattus : trois. Plus les blessés. On ne parle pas encore de prise d'otage. Mais le plus important pour Legorjus, c'est de connaître le nom des victimes.

Le capitaine sait que le père d'un de ses hommes, Eric Moulié, est en mission à Fayaoué. Eric a 28 ans. Il est au G.I.G.N. depuis 1983. Il y est entré jeune, ce qui est rare. Le G.I.G.N., en principe, ne recrute pas avant l'âge de 24 ans. Le père d'Eric, adjudant-chef, à pratiquement atteint l'âge de la retraite. Une semaine auparavant il a écrit à son fils pour lui annoncer qu'il serait en poste à Fayoué pendant la période électorale. Eric sait donc que son père fait partie soit des victimes, soit des otages. Il est très inquiet. Avant même qu'il soit question d'envoyer le G.I.G.N. en Nouvelle-Calédonie, Legorjus a téléphoné à la Direction de la gendarmerie où il a un ami officier, en prise directe avec Nouméa. Cet ami affirme que le chef Moulié ne figure pas au nombre des victimes. Le capitaine peut donc rassurer son gendarme. Il ne sait pas que si dans les premiers messages, l'adjudant Moulié n'est pas compté parmi les morts, il est en revanche très grièvement blessé.

Le 22 avril, vers 7 h 30, le G.I.G.N. reçoit l'ordre de se préparer à partir. C'est le commandant du G.S.I.G.N. (Groupement de Sécurité Internationale de Gendarmerie), le lieutenant-colonel Bessy, qui a répercuté cet ordre en tant que patron de tout le groupement.

A l'état-major de la gendarmerie, c'est le branle-bas de combat. Le G.I.G.N. peut aligner vingt hommes. L'escadron de parachutistes, quant à lui, en aligne 28. Legorjus ne peut pas en mettre plus à disposition, car son unité assure des missions permanentes, soit de protection de personnalités, soit des missions non achevées qu'il faut honorer. De toute manière, le G.I.G.N. comprend seulement un effectif de 85 gendarmes, dont 58 opérationnels.

A Satory, chacun s'organise. Legorjus lui, ne peut pas partir. Il est en congé de maladie pour deux mois. Quinze jours auparavant, il s'est fracturé deux côtes en jouant au football et souffre d'un pneumo-thorax. La plèvre a été transpercée par un morceau d'os. Il n'a pas le droit de prendre l'avion ni de faire de gestes brusques.

Une oreille près de la radio et un œil sur le télex de l'A.F.P., le capitaine suit minute par minute le développement de l'affaire. Il se rend très vite compte que l'attaque de la brigade et la prise d'otage sont un gros coup. Il se morfond. « Je ne peux pas laisser partir mon groupe tout seul, ma place est avec eux, c'est une opération trop importante » se dit-il. Mais il est condamné à l'immobilité. C'est Picon qui a d'ailleurs repris le commandement. L'autre adjoint, Auriol, est en mission confidentielle. Legorjus ne joue pas les paternalistes. A 36 ans, ce serait présomptueux. Pourtant, dans des affaires de cette importance, il sait très bien que ses gars préfèrent avoir leur patron auprès d'eux. Dire que ça les rassure, ce serait excessif parce qu'ils n'ont besoin de personne pour se débrouiller dans une situation difficile. Mais tout de même, avec Philippe, ils se sentent mieux.

Pour que Legorjus puisse partir, il faut le feu vert d'une autorité médicale. Sur le coup de 8 heures et demie, il appelle son médecin : « J'ai besoin de savoir si je ne risque pas d'avoir un pépin majeur en partant là-bas », lui dit-il. « Il n'y a qu'une solution pour le savoir : faire un scanner à Bégin, ce qui permettra de voir s'il existe de petites bulles entre la plèvre et le poumon », répond le médecin qui, par sympathie, appelle l'hôpital qui accueille aussitôt le capitaine. Le scanner donne un résultat positif. Il y a encore quelques traces sur les poumons, mais il n'y a pas de bulles, c'est bien recollé. La pression atmosphérique dans un avion est réglée à 2700 mètres (même s'il vole à 10 ou 11 mille mètres) et à 2700 mètres, ça doit tenir ! Le médecin donne son feu vert. Philippe Legorjus l'embrasserait presque. « Je peux partir, se dit-il, ce qui ne veut pas dire que je pourrai participer aux opérations sur place, je verrai bien ! ».

A 10 h 30, le capitaine est revenu à Satory et annonce au lieutenant-colonel Bessy qu'il est O.K. pour le départ. L'officier supérieur en rend compte à la direction de la gendarmerie qui lui répond : « Puisque Legorjus peut partir vous, vous restez là ! ».

Philippe Legorjus connaît déjà la Nouvelle-Calédonie. Cela a compté dans la décision de l'état-major. Il sait qu'il faut emporter le matériel classique pour les prises d'otage habituelles (armement complet, gilets, casques pare-balles, explosifs, moyens de vision de jour et de nuit, moyens de protection : boucliers, casques), à quoi il faut ajouter un lot plus « rural » comme des duvets et des tentes. Cette fois-ci considéré comme un commando plus que comme une unité spécialisée, le G.I.G.N. porte aussi des fusils d'assaut, des Famas, des fusils-laser (un équipement qui aide à la visée et qui permet de désigner l'objectif de jour à travers un point rouge, et de nuit à travers un point lumineux vert), des pistolets-mitrailleurs Parabellum allemands H.K. Au G.I.G.N., il n'y a pas à proprement parler de gadget. On utilise l'arme de poing, le revolver classique, pour le tir instinctif.

Les hommes du G.I.G.N. se retrouvent à l'aéroport de Roissy en fin d'après-midi pour embarquer sur un DC8 Cotam. Ils sont dans le même avion qu'une partie de l'escadron 1/20 de Decize, et l'état-major d'un groupement de Gendarmerie Mobile, car un nouvel état-major a été créé pour les Iles Loyauté. Derrière, il y a trois escadrons de gendarmerie mobile qui attendent d'embarquer sur des KC 135, des Boeing ravitailleurs, équipés pour le transport de troupes.

En revanche, le DC8 Cotam a le même confort qu'un avion de ligne normal. A bord, 28 E.P.I.G.M., l'Escadron Parachutiste d'Intervention de la Gendarmerie Nationale, 20 G.I.G.N., une équipe médicale (un médecin et un infirmier) et 60 de Decize complétés par 7 ou 8 hommes du Groupement de gendarmerie mobile. Partent également avec eux le général Jérôme et deux officiers qui l'accompagnent. Le général commande la région de gendarmerie Ile-de-France. Il est le supérieur hiérarchique de Legorjus depuis trois ans. André Giraud a autorisé Régis Mourier à dépêcher un officier supérieur à prendre, en cette période de crise, le commandement de la Gendarmerie du territoire.

Chapitre 5

LEGORJUS MOBILISE LE G.I.G.N.

Quand il quitte Paris ce 22 avril, Philippe Legorjus apprend que le père d'Eric Moulié, contrairement à ce que lui avait dit l'officier de la gendarmerie, fait partie des blessés. Il demande alors à Eric de rester sur place. Le malheureux a d'ailleurs téléphoné à sa mère très malade. Avant même que l'avion ne décolle pour la Nouvelle-Calédonie, il a pris le train pour la rejoindre à Antibes. Sur le tarmak, Legorjus est informé de la mort quasi certaine du père de Moulié. Legorjus est triste. Triste pour cet homme mort si près de la retraite sur une île à des milliers de kilomètres de chez lui. Triste pour Eric, un très bon élément qui, à la descente du train, va apprendre l'horrible nouvelle. Eric va organiser les obsèques de son père. Sur les photos, on le voit serrer la main du directeur de la gendarmerie à la caserne de Nantes, la veille du jour où l'assaut contre la grotte sera donné.

Aujourd'hui, Eric Moulié appartient toujours au G.I.G.N. Sa mère est hospitalisée pour une grave maladie. Legorjus éprouvera de l'amertume lorsqu'il lira, plus tard, dans plusieurs journaux que pour venger son père Moulié a abattu des Canaques de sang-froid pendant un assaut auquel il ne participait pas. Le jeune gendarme a reçu la médaille de la gendarmerie pour avoir eu en février 1988, lors de l'arrestation de Bidar, le terroriste basque d'Ipparetarak, un comportement exceptionnel. Dans un couloir, il s'est retrouvé l'arme à la main, face à l'auteur de l'assassinat de plusieurs gendarmes. Les deux hommes se sont défiés. Moulié a tiré deux coups de semonce ; légèrement sur la gauche de Bidar pour lui faire comprendre qu'il était prêt à l'abattre. Il a attendu que Bidar cède. Il lui a fait subir une pression psychologique pour lui faire admettre qu'il était capable de le tuer quand il le voulait. Le terroriste a posé son arme sur le carrelage et s'est mis à plat ventre devant Moulié. Personne n'aurait reproché au gendarme d'abattre Bidar, face à face, l'arme à la main, en légitime défense. Le terroriste a d'ailleurs avoué ensuite à Legorjus qu'il avait été sidéré par le sang-froid de Moulié. C'est cet homme qu'on voulait présenter comme l'assassin de Dianou ? Non seulement, il n'était pas sur place, mais Legorjus en est intimement persuadé : Moulié serait incapable d'un tel acte.

Le capitaine Legorjus est un personnage hors du commun. A la fois « la tête et les jambes ». Né à Caen, diplômé de droit, il aurait très bien pu devenir avocat ou entrer en politique. Chez lui, en Normandie, il est assez connu pour pouvoir briguer une écharpe de maire. Aux dernières cantonales, ses amis l'affirment, il serait sûrement passé. Là-bas, on se souvient encore du jeune diplômé, spécialisé en droit administratif, qui a occupé la fonction de secrétaire de mairie. Sa femme est aussi du coin et, parfois, le Normand Legorjus s'imagine très bien reprendre l'exploitation agricole familiale. Seulement, cet homme de taille moyenne, bien charpenté, aime l'action, la vraie. Celle qui fait transpirer et qui donne des émotions. Alors, sur le tard, à 28 ans, il s'engage dans la gendarmerie, chez les soldats de la loi. Pour la gendarmerie, c'est une bonne recrue. Rares sont les diplômés qui choisissent de plein gré cette arme. Il est d'abord affecté en 1979 à l'escadron parachutiste de la gendarmerie de Mont-de-Marsan, puis en 1982 au G.I.G.N. où il devient le second du groupe l'année suivante. Il prend le commandement de cette unité prestigieuse en mai 1985. Entre-temps, il y a eu l'affaire des Irlandais de Vincennes, la nomination de Christian Prouteau, l'officier fondateur du groupe, à l'Elysée et les frasques du capitaine Barril. Sans parler de la Nouvelle-Calédonie, déjà, et de la mort d'Eloi Machoro. C'est son prédécesseur, le capitaine Masselin qui assurait le maintien de l'ordre à Thio. Le G.I.G.N. est devenu une excellente unité, mais parfois ses responsables successifs mélangeaient les genres. Les missions du groupe ne rentraient pas toujours forcément dans le cadre de la gendarmerie.

Depuis Legorjus, plus de vague. Il a su se faire accepter par ses hommes avec son côté Tintin redresseur de tort, boy-scout, mais futé, intelligent et cultivé. Il cite à l'occasion René Char, le grand poète, mais n'hésite pas à chanter une chanson cocardière avec ses camarades après un bon repas.

A chaque fois qu'il intervient, Legorjus privilégie le dialogue. Il préfère cela au genre cow-boy. Il préfère convaincre son adversaire par l'action psychologique. Il est un as au revolver, mais il n'a ouvert le feu qu'une seule fois, au G.I.G.N. Pourtant, Dieu sait s'il a participé à des dizaines et des dizaines d'opérations.

C'était le 9 décembre 1986, en Bretagne, à Saint-Brelade dans l'Isle-et-Vilaine. Le G.I.G.N. était intervenu pour maîtriser un forcené qui avait déjà blessé cinq gendarmes et deux civils. Le groupe avait été transporté par avion. Legorjus était venu par hélicoptère avec un élément avancé, comprenant notamment Picon, son adjoint, et Henri, un adjudant-chef, adjudant à l'époque. Ils étaient là pour préparer l'intervention dans la ferme où le forcené s'était réfugié. Au moment où ils débarquent, l'homme s'enfuit à travers champs. Henri, l'adjudant, le poursuit et se cache derrière un tas de bois. Legorjus, lui, prend l'hélicoptère qui l'emmène de l'autre côté pour lui barrer la route. Picon se poste derrière le forcené pour bloquer son retour vers l'arrière. L'homme est armé d'un fusil de chasse. Un très bon tireur, car à chaque coup il a fait mouche. Le capitaine Legorjus demanda au pilote de le déposer juste en face du forcené pour attirer son attention. Henri voit avancer son « patron » dans le champs, complètement à découvert. « Si le gars bouge d'un quart de tour, il va voir arriver le capitaine et l'aligner avec son fusil comme à la foire », pense-t-il. Alors, derrière son tas de bois, il tente de discuter avec le meurtrier. « Tu as suffisamment tiré, il faut arrêter à présent. Pose ton arme. Le sang a assez coulé », dit-il d'une voix calme, se croyant à l'abri derrière son tas de bois. Le forcené prend son temps, met en joue et tire exactement entre les deux planches. Henri, touché en pleine tête, tombe par terre. L'homme, tranquillement, l'ajuste à nouveau pour l'achever. Legorjus est à une vingtaine de mètres. Il vise, tire et abat le fou. L'adjudant Henri a perdu un œil. La gendarmerie a déclaré qu'il était infirme. Il a dû quitter le G.I.G.N., alors que Legorjus considérait que c'était son meilleur sous-officier. Sans participer aux missions, Henri aurait pu faire bénéficier les jeunes de sa très grande expérience. De plus, il a su garder un grand sens de l'humour. Il n'a jamais prononcé une remarque négative. Il ne critique jamais personne, même pas ceux qui sont en train de l'enfoncer, qui disent qu'il est infirme et qu'il doit faire autre chose. Mais le règlement est le règlement.

Un autre aspect du règlement au G.I.G.N. : quand un officier ou un sous-officier a dû, par nécessité, tuer quelqu'un, on s'arrange pour que lors de l'opération suivante il ne soit pas en position de le faire à nouveau, de façon à ne pas créer une habitude. « Tuer quelqu'un, c'est trop grave. On ne doit pas appuyer sur la gâchette à la légère, confie un membre du groupe. Nous ne sommes pas des monstres. Nous vivons parfois des situations difficiles en mission. Le challenge consiste en effet à préserver la vie à tout prix, à préférer la vie à la mort. Malheureusement, ce n'est pas toujours possible. Il faut tirer, sinon c'est le type en face qui tue... »

***

Le DC 8 du Cotam décolle enfin. Deux escales sont prévues : Los Angeles et Papeete. A Los Angeles, les passagers habillés en civil sortent de l'avion pour se dégourdir les jambes. A Papeete, Legorjus se rend aussitôt au Groupement de la gendarmerie départementale pour connaître les dernières nouvelles de la prise d'otage. On ne lui apprend pas grand-chose. Si ce n'est que les groupes se sont séparés en deux, l'un vers le nord d'Ouvéa, l'autre vers le sud. On lui annonce aussi que la responsabilité des opérations a été confiée à l'armée, c'est-à-dire que la gendarmerie a été dessaisie de l'affaire. Ça ne le choque pas trop, Legorjus. Le Général Jérôme (trois étoile, général de division), lui, se montre très surpris par cette décision qui a été prise en Conseil des ministres. Mais les passagers du DC 8 n'en savent pas plus. Nouméa est encore à 5 000 kilomètres.

Le vol se passe bien. A bord l'ambiance est décontractée. Le général Jérôme et ses deux officiers connaissent Legorjus depuis longtemps. Il existe entre eux de la camaraderie et de l'amitié.

Le capitaine Philippe Legorjus a déjà séjourné en

Nouvelle Calédonie en 1985, du 20 janvier jusqu'à la fin mars. Picon y était, lui, de décembre 1984 au 21 ou 25 janvier 1985. Il était l'officier du G.I.G.N. qui a commandé le tir de neutralisation contre Machoro à La Pellerie. Legorjus a pris la suite au temps d'Egard Pisani qui était chargé par François Mitterrand du dossier calédonien.

Pendant chaque voyage en mission, la règle au G.I.G.N. est de parler de tout sauf de la mission et des problèmes qui l'attendent à l'arrivée. C'est l'occasion pour ces hommes, surtout lorsque le vol dure trente heures, de penser à autre chose et de se détendre avant l'action. Avec le général Jérôme, la règle est transgressée. C'est un bourreau de travail. Il dort très peu. Il a toujours quelque chose à faire et met les gens autour de lui à contribution. Il prépare l'ordre du jour en compagnie d'un de ses officiers et du capitaine Legorjus. Dans ce document, le nouveau patron de la gendarmerie de Nouvelle-Calédonie indique à tous ceux qui vont servir sous ses ordres quelles sont les options qu'il a choisies. Son idée force est qu'une situation nouvelle a été créée avec l'assassinat des gendarmes. La prise d'otage reste évidemment un facteur très important, mais elle n'est que la suite d'un engrenage. Il faut en tirer les enseignements. Quelles que soient les responsabilités, il faut avant tout que les hommes changent de comportement. Il faut éviter qu'on puisse s'emparer de leurs armes, qu'on puisse les prendre en otage. Ceci — le général le précise particulièrement à la fin de son ordre du jour — dans le respect total de la légalité et du respect humain.

Les escadrons de gendarmerie qui arrivent d'habitude en Nouvelle-Calédonie ont tendance à agir comme lorsqu'ils doivent maintenir l'ordre à Paris. Un commandant d'escadron a d'abord le souci du matériel. Son premier réflexe est de faire mettre toutes les armes au râtelier, pour éviter les pertes et les détériorations. Chacun sait qu'à Paris il n'est pas besoin de faire usage du fusil d'assaut dans les rues. On ne touche donc pas aux armes, qui sont presque tabou. Si ce commandant a le même comportement en Nouvelle-Calédonie dans une situation difficile, on imagine aisément à quoi cela peut aboutir. L'ordre du jour du général est destiné à faire passer ce message. « Ce n'est pas du tout, dit-il en substance, être défensif ou agressif vis-à-vis des populations locales, que de montrer sa force, de montrer qu'on possède des armes et qu'on sait s'en servir. C'est affirmer simplement qu'on est militaire ou gendarme. N'avoir jamais d'arme sur soi, se déplacer en toute quiétude, ce que la gendarmerie est censée représenter, c'est-à-dire la loi et la force, n'est plus représenté que par l'uniforme. Cela engendre une situation de faiblesse. » « Et encore... car à Ouvéa, l'uniforme, c'est plutôt le maillot de bain et les espadrilles ! » pense en lui-même Legorjus.

L'idée du général Jérôme est claire : vous êtes gendarmes ou militaires, ayez une attitude militaire tout en conservant votre faculté d'accueil et de service vis-à-vis des populations quelles qu'elles soient. En fait, le général arrive sur le territoire pour « resserrer les boulons ». Si Chirac peste contre la gendarmerie, il n'a pas tout à fait tort. A Ouvéa, séduits par le paysage, beaucoup se sont cru au Club Méditerranée. Sauf l'adjudant Moulié qui menait ses hommes à la baguette. Ceux-ci s'en plaignaient d'ailleurs. Avec Moulié, service, service, pas question de monter la garde en maillot de bain. Toutes ces précautions ne lui ont pourtant pas sauvé la vie.

***

Le 24 avril à Nouméa, il fait très chaud. Il est 11 h 30 du matin quand Legorjus pose le pied sur le tarmak de l'aéroport de la Tontouta. Pas pour bien longtemps. A midi et demie, il doit embarquer avec ses hommes dans un Transall qui part pour Ouvéa. Le G.I.G.N. décharge le matériel du DC8 et en entrepose la partie dont ils n'ont pas l'usage dans l'immédiat, comme par exemple les vêtements civils. Le G.I.G.N. et l'E.P.I.G.N. enfilent la tenue kaki, sans insigne de grade, ni écusson aux manches. Les gendarmes revêtent la tenue classique de l'armée de terre ou de la gendarmerie mobile. Seule différence : aucun insigne apparent. Depuis que Legorjus commande le groupe, le G.I.G.N. a toujours appliqué cette règle pour les opérations extérieures à l'hexagone. Encore que, pour certaines missions sur le territoire métropolitain, il agisse de la même façon. Habituellement, le capitaine Picon, le lieutenant Thimothée et Philippe Legorjus emportent une tenue bleue pour pouvoir se changer au cas où... Ces tenues bleues, ils les laissent à la Tontouta. « Ce n'est pas à Ouvéa, pense Legorjus, que nous allons manger des petits fours à un cocktail ! » Les gendarmes sont tête nue. Aucune coiffe n'est prévue au G.I.G.N. La tenue du combattant, pour eux, c'est celle dans laquelle ils se sentent le mieux. Celui qui veut mettre un bob, met un bob. Si un autre préfère une casquette, il porte une casquette. Tout est possible. Même chose en ce qui concerne les chaussures. Legorjus, lui, utilise des chaussures montantes Adidas à la fois souples et munies d'une bonne semelle. Il se doute qu'à Ouvéa, il va falloir marcher.

A 12 h 30, le Transall décolle pour atterrir une heure après Ouloup, toujours sous la protection d'une section du R.I.M.A.P. A peine débarqué, Legorjus apprend que des indices laissent penser que les ravisseurs sont passés par Gossanah dans le nord de l'île. Lorsque l'hélicoptère du général Vidal avait survolé Gossanah, il avait essuyé quelques coups de feu.

Le capitaine saute dans un Puma qui l'emmène à Gossanah. Au pied de l'appareil, il rencontre Vidal qui ne dispose que d'une jeep-radio transportée par hélicoptère depuis Ouloup. Cet unique véhicule permet au général de rester en liaison avec tous ses éléments. Deux jours après la prise d'otage, l'armée ratisse le nord, à pied, faute de moyens de locomotion. Sur place, sont déjà présents un peloton de l'E.P.I.G.N. de 25 hommes, basé depuis un mois en Nouvelle-Calédonie, et deux ou trois sections de l'armée de terre. Gossanah est tenue militairement. Les civils sont parqués dans une case, à l'ouest de la tribu.

Le premier contact entre Legorjus et Vidal est assez froid. A Gossanah, le général se heurte au mur du silence et, visiblement, il n'est pas de bonne humeur. Les otages sont toujours dans la nature. « C'est moi le général, c'est moi qui suis responsable de tout ici », dit-il. Puis il ajoute : « Combien êtes-vous ? » Le capitaine Legorgus répond. Ses hommes et lui-même ne semblent pas les bienvenus. Il ne faut pas oublier — personne ne l'oublie à Ouvéa — que si la situation est critique, c'est parce que des gendarmes se sont laissé faire prisonniers. Dans la foulée, le général Vidal commence à définir les missions : l'escadron para sera héliporté à tel point ; ratissage dans telle direction, etc. Sur Ouvéa, Legorjus assure le commandement du G.S.I.G.N. Il a à la fois sous ses ordres l'élément du G.I.G.N. et l'élément de l'escadron de parachutistes. Comme les deux pelotons de l'E.P.I.G.N. sur place sont commandés par un capitaine plus jeune que lui, il a autorité sur lui, comme il est d'usage dans la hiérarchie militaire. De son côté, bien qu'étant l'officier le plus gradé du territoire (trois étoiles), le général Jérôme est resté à Nouméa puisque le commandement des opérations militaires a été confié à l'armée. Avec les officiers présents à Ouvéa, en particulier un lieutenant-colonel, sur le terrain le chef d'état-major du général Vidal, le contact est difficile. Cet officier aurait préféré d'autres troupes que le G.I.G.N. de Legorjus.

Un appel radio signale soudain que la camionnette de la gendarmerie qui avait été volée est retrouvée entre Gossanah et Ogniat à la pointe nord-est. Les ravisseurs ont abandonné le véhicule. Aussitôt, Vidal demande au peloton de l'E.P.I.G.N. d'aller ratisser toutes les grottes qui sont en bord de mer à un kilomètre au nord d'Ogniat jusqu'au village. Quant au G.I.G.N., il est à peine installé dans Gossanah qu'il lui faut aller vérifier des renseignements selon lesquels un groupe aurait été vu au nord de l'île. Les événements vont se succéder à ce rythme durant deux jours. A chaque fois que quelqu'un voit passer un groupe quelque part, le G.I.G.N., à pied, ou en hélicoptère, ira vérifier l'information. Pour les gendarmes, la nuit est bien venue, car ils sont sous le coup du décalage horaire et ils ont crapahuté dès les premières heures dans une chaleur humide et étouffante. Le soir, le général lui-même réveille Legorjus, qui vient à peine de s'endormir. Couché à même le sol, sur le terrain de football, dans un sac de couchage imperméable qui permet de supporter l'humidité et la rosée, il a sombré comme une masse, ivre de fatigue. Vidal l'informe que des inconnus sont passés à la chefferie entre Saint-Joseph et Gossanah. Legorjus et ses hommes se lèvent comme des funambules et repartent, toujours à pied.

Sur place, ils trouvent deux maisons suspectes dans lesquelles les ravisseurs ont séjourné, semble-t-il, récemment. Pour y arriver, ils ont emprunté une route barrée par les Mélanésiens avec des troncs de cocotiers. Ils sont seuls. Les hommes du R.I.M.A.P. ont été placés en rideau d'interception entre Gossanah et Ogniat, sur une petite route qui relie les deux villages. Il ne reste plus que deux unités disponibles, l'E.P.I.G.N. et le G.I.G.N. Le seul côté qui n'est pas tenu militairement reste la côte et l'océan. Il est environ 23 heures. Dans une des maisons, Legorjus trouve une famille, mais pas de traces suspectes. L'autre est vide, mais il tombe sur le plan d'attaque de la brigade de Fayaoué, avec la façon d'y entrer, le nombre d'occupants, les horaires. Ce plan est accroché à la porte d'entrée. Le G.I.G.N. fouille les alentours. Sans succès. Soudain, dans une cocoteraie voisine, les gendarmes perçoivent des bruits. Là encore, personne. Grâce aux gens du village (loyalistes) qui ont donné les renseignements, le propriétaire de la maison est bientôt arrêté, puis relâché faute de preuves.

Complètement exténué, Legorjus retrouve Vidal à qui il fait un compte-rendu. Le capitaine peut enfin aller se coucher. Pas longtemps, car il est déjà minuit... Et le réveil est à 5 heures ! Chacun fait réchauffer sa ration. Le souci premier : l'eau, rare sur l'île. Les gendarmes tombent sur une réserve derrière la maison du pasteur. Une grande citerne avec un robinet qui permet de se laver et de se raser. Au lever du jour, premier point avec le général qui décide de reprendre les bouclages-ratissages, maigre rideau d'hommes qui avance progressivement entre deux points. Le G.I.G.N. reste en réserve, prêt à intervenir dans n'importe quel endroit pour exploiter un renseignement.

Le patron du G.I.G.N. est inclus dans l'état-major du général Vidal au même titre que le patron du R.I.M.A.P. qui est sur le terrain, au même titre que le lieutenant-colonel Benson qui représente la gendarmerie territoriale. Legorjus se trouve dans un système militaire qui n'est pas du tout le sien. En bon militaire, il obéit aux ordres, même si ce n'est pas toujours de gaieté de cœur.

Dans la journée du 25 avril, l'espoir renaît. Un renseignement en provenance d'Ogniat signale qu'un homme a vu passer des gens en arme avec des otages sur son terrain de chasse favori. Vidal et son état-major préparent une manœuvre, où le G.I.G.N. est épaulé par une section du R.I.M.A.P. Gendarmes et solats progressent dans la forêt avec le guide qui est censé les conduire à l'endroit où il a repéré le groupe, près d'une grotte. Ce guide « patauge », cherche sa route. Le R.I.M.A.P. entraîné à évoluer en forêt marche devant, le G.I.G.N. suit. Legorjus ne s'en offusque pas. Son unité vient de débarquer de métropole. Elle n'a toujours pas récupéré. C'est normal de laisser devant des gens plus aguerris, mieux adaptés au terrain... bien réveillés. Legorjus progresse tout de même en tête de colonne avec le capitaine du R.I.M.A.P. Après deux heures et demie de marche après l'héliportage, ils arrivent à proximité d'une grotte où le chasseur a soi-disant vu des hommes en arme. Fouille de la zone. Rien. Ils rappellent l'hélico. A côté de la grotte, se trouve un champ parsemé d'arbres, où le Puma se pose. Sans le savoir, les soldats sont passés à trente mètres de la cuvette et de la grotte occupées par les ravisseurs et les otages ! Ils ont longé le cratère sous l'œil des Canaques immobiles qui auraient pu ouvrir le feu mais qui ont préféré ne pas bouger, se rendant compte que personne ne les avait repérés. Le guide, un Canaque d'Ogniat, les avait vraiment vu passer sur le chemin qu'il a indiqué. Même si elle revient bredouille, l'armée a la confirmation que la zone sur laquelle elle travaille est la bonne.

A Gossanah, nouvelle réunion le soir avec Vidal et son état-major. Vidal est déçu car il est « tanné » par Pons qui a fait un aller-retour dans la journée entre la Grande-Terre et Ouvéa. Le ministre des DOM-TOM est en Nouvelle-Calédonie. Le pouvoir politique tout puissant a maintenant un représentant sur place. Plus question d'informations sybillines et incomplètes.

Après une longue discussion entre Vidal et son état-major, une conclusion s'impose : la méthode du bouclage-ratissage est un échec. Reste une seule solution : faire porter tous les efforts sur le renseignement. Mais qui dit renseignement, dit interrogatoire de la population. Les militaires interrogeront de leur côté, le G.I.G.N. du sien. Deux lieux sont désignés en priorité : Gossanah et Téouta, parce que d'après les premières informations, les ravisseurs sont passés par Gossanah, sont remontés à Téouta avant de redescendre sur Gossanah. Des gens de ces deux tribus sont nécessairement impliqués dans la prise d'otages. Legorjus convoque ses officiers : les auditions vont être prises par les officiers de police judiciaire territorialement compétents. Il demande au lieutenant-colonel Benson de lui fournir toutes les autorités judiciaires. Il n'y en a pas beaucoup. Il y aura donc un O.P.J. présent dans chaque groupe d'interrogatoire. L'armée, elle, interroge de son côté.

De son côté, Philippe Legorjus se demande toujours si l'action entreprise à Ouvéa est légale. Il n'en est pas vraiment sûr et se promet, à son retour à Paris, de consulter « L'Instruction Permanente pour l'Emploi des Forces Armées au Maintien de l'Ordre » qui date de 1970.

Le capitaine n'assiste pas aux auditions. Avec le lieutenant-colonel Benson, il a d'autres soucis. Depuis le dimanche 24 au soir, clôture du premier tour des élections, une bande sème le désordre à Saint-Joseph et essaie de s'emparer des urnes. On les a vus repasser avec des armes remontant sur Téouta. Les deux officiers passent une bonne partie de la journée dans l'Alouette de la gendarmerie pour essayer de retrouver les pistes qu'ont pu emprunter les fauteurs de troubles qui sont peut-être de connivence avec les ravisseurs. Leur trace est finalement repérée et Legorjus appelle son G.I.G.N. La zone est investie. « Chou blanc », une nouvelle fois. A croire que ces

Canaques possèdent le pouvoir de disparaître comme des fantômes. Des témoins, pourtant, les ont vus et confirment la direction de la fuite.

Le G.I.G.N. poursuit sa progression à pied. Manquant de monde, Legorjus demande du renfort à Vidal. Le général met en place une compagnie du R.I.M.A.P. qui servira de point d'arrêt au cas où le G.I.G.N. pousserait des fuyards vers eux. Mais une fois de plus, les forces de l'ordre restent bredouilles.

Chapitre 6

« VIVE KANAKY ! A BAS L'ARMÉE FRANÇAISE ! »

Si la décision de concentrer tous les efforts sur le renseignement a été prise à l'unanimité par tous les officiers de l'état-major sur le terrain du général Vidal, les interrogatoires ont, en fait, commencé avant le 25 avril. Ils ont commencé l'après-midi même du 22, jour de l'attaque de la brigade de Fayaoué. A chaque fois qu'un assassinat est commis, à plus forte raison quand une gendarmerie est prise d'assaut et qu'il y a mort d'homme, une enquête est ouverte. Les enquêteurs entendent toutes les personnes qui peuvent apporter un ou plusieurs éléments à la manifestation de la vérité et à la recherche des coupables. Une procédure qui, en France, est acceptée par la société et, bien souvent, par les malfaiteurs eux-mêmes, qui connaissent la « règle du jeu ».

Pendant l'affaire d'Ouvéa, cette procédure et cette « règle du jeu » ne semblent pas avoir été respectées, d'un côté comme de l'autre. Les militants du F.L.N.K.S. qui ne veulent pas connaître la loi française et qui assimilent les forces de l'ordre à une « armée d'occupation impérialiste », n'ont pas accepté d'être interrogés à propos des crimes de Fayaoué. Beaucoup d'entre eux, ne serait-ce que par liens de parenté, étaient complices, de fait, ou au sens plus large du terme, avec les ravisseurs. Les forces de l'ordre, en l'occurrence l'armée, profondément traumatisées par la mort des gendarmes et peu qualifiées pour des auditions, ont confondu enquête judiciaire, dont il est vrai qu'elles n'étaient pas particulièrement chargées, avec opération militaire. En 48 heures, Ouvéa relevait de l'état de guerre. Une guerre, ou plutôt une guérilla. Comment qualifier autrement une trentaine d'hommes lourdement armés, dissimulés dans le maquis avec des prisonniers, soutenus idéologiquement, ravitaillés clandestinement, tout au moins dans les premiers jours, par la population ? La violence avait commencé du côté des indépendantistes à Fayaoué. Si elle était présente dans les interrogatoires qui ont suivi, elle n'était en aucun cas comparable à la première. Il n'y a eu aucun mort, ni même de blessé pendant les interrogatoires dans les tribus. Il y a eu un traumatisme psychologique, des brutalités dans la « population civile », déplorables, il est vrai, mais sans aucune mesure avec l'attaque mélanésienne.

Dès le 22 avril dans l'après-midi, une première opération de ratissage est lancée avec l'E.P.I.G.N. — escadrons 2-3 de Drancy et 1-22 de Marseille — sur renseignement de la population qui reste loyaliste à 50 % à Ouvéa. Mais les hélicoptères qui survolent le nord de l'île se font tirer dessus à plusieurs reprises. A tel point que le lieutenant-colonel Alain Picard, qui commande ce jour-là les opérations, fait ouvrir le feu par ses hommes.

La situation est tellement explosive, que dans la soirée, l'officier doit se replier dans l'église Saint-Joseph. Le village est encerclé par des indépendantistes qui mettent le feu à de nombreux barrages.

« Vendredi 22 avril dans la matinée, nous avons monté des barrages au niveau de la tribu et dans l'après-midi, nous avons continué à occuper le terrain de football. Dans les carrières, on plantait des pieux, des arbres, brûlant des pneus entre-temps et nous avons réussi à empêcher les hélicos d'atterrir à la tribu, le vendredi après-midi », raconta Maki Wea, de Gossanah. On avait rassemblé toute la tribu dans les dernières maisons qui sont à l'est du village. Nous étions tous regroupés là, femmes et enfants, et, dans la nuit, nous nous sommes partagés encore en plusieurs groupes pour rejoindre les terrains que nous devions occuper pour empêcher les hélicos d'atterrir. »

« Des équipes sont parties à 11 h du soir, vendredi, ont travaillé toute la nuit pour planter des obstacles et des pieux sur les terrains qui sont à côté de la tribu. Samedi matin, moi, j'étais avec le groupe qui était sur le terrain du village. Nous faisions tout notre possible pour empêcher l'atterrissage des hélicos. Les femmes sont venues nous donner à manger vers 11 h 30 », explique ce militant F.L.N.K.S.

« Pendant que nous prenions notre repas au premier barrage du tournant à l'entrée du village, on nous a signalé qu'il y avait des militaires qui arrivaient par la route, à pied. Les femmes du premier barrage se sont repliées du côté de la coopérative. »

« Joanny Chaoury avait été arrêté par les gendarmes alors qu'il allait voir sa femme à Fayaoué. Il a été gardé à vue dans l'église de Saint-Joseph, menotté, et le matin ils ne l'ont libéré qu'à la condition qu'il aille à la tribu de Gossanah pour essayer de prendre contact avec Djoubely Wea. Il est revenu le matin et a raconté ce qui lui était arrivé. Puis il a communiqué les propositions de l'armée. »

« Mon frère, Djoubely, était là depuis un mois, il était malade. Je suis allé chercher chez lui une lettre dans laquelle il avait consigné nos revendications pour d'éventuelles négociations, comportant trois points importants
— l'annulation des élections régionales

— le retrait immédiat des forces militaires de l'île
— la venue d'un médiateur nommé par Mitterrand et Chirac.

« Sur la route, les militaires marchaient en appelant mon frère Djoubely. Prévenu, Djoubely a demandé aux villageois de faire un sit-in sur la route. »

« Ils ont parlé entre eux là-bas sur la route, poursuit le Mélanésien. Ensuite ils sont rentrés dans la case pour essayer de voir s'il y avait quelque chose à faire entre eux et la tribu. Nous, on nous a regroupés devant l'E.P.K. On était entouré par les militaires. L'un d'eux est sorti de la case avec Faissen. Il nous a demandé de donner trois volontaires pour fouiller dans la brousse et essayer de localiser l'endroit où sont les otages. A 14 h 30, il fallait qu'ils soient revenus dans la tribu. Ils sont revenus à 14 h 30 en disant qu'ils n'avaient rien vu. »

« Les militaires se sont entretenus encore avec Djoubely, Faissen et d'autres vieux. Le colonel Picard était là aussi. Ils nous ont dit qu'ils allaient revenir à 17 heures à la tribu pour avoir une réponse. »

« Entre-temps, ils voulaient que nous cherchions le lieu de détention des otages. S'ils n'étaient pas revenus à 17 heures, il fallait qu'on descende à Saint-Joseph à 19 heures pour donner la réponse. A 17 heures, ils ne sont pas revenus. Nous, à 19 heures, nous ne sommes pas descendus à Saint-Joseph. Mais ils avaient ajouté que s'ils n'avaient pas de réponse le samedi soir, ils allaient revenir le dimanche de bonne heure à la tribu pour commencer à ratisser. »

« Le lendemain, les militaires nous ont de nouveau rassemblés devant l'E.P.K. et de nouveau ils se sont concertés avec Djoubely et les vieux. Les femmes et les enfants ont été parqués dans deux classes de l'E.P.K. Les hommes, rassemblés devant, du côté de la cantine. On était tous entourés de militaires, de gardes mobiles, de G.I.G.N. Ils nous disaient de ne pas bouger, sinon ils nous tiraient dessus. »

« Vers 10 h 30, ils nous ont emmenés sous l'abri. Djoubely est sorti de la case et s'est assis sur le tas de sacs qui est à côté. Le général Vidal était là aussi. Djoubely a prononcé un petit discours. »

En fait, le responsable politique de Gossanah ne traduit pas les paroles apaisantes du général, mais mobilise la population contre l'armée.

« Djoubely a commené à lancer des slogans et nous, nous criions : " Vive Kanaky ! " " A bas l'armée française ! " et on levait le poing. Vidal a crié : " Faites-le taire, emmenez-le ! " Djoubely lui a tendu les bras, ils lui ont foutu les menottes. Le cousin qui était là, qui accompagnait mon frère parce qu'il était malade, il a tendu aussi les bras et ils l'ont menotté. Ils ont dit qu'ils allaient les emmener avec le chef. Nous, on leur a dit qu'on était prêts à les suivre, mais que nous savions pas où étaient les otages. Ils ont donc emmenés les trois sur la route et les ont embarqués dans les hélicos : Djoubely et Faissen dans le Puma en direction de Fayaoué, et le grand chef dans une Alouette de la gendarmerie. »

« On était déjà en train de manger quand une Alouette est arrivée. C'était le maire d'Ouvéa et le substitut Bianconi qui venaient nous voir. Le maire était venu pour essayer d'avoir un contact afin de trouver le moyen de négocier. »

« A 17 heures, les militaires sont revenus, ils nous ont encerclés en disant : " On vous donne 15 minutes pour aller chercher vos couvertures et vos nattes. " A 18 heures, le couvre-feu a été décrété. Plus personne ne pouvait plus sortir dans le village. On a pris un petit casse-croûte et ils nous ont enfermés dans trois maisons. On était serrés comme des sardines. Dans la maison commune — c'est une case de paille de 20 × 4,3 m —, dans la case d'une famille qui mesure 12 m × 3 m, et dans une maison en dur de 7 m × 3 m, nous étions 202 personnes : hommes, femmes et enfants d'après le recensement que nous avons fait, car on était déjà avec les gens de Téouta qui nous avaient rejoints samedi matin. Dans l'E.P.K., il y avait 127 personnes, dans l'autre case 45 personnes et dans la maison en dur 30 hommes. On a essayé de dormir. En fait, seuls les gosses ont pu dormir. Nous, on était assis avec nos femmes. Si quelqu'un voulait sortir, il fallait qu'il demande la permission. Pour aller faire nos besoins, on allait à un mètre, deux mètres derrière la maison parce qu'on était toujours pointé par les fusils des militaires. C'est comme ça que ça s'est passé la nuit de dimanche. Lundi 25 avril, le matin, on a été réveillé par des coups de bottes sur les portes. Ils ont demandé que tous les hommes sortent, il faisait froid, il y avait la rosée et on nous a demandé d'aller devant le temple pendant que des militaires commençaient à faire le ratissage de la tribu, en saccageant les maisons. Chaque fois qu'ils trouvaient quelque chose chez nous, ils couraient vers notre groupe et disaient “ Voilà on a trouvé ça, qu'est-ce que c'est ? ”. »

Les soldats fouillent, en fait, la tribu pour trouver des indices. Quant au fait de rassembler la population dans un même lieu, c'est par mesure de sécurité.

« Les hommes étaient très nerveux, raconte un officier. Surtout la nuit, pendant la garde. Alors pour éviter les bavures, comme des tirs sur un gosse qui aurait pu marcher dans les broussailles, on a préféré prendre des mesures sévères, mais qui limitaient nos problèmes, car on a vu des cas d'ouverture du feu sur des chèvres pendant la nuit. D'autant plus qu'on avait raison de se méfier. Alphonse Dianou, le chef des ravisseurs, avait projeté de mener une action commando contre nous. Heureusement, il a abandonné l'idée, certainement parce que la disproportion des forces était en notre faveur. »

Pour les militants canaques, peu habitués à être dérangés de la sorte, la surprise est grande et chaque geste et chaque phrase des soldats prennent des proportions importantes dans leur imagination.

« J'ai vu un G.I.G.N. sortir de chez moi avec un album photos de 1977-78, sur une page il y avait une carte postale du square Olry, bombée aux couleurs rouge et vert. J'avais découpé un article d'un journal que j'avais mis au-dessus de la photo qui disait : " L'indépendance passe par le sang. " Le G.I.G.N. courait et disait : " Ah j'ai trouvé quelque chose d'intéressant, venez voir ! " et ils sont tous venus pour voir. Puis ils ont commencé à faire les interrogatoires à tour de rôle. Certains de mes camarades étaient attachés aux poteaux, d'autres attendaient derrière le temple. Moi j'ai été appelé après, dans le deuxième groupe. Quand ils m'ont appelé, ils étaient trois : deux G.I.G.N. et un gendarme. Ils m'ont dit : " Toi tu es le frère de Djoubely, hier c'était toi qui levait le poing et qui criait fort : ' A bas la France, mais maintenant tu vas ramasser, tu es un enculé. ' Ils disaient n'importe quoi, des insultes. Ils m'ont emmené dans la maison en dur qui était à côté de la cantine. Là ils m'ont collé au mur, les mains en l'air, puis ils ont commencé à m'interroger. Moi, je répondais que je ne savais rien. Ils me demandaient où était la grotte cachée des otages. Entre-temps, ils me donnaient des coups de poings. Le G.I.G.N. avait une matraque électrique. Chaque fois que je ne répondais pas il m'envoyait une décharge au menton et je tombais par terre. »

« Les questions étaient : Où sont nos camarades ? Où est la grotte ? Où sont cachés les otages ? Ils m'ont donné un cahier pour que je fasse un dessin, et que j'indique l'emplacement de toutes les grottes du nord d'Ouvéa. Moi, je suis d'ici, je ne connais pas l'emplacement des grottes d'Ogniat. Il m'a dit : “ Non, il faut que tu marques parce que tous tes copains qui sont passés avant ils ont tous fait des dessins ”. »

« Chaque fois que je ne répondais pas, il me piquait avec la matraque électrique au cou, à la poitrine, au ventre. J'ai compté. J'ai reçu au moins six à sept décharges électriques. C'est si fort que chaque fois, on tombe par terre. C'était les G.I.G.N. qui me faisaient ça. De la maison, j'entendais les cris de mes neveux, des gens qui étaient dehors. Ils étaient torturés, mais je ne pouvais pas les voir parce qu'ils m'avaient mis dans un coin de la maison. Ensuite, ils m'ont parlé de la Libye et des Russes : “ Pourquoi vous demandez l'indépendance ? Si vous avez l'indépendance demain, les Libyens ou les Russes vont faire une base militaire ici à la tribu ”. »

Maki Wea affirme donc avoir été « torturé » par un G.I.G.N. muni d'une matraque électrique. Il semble que les gendarmes mobiles présents à Ouvéa ou étaient dotés — à titre individuel, ce type d'engin s'achetant dans le commerce —, mais le G.I.G.N. dément formellement avoir emporté ce type de matériel en Nouvelle Calédonie.

« Les matraques électriques, nous les utilisons pour les émeutes dans les prisons, pas pour les missions Outre-mer, explique un officier. Cette matraque délivre du courant électrique sous un très faible ampérage, pas même le dixième d'une prise de courant classique. Ça ne fait aucun dégât sur la peau, mais cela procure une sensation extrêmement désagréable. Si ces matraques ont été utilisées, elles ne l'ont pas été par les gars du G.I.G.N., puisqu'ils n'en possédaient pas ».

C'est le capitaine Barril, à l'époque où il était au groupe, qui s'était procuré ce matériel. Il s'était assuré auprès de médecins que les « décharges » n'avaient pas de conséquence, en particulier, sur le cœur. Ces matraques électriques se sont montrées efficaces pour ramener les détenus dans les cellules. Au G.I.G.N., le grand plaisir de « Popol » — le surnom de Paul Barril — était de poser une matraque sur les jambes de ses camarades qui revenaient en short de faire leur jogging.

« Il m'étonnerait fort qu'il y ait eu des sévices commis. Les gens du G.I.G.N. ont participé aux interrogatoires, dit officier du groupe. Je ne fais pas preuve d'angélisme et ne dis pas que les gens de Gossanah ont tous été traités correctement. Mais je sais que le capitaine Legorjus n'admet pas ce genre de comportement et que s'il avait eu connaissance de telles pratiques dans son unité, il ne l'aurait pas toléré ! ».

« Des paras sont venus me surveiller, poursuit Maki Wea. A chaque tour de garde, il y avait un me disait : " Pourquoi vous demandez l'indépendance, vous êtes libres avec la France, non ? " »

« Ce jour-là, on n'a pas pris le café le matin et on n'a pas mangé à midi. Ils nous ont donné un seau d'eau, c'est-à-dire un verre d'eau par personne. Puis les militaires sont venus appeler cinq ou six jeunes et des vieux pour enlever les barrages et les hélicos se sont posés. »

« En début d'après-midi, de la maison en dur où j'étais, j'ai pu remarquer l'arrivée de Pons. Je l'ai vu descendre de l'hélico et ensuite il est allé devant les deux classes de l'E.P.K., à peu près à 25 mètres du groupe qui était sous le flamboyant et à 20 mètres des jeunes qui étaient attachés sous l'abri, au poteau. Lui qui parlait tout le temps de coutume, du respect de la coutume, il est venu fouler la terre d'une chefferie et il n'a même pas fait un geste coutumier. Il a discuté avec un militaire et il est reparti. »

« Sur le terrain qui est devant la maison en dur, des

Canaques étaient à genoux. Le plus pénible, c'est qu'ils pratiquaient les interrogatoires et les tortures devant nos femmes et nos enfants qui étaient juste en face, rassemblés dans les deux maisons. »

« Les jeunes à genoux qui étaient devant la maison, portaient des cailloux, les mains écartées. Les militaires posaient des questions, donnaient des coups de bottes et des coups de crosse et des décharges électriques avec les matraques. »

« Vers 17 h 30-18 h, deux militaires sont venus me voir. Ils m'ont emmené. Il y avait un capitaine des paras, des Bérets Rouges. C'est lui qui m'accompagnait. Il m'a dit : " Vous avez de la chance parce que ce sont les gendarmes mobiles et les G.I.G.N. qui vous interrogent. S'ils nous avaient laissé faire, nous les paras, pour vous interroger, nous vous aurions fait beaucoup de choses. Eux, ils ont une limite à ne pas dépasser, mais nous, étant donné qu'il n'y a pas de journalistes, on peut vous faire tout ce qu'on veut, on ne connaît pas de limites ", puis il m'a libéré. " Maintenant tu vas rejoindre tes copains. " Et je suis parti rejoindre les autres dans la maison commune. »

Le clan Wea, qui affirme toujours ne rien savoir sur les ravisseurs et les otages alors qu'il représente et anime le mouvement indépendantiste dans la tribu, est particulièrement surveillé par l'armée. Raphaël, un jeune de dix-neuf ans, est l'un des premiers à être interrogé.

« On m'a dit de m'allonger sur l'herbe, les mains derrière la tête. Il y avait de la rosée et c'était très mouillé, j'avais très, très froid, raconte-t-il. Ils me posaient toujours les mêmes questions : " Où sont les otages, tu sais où ils sont passés ? ". Je n'en savais rien. Avec une matraque électrique, ils m'ont mis des décharges partout, sur le visage, sur les joues, sur le corps, jusqu'au front, sur le ventre, plusieurs fois. Je gueulais parce que j'avais très mal.

Ensuite ils m'ont donné une feuille de papier avec un crayon pour que je fasse le plan de la grotte. Je leur ai répondu que je ne savais pas faire un plan. Ils m'ont alors dit qu'ils ne pensaient pas me libérer. Ils m'ont mis à genoux et ils m'ont donné une grosse pierre que je devais soulever. La pierre était très lourde. »

« Puis ils m'ont amené à un poteau, m'ont mis les menottes, les jambes entrecroisées. Ils m'ont ligoté au poteau avec les menottes jusqu'à midi et demi, ensuite j'ai rejoint le groupe qui était sous l'abri. Dans la journée de lundi, j'étais interrogé par un G.I.G.N. et par un autre posté à la porte. Il portait une cagoule noire. Je voyais seulement ses deux yeux. Quelques instants plus tard, quand je suis sorti, il avait enlevé sa cagoule. J'ai vu son visage. C'est celui de la photo dans le Paris match du 27 mai 1988. »

Un autre Wea, Cyrille, marié, deux enfants, secrétaire de mairie, habite également Gossanah. Il est à son tour interrogé. L'un de ses frères fait partie des ravisseurs qui détiennent les otages à quelques kilomètres dans la forêt.

« Les militaires ont fait sortir les hommes des cases et ont commencé l'interrogatoire. On partait trois par trois avec eux. Puis les Puma ont commencé à arriver. De temps en temps, on nous demandait d'aller décharger les cartons et de les entreposer dans les maisons occupées par les militaires. Moi, j'ai été désigné pour ramasser les ordures sur le terrain et les restes de pneus brûlés la veille. A un moment, j'ai vu avancer un militaire avec un indicateur. Mathias : “ Arrête-toi, et écoute celui-là ”, a dit le militaire à Mathias. Ils m'ont emmené derrière le magasin et m'ont posé des questions : “ C'est toi qui a amené les otages ? ”, “ On t'a vu à la gendarmerie ”, “ Tu as quoi comme voiture ? ”. “ J'ai un 4 × 4. ” “ Bon, on va te mettre en cellule parce que tu ne veux pas répondre. ”

Entre tremps des gendarmes venaient et me disaient : “ Tu sais, vous avez tué le père d'un G.I.G.N. et son fils est là dehors. C'est lui qui va vous interroger. Tu vas voir. Tu vas pisser du sang. Tu vas savoir un peu ce que c'est. ”

En voulant impressionner les habitants de Gossanah, il semble que ce sont les gendarmes eux-mêmes qui ont propagé la rumeur de la présence d'Eric Moulié à Ouvéa. « L'un d'eux m'a menotté sur un poteau, reprend Cyrille Wea. Il était 8 h 30 du matin. “ Le soleil ça va t'éclaircir un peu les idées. ” A 9 heures, ils m'ont desserré les menottes et m'ont emmené plus loin, devant un autre poteau. Je suis resté assis, les menottes aux poings, jusqu'à 17 h 00 sans manger, ni boire. C'était le lieutenant Destremau qui venait me poser les questions. “ Où sont-ils passés, où sont-ils ? Est-ce que tu es au courant de l'attaque ? ” Il avait à la main un dossier qui venait de chez moi. Un dossier avec un drapeau F.L.N.K.S. contenant le petit livre vert de Kadhafi. J'avais aussi tous les numéros de “ Bwenando ” (le journal indépendantiste), mais il a seulement pris le numéro où les stratégies du F.L.N.K.S. sont mentionnées avec les Congrès et les Conventions : J'ai remarqué après qu'ils ont laissé les exemplaires de “ Bwenando ” où on parlait des “ milices R.P.C.R. et la question wallisienne ”. Ça ne les intéressait pas. »

« Ensuite, j'ai eu la visite de Bazit Denis, le fils du chef loyaliste d'en bas, qui me disait : “ Cousin... ”, mais ça fait longtemps qu'on ne parle plus avec eux, “ Cousin, ils t'ont rien fait, ils ne t'ont pas torturé encore. Tu me dis où sont les otages et moi je les fais dégager tout de suite, comme ça y'aura pas de sang qui coule ”. »

« J'ai eu aussi la visite d'un gendarme en uniforme venu avec l'hélicoptère de Pons. Il m'a dit : “ Je ne comprends pas ce que vous avez fait, vous serez majoritaires dans 5 ans, Mitterrand va être réélu dimanche. ” Il a ajouté que

" l'histoire du peuple kanak, c'est pareil à une route et nous, le F.L.N.K.S., nous sommes dans une voiture. Le coup qu'on a fait, à Ouvéa, c'est un coup de frein brutal, alors que l'histoire tourne dans votre sens ! " C'était un gendarme de haut rang. Il était assez vieux et habillé en bleu (certainement le général Jérôme). Plus tard d'autres m'ont botté les flancs, mais le lieutenant-colonel Picard, qui a vu la scène, leur a dit de se calmer. »

« Le lieutenant Destremau recommandait à ses hommes de ne pas trop me bousculer. C'est lui qui m'interrogeait : " Où sont les grottes ? ". " Je ne sais pas, je ne suis pas un mec de la brousse. " Il m'a demandé encore : " Si un jour tu veux te cacher, tu te caches où ? ". Je lui ai répondu : " Le plus sûr endroit pour me cacher, c'est chez moi, dans ma maison. " " Oui, mais on va te trouver dans ta maison. " Alors moi, je lui ai dit : " Il faut que je fasse quelque chose pour me cacher, sinon je ne me cache pas. " Il a insisté : " Tu ne vas pas dans la brousse pour te cacher. " " Je vais faire quoi dans la brousse ? C'est bon si j'ai fait quelque chose de grave, mais là, je reste à la maison parce que je n'ai rien fait. " »

« Le colonel Picard amenait des bonbons aux enfants, des cigarettes et du tabac aux vieux. J'entendais le substitut Bianconi qui disait : " Il ne faut pas se presser dans les négociations, si l'on veut que ça se passe bien, il ne faut pas se presser. " »

A Paris, cependant, le pouvoir politique n'a pas le même sentiment. Cette affaire empoisonne la campagne entre les deux tours de l'élection présidentielle. Et à Nouméa, Bernard Pons, bien qu'il se soit rendu compte des difficultés rencontrées par les militaires à Gossanah, maintient la pression sur le général Vidal et son état-major. « Il y va de l'honneur de la France et de l'armée », répète-t-il. Vu de l'extérieur, en effet, il paraît incroyable qu'une poignée de maquisard tiennent en haleine 250 soldats et leurs officiers, une flotille d'avions et d'hélicoptère, jusqu'à la Marine Nationale qui participe aux recherches avec un Falcon 50 de l'aéro-navale, et un patrouilleur qui croise le long des côtes de l'île.

Quant aux femmes de la tribu, parquées dans un bâtiment séparé, elles assistent aux auditions des hommes.

« Nous, les femmes, on supportait de sauter un repas, mais vers 10 heures, les gosses se sont mis à pleurer, raconte la femme de Maki Wea. On leur a donné des petites tasses de thé avec un sao (un biscuit australien). Pour les gosses de 5 jusqu'à 12 ans, on cassait un sao, un morceau pour un gosse, un morceau pour l'autre parce qu'on n'avait pas assez de provisions. Une dame a demandé d'aller aux toilettes. Le militaire qui nous gardait a répondu : “ J'ai pas dit d'aller pisser, j'ai dit de boire de l'eau seulement ”, en nous désignant les deux thermos et le seau d'eau qui nous étaient réservés. »

Félicité est la femme d'Athanase Dao, un des ravisseurs tués plus tard dans la grotte pendant l'assaut : « Dans la case, on était serré avec les enfants. On était obligé de plier les jambes pour avoir de la place. Il y avait un petit coin dans la case et nous faisions nos besoins dedans. Les enfants pleuraient toujours. Ils avaient faim. Une mère était obligée de porter son bébé pour qu'il ne pleure pas pendant la nuit. Les militaires nous empêchaient de regarder par la fenêtre pour qu'on ne voie pas ce qu'ils faisaient aux autres dehors. Nous étions obligées de rester toujours assises ou de dormir. Nous empêchions aussi les enfant de jouer pour qu'ils ne fassent pas de bruit. »

« Mardi, les militaires ont dit qu'un certain nombre de femmes pouvait aller faire la cuisine. Les autres devraient rester dans la case. Certains d'entre eux nous parlaient bien, d'autres méchamment. »

« Un jour, le colonel Picard est arrivé dans la cuisine. Nous étions en train de couper la viande. Il a demandé s'il pouvait prendre une photo de nous. Nine a dit : « Non, c'est interdit de prendre des photos ». Il a dit que c'était pour un souvenir d'Ouvéa : nous avons refusé. Il nous a montré ensuite les photos de sa femme, de sa fille et de son fils. « Je suis chrétien, disait-il, et il ne faut pas qu'il y ait de sang qui coule du côté des Mélanésiens. »

A Gossanah comme à Téouta, beaucoup savent où se trouvent les otages. Ils ne connaissent peut-être pas l'endroit exact, mais la zone où les soldats sont susceptibles de les trouver. Maiva, l'épouse de Jonas Adeda, l'un des ravisseurs, a même vu les prisonniers arriver à Téouta le matin de l'attaque. Bien entendu, elle ne dit rien aux enquêteurs : « Nous étions à la maison en train de manger quand le camion est arrivé avec les otages. Nous avons paniqué. Nous avons couru sur un petit chemin derrière la maison. Là, nous sommes tombés sur des militants. Ils nous ont dit de ne pas paniquer : " Ce sont les otages ", disaient-ils. " Restez tranquilles. Attendez chez vous. " Et ils sont partis. »

« Les Puma commençaient à survoler Téouta. Il y avait quelqu'un qui indiquait les maisons, ça se voyait parce qu'il tournait toujours autour des mêmes. Nous nous sommes enfuis le soir vers 4 heures. »

« Nous avons marché dans la forêt avec les enfants et les vieux. Vers une heure du matin, à peu près, nous sommes arrivés au trou où on devait dormir. Vers quatre heures, Vincent (son mari ravisseur) est arrivé pour nous réveiller : " Il faut repartir, parce que les indicateurs connaissent le trou. " a-t-il dit. Nous sommes venus à Gossanah où nous sommes arrivés le matin à 6 heures. »

« Les mobiles sont arrivés après. Ils sont entrés dans notre case pour demander les femmes dont les maris étaient dans la forêt. Nous sommes sorties Félicité Dao, Euphrasie et moi et nous avons trouvé d'autres femmes qui étaient dans l'autre case. Madeleine Wadjeno, Myriam, Axcie, Simone Dao et Marie-Luce Nine. Ils nous ont emmenées dehors, c'était le soir vers 18 heures puis ils nous ont dit d'attendre. Plus tard, un gendarme est venu pour prendre nos noms de jeune fille, nos prénoms et le nom de notre mari. »

Camille Adeda, lui, affirme que les militaires lui ont volé son argent qui venait de la vente du coprah. Lui aussi a été interrogé : « Les mobiles m'ont amené de la maison commune jusque chez Maki Wea et puis ils m'ont fait allonger sous un pied de jamelonnier. Ils m'ont mis un revolver sur la poitrine et ils m'ont dit de montrer l'endroit où se trouvaient les otages. J'ai répondu que je savais pas où ils étaient. L'un d'eux m'a ensuite demandé : “ Tu n'as pas peur de moi ? ” J'ai répondu : “ Si tu veux, tu peux tirer mais moi je ne sais pas où ils sont. ” Ils m'ont emmené là-haut dans le petit champ de Maki Wea et là ils m'ont interrogé pour la seconde fois. J'ai donné les mêmes réponses. Ils m'ont attaché le cou avec un manou (une étoffe) et m'ont serré très fort. Je ne pouvais plus respirer. Je me suis évanoui, ils m'ont mis un coup de botte dans les côtes puis ils m'ont couché à nouveau en me posant toujours les mêmes questions. Et comme je répondais toujours que je ne savais pas, ils se sont fatigués et m'ont relâché. »

Pendant l'attaque de Fayaoué, la population, en particulier les loyalistes, a très bien reconnu ceux qui faisaient partie du commando. Les gendarmes établissent très vite une première liste de noms, approximative puis de plus en plus précise. Christophe Dianou, cousin germain d'Alphonse, le chef des assaillants de la brigade, est interrogé parmi les premiers.

« Dès qu'ils nous ont emmené sur la place centrale, ils ont demandé un responsable, raconte Christophe Dianou. J'ai dit que c'est moi. Avant de commencer à poser des questions, ils m'ont prévenu de ne pas mentir. Ils m'ont interrogé sur les otages, sur les camions... J'ai parlé, mais ils voyaient que je mentais. C'est là qu'ils ont commencé à me frapper. Au début j'étais assis, le chef était devant moi, il tapait dans ma poitrine, les autres m'ont attrapé avec le cordon pour essayer de m'étrangler. Mais ils ont vu qu'ils n'avaient rien à tirer de moi. Alors ils m'ont allongé par terre. L'un d'eux enfonçait le canon de son fusil dans ma main. D'autres étaient assis sur mon bras et me tordaient le poignet. Un autre, assis sur mon dos, m'étranglait avec le cordon. Un autre encore me tapait sur la tête avec la crosse de son fusil. Je suis resté une semaine sans pouvoir me peigner tant j'avais mal à la tête et on voyait les traces du canon sur ma main. »

Christophe Dianou affirme que, parmi ceux qui l'interrogeait, il y avait un certain Dubois. Il a lu son nom sur sa tenue. Cet adjudant du G.I.G.N. a été capturé par la suite. « C'est pas lui qui a fait les tortures, mais il est resté là tout le temps qu'on me posait des questions », précise-t-il.

Sur la photo du Paris Match du 27 mai 1988, il reconnaît, dans un groupe de militaires, un des G.I.G.N. qui l'a torturé. Legorjus, lui, a toujours affirmé que ses hommes ne portaient aucun signe distinctif sur leur tenue.

Gervais Mahiet, 30 ans, de Gossanah, soutient avoir été, quant à lui, particulièrement humilié : « Les militaires ont emmené les vieux, les jeunes, tous les hommes jusqu'au temple. A un moment donné, un G.I.G.N. m'a appelé et m'a poussé derrière le temple. Il m'a dit de me foutre à poil. Ensuite ils m'ont mis à genoux. C'est là qu'ils ont commencé à me questionner pour savoir si j'étais au courant de l'attaque de la gendarmerie. Je leur ai répondu que non. Ils m'ont demandé si je connaissais des grottes. " Je n'en connais pas ", ai-je répondu. Ensuite, ils m'ont demandé si je connaissais les noms des ravisseurs. Je leur ai dit que je ne savais rien sur les ravisseurs. Alors, ils ont commencé à me tabasser. »

« Ils m'ont giflé, m'ont donné des coups de poing, ils m'ont emmené sous l'arbre. Arrivé là, ils m'ont posé encore les mêmes questions. Un membre du G.I.G.N. m'a dit : « Alors, tu dis la vérité ou je te descends. » Il a chargé son arme et a tiré trois coups en direction de l'arbre tout près de moi. Après, ils m'ont emmené sous l'abri et m'ont croisé les pieds. Celui qui m'a torturé derrière l'église, je l'ai reconnu plus tard, là-haut dans la grotte. Il était pris en otage avec les cinq G.I.G.N. C'est un costaud, bien " planté ", mais il est à moitié chauve, un peu barbu et a les cheveux plutôt blonds. »

Après une première visite infructueuse, les colonels Picard et Benson reviennent à Gossanah avec le général Vidal, Picon et le lieutenant Destremau. Le Comité de Lutte de la tribu est rassemblé au complet sous la grande case commune. Au lieu de traduire les requêtes du général, Djoubely Wea, l'ancien pasteur devenu militant indépendantiste extrémiste, harangue la tribu.

Ignace Mine, de Téouta, réfugié à la tribu de Gossanah raconte : « Il (Djoubely) disait qu'il fallait rester unis et mobilisés, au niveau de la tribu, et que si les gendarmes voulaient nous attaquer, nous devions les laisser faire. Qu'il fallait surtout que tout le monde dise la même chose. Pendant que Djoubely Wea faisait son discours et lançait des slogans, les hommes, les femmes et les enfants de la tribu criaient en levant les poings. Ça n'a pas plu aux militaires. »

« Le lendemain à 5 heures du matin, nous avons été réveillés à coup de bottes par des mobiles. Ils ont appelé les hommes qui étaient parqués dans les trois maisons pour qu'ils regagnent le temple où tout le monde, même le chef, était rassemblé. Il faisait froid. Il y avait de la rosée. Puis les militaires ont appelé les jeunes et ont commencé à les brutaliser. Certains ont été frappés à coups de crosse, à coups de poings. D'autres ont été déshabillés pour être interrogés. A 9 heures, ils nous ont rassemblé au milieu du terrain de football, avec interdiction de fumer jusqu'à midi, heure à laquelle ils ont fait passer un seau d'eau. Chacun a eu droit à un verre. Après, ils ont pris des jeunes au hasard et les ont attachés à chaque poteau de l'abri, à côté de la maison commune, avec Maki. Cyrille Wea était aussi attaché. Entre-temps, il y a un hélicoptère qui est venu déposer Denis Bazit. Il a parlé au grand chef. Il ne faisait que répéter les paroles du colonel Picard qui disait qu'il fallait qu'on trouve une solution, qu'il ne fallait pas que le sang coule pour la libération des otages. »

« Aucun geste coutumier n'a été fait dans la tribu par les représentants des forces de l'ordre », s'indigne le Mélanésien.

« Lundi après-midi, Pons est venu en hélicoptère, les mains dans les poches. Il nous a regardés, nous qui étions rassemblés sur le terrain, et ceux, dont Cyrille Wea, qui étaient attachés au poteau, puis il est reparti. »

Pour finir, Djoubely Wea est arrêté. Les militaires le soupçonne d'être de mèche avec les ravisseurs ou, tout au moins, d'avoir été au courant de l'attaque de la brigade. Conseiller F.L.N.K.S. de la région des îles (salaire 390 000 CFP), ce militant de 43 ans ne se laisse pas facilement impressionner. Faissen Touet, son « porte-parole », est arrêté avec lui. Au cours de sa première interpellation, Faissen Touet donne une première version des événements. Mais le 25 avril à 16 h 15, après une seconde arrestation et une garde à vue, il « consent à dire toute la vérité ». Le jour de l'attaque, comme convenu la veille au cours d'une réunion où le projet a été dévoilé, Faissen Touet se rend à la tribu de Wadrilla entre 6 h et 7 h. Il retrouve les quatre gars qui doivent participer avec lui à l'édification des barrages. Il s'agit de Haiwe Martin de la tribu de Saint-Joseph, qui a suivi un stage en Libye, de Wea Uthang, de Waina Amossa et d'Adjouniope David, tous trois de la tribu de Gossanah, dont les jeunes doivent également les aider. A Wadrilla, ils apprennent qu'il y a eu des blessés pendant l'attaque de la gendarmerie. Ils décident de descendre à la brigade. 500 mètres avant, ils croisent un convoi composé de trois camions 4 × 4 militaires, d'une jeep et d'un camion citerne conduits par des Mélanésiens qui hurlent « Kanaky ! » et transportent les gendarmes pris en otage. Ils grimpent alors sur le camion citerne qui prend la direction du nord de l'île. Faissen Touet descend seul, à la tribu de Wadrilla, pour dresser un barrage, comme il avait été prévu initialement. Cependant, comme les gens de Wadrilla ne manifestent pas beaucoup d'enthousiasme pour l'aider, il repart vers le nord avec un cousin qui passait en voiture. Lorsqu'il arrive dans sa tribu, à Gossanah, le convoi est déjà passé. Il édifie un barrage pour empêcher la progression des gendarmes. La population lui apprend que les ravisseurs ont dispersé les gendarmes en trois endroits différents : six dans la tribu de Téouta, huit dans la tribu d'Ogniat et le reste dans la tribu de Mouly. »

Faissen Touet avoue donc dans sa déposition du 25 avril, que l'endroit où se cachent les ravisseurs est un secret de polichinelle pour les gens de la tribu de Gossanah. Cela prouve aussi la complicité passive, ou active, des Mélanésiens. Les forces de l'ordre intensifient les interrogatoires. Elles craignent que les otages ne soient abattus sans autre forme de procès. Après la tuerie de Fayaoué, tout peut arriver.

Faissen Touet a également raconté ce qui s'est passé quand le colonel Picard est venu le premier jour à Gossanah. L'officier tentait de trouver une solution pacifique par l'intermédiaire des anciens, dont Touet et Djoubely Wea font partie. C'est vrai qu'ils ne savent pas exactement dans quelle grotte se sont réfugiés les fuyards. Ils savent seulement que c'est dans les environs de Gossanah.

Ils proposent tout de même de jouer les intermédiaires entre les preneurs d'otage et le colonel. « Nous avons donc envoyé trois jeunes de la tribu, explique Faissen dans sa déposition, qui, eux, savaient où les ravisseurs se trouvaient, afin de ramener un des responsables du groupe qui aurait négocié avec le colonel. Le responsable, dont je ne désire pas vous donner le nom, est venu nous voir. Mais il a refusé toute négociation avec les gendarmes. Nous avons transmis ce refus au colonel. Je peux vous fournir les trois noms des jeunes qui sont allés contacter le groupe. Il s'agit de Georges Wea, neveu de Djoubely, Georges Omniwack, ainsi que Raphael Wea également neveu de Djoubely et cousin de Georges Wea. Je peux vous dire que les otages sont en bonne santé et bien traités. La tribu participe à leur ravitaillement. J'ignore où ils sont cachés. Ce que je peux vous dire c'est qu'ils seraient à environ 2 kilomètres à l'est de ma tribu. J'affirme que je ne connais pas l'endroit exact. »

Les déclarations de Faissen prouvent donc que le clan Wea a des contacts avec les ravisseurs. Outre les gens qu'il a vus sur les camions, Faissen cite dans sa déposition les autres ravisseurs qui, dit-il, « sont les personnes qui sont venues nous rendre visite à la tribu de Gossanah. A savoir : Wenceslas Lavelloi de la tribu de Takedji, Kela Sapho de la tribu de Héo, Pawen Richard de la tribu de Takedji, Adeda Vicent, Hilaire et Kahnyapa Alphonse de la tribu de

Téouta. Ils sont venus dans notre tribu le vendredi soir accompagner des otages qu'on avait changés de place. Nous ne voulions pas qu'ils restent dans la tribu. Alors ils sont allés s'installer plus loin... »

Le premier soir, les ravisseurs sont donc passés à Gossanah, sachant très bien qu'ils y trouveraient des complicités. Bon nombre d'entre eux sont natifs de cette tribu et de celle, voisine, de Téouta.

Chapitre 7

OUVÉA EN ÉTAT DE GUERRE

Pendant qu'au nord de l'île la situation se tend de jour en jour, il n'en va pas de même au sud. Le maréchal des logis-chef Lacroix devine au comportement des ravisseurs que leur moral n'est pas très haut. Acculés à la pointe étroite de Mouly, ils savent qu'ils ne pourront pas échapper bien longtemps aux recherches. Leur chef Alphonse Dianou, son frère Hilaire et « Vince » Levalloi, les deux « adjoints », ne sont pas là pour les galvaniser. Les onze otages deviennent un fardeau de plus en plus lourd. Le conseil des anciens de la tribu de Mouly ne voit pas d'un très bon œil des hommes en armes parcourir son territoire et risquer à tout moment de provoquer une bataille rangée avec l'armée. Chanel Kapoéri, le chef du groupe et conseiller régional des îles, a été surpris par la tournure qu'ont pris les événements. L'attaque de la brigade ne s'est pas déroulée comme il l'avait prévue. D'accord, il est pour l'indépendance, mais un tel bain de sang !

Plus tard, bien plus tard, les cousins Kapoéri exprimeront des sentiments ambigus. Ont-ils joué avec le feu ? Se sont-ils brûlés ? Leurs témoignages qui n'excusent en rien leur comportement, montrent qu'ils ont pu avoir été dépassés par les événements. A moins que dans le commando, des gens comme les frères Dianou aient été décidés à aller jusqu'au bout, entraînant des camarades qui n'étaient pas prévenus !

De la prison de la Santé, Chanel Kapoéri a écrit à propos du drame de Fayaoué : « Ce n'était pas une attaque. Notre objectif était d'occuper la gendarmerie pour empêcher les élections régionales. »

« La présence des armes à feu était d'intimider les gendarmes. Eux sont armés de fusils et nous de casse-têtes et de haches. »

« Le plan d'occupation de la gendarmerie a été établi par trois des morts de l'assaut de la grotte de Gossanah. Nous n'avions pas l'intention de tuer ou de blesser. Seulement d'occuper la gendarmerie. »

« Avec trois autres camarades, nous devions passer par l'entrée principale et occuper le bureau où se trouvaient la radio-téléphone et les deux sentinelles. »

« Mes intentions, lorsque je suis rentré par le portail principal, étaient de les prévenir que la gendarmerie était encerclée par les militants et nous voulions tout simplement occuper la gendarmerie pour éviter tous les coups qui entraîneront le pire (dérapage). »

Dans sa lettre, son cousin Robert confirme qu'il était dans la gendarmerie pendant l'attaque, mais qu'il se serait caché derrière son minibus pour éviter les balles. Ensuite, il n'était pas à la grotte de Mouly avec les otages, mais il préparait leurs repas à son domicile. « Nous n'avons pas voulu de cette violence. Nous voulions, comme en 1984, occuper la gendarmerie, mais il y a eu des dérapages... Au moment des coups de feu, conclut Robert Kapoéri, quand j'ai vu les morts et les blessés, je n'étais plus moi-même. J'ai eu très peur. Ça m'a beaucoup bouleversé et cela jusqu'au jour de mon arrestation. »

Le dimanche 24 avril, les deux hommes comprennent

que la partie est perdue. Les anciens de Mouly souhaitent que le commando relâche les otages. Ils craignent pour les femmes, les enfants et les vieux. Le soir, l'un des ravisseurs annonce à Samy, le gendarme mélanésien, qu'il sera libéré avec ses camarades le lendemain. « Nous sommes prêts, dit-il, à rendre les armes et les véhicules et à nous tenir à la disposition de la justice ! » (sauf les Kapoéri qui prendront la fuite)...

A deux heures du matin, le lundi 25 avril, les otages sont réveillés en sursaut. A 5 h 20, ils sont libres et rentrent à Fayaoué au volant de leurs propres véhicules.

Avec la libération des onze otages de Mouly, l'espoir renaît à Ouvéa, chez les militaires. Un bref instant seulement car pour les quatorze otages qui restent, la situation semble toujours bloquée. Un événement imprévisible va pourtant se produire au moment où personne ne s'y attend. Le grand chef Bazit (loyaliste) de la tribu Weneky, dont le fils est gardien à la prison du Camp Est à Nouméa, arrive au matin du 26 avril dans Gossanah, accompagné de vieillards en pleurs. Ce sont le père et la mère de Thomas Wea, l'un des ravisseurs. Henri, le père, craint pour la vie de son fils. Il se rend compte que l'épreuve de force entre les preneurs d'otages et l'armée ne pourra pas durer bien longtemps. Depuis la venue des Américains, qui, pendant la dernière guerre, avaient choisi le territoire comme base de départ pour la bataille de la mer de Corail contre les Japonais, on n'a jamais vu autant de matériel militaire sur l'île. Les marsouins en treillis pullulent dans les tribus qu'ils terrorisent par leur simple présence, même quand ils ne pratiquent pas d'interrogatoire. Les camions et les jeeps encombrent les pistes désertées par les véhicules civils, et, dans un vacarme assourdissant, les hélicoptères décollent et atterrissent sans cesse. Ouvéa est en état de guerre. Les magasins sont visités (au début, par manque de ravitaillement, mais la gendarmerie demandera ensuite à la population d'établir une liste des vols et dégradations pour un remboursement) et les cases sont perquisitionnées. La pression militaire impressionne la population. C'est d'ailleurs ce que recherche l'état-major du général Vidal pour obtenir des informations. La nuit, une bonne dizaine de sentinelles veillent autour de Gossanah où le terrain de football est devenu une DZ pour les Puma. Avant, les gens criaient « Vive Kanaky » en narguant les soldats. Puis les interrogatoires systématiques ont commencé. L'armée ne rigolait plus. Le jeu du « chat et de la souris » devait prendre fin. A Gossanah, les Canaques se moquaient depuis le départ des militaires, soit comme Djoubely Wea en posant des conditions extravagantes pour entamer une négociation, soit en niant toute complicité avec les ravisseurs. Alors, les esprits se sont échauffés, ce matin encore Bruno Mataou en a fait les frais.

« De bonne heure, ils m'ont emmené chez mon oncle, sous la menace des fusils, raconte Bruno Mataou. J'ai dit : " Tu peux tirer, tu attends quoi ? " " Non, c'est trop beau, il faut que tu souffres ", a répondu un autre qui m'a donné un coup de pied. Puis il a pris une ceinture qui pendait au bout d'une corde et me l'a serrée autour du cou. Quand je ne pouvais même plus crier, il m'a relâché et m'a dit : " Parle ! " J'ai répondu : " Je vais dire quoi ? Je ne sais rien. " Ça s'est passé trois ou quatre fois comme ça. Il a tellement serré que je voyais tout noir. Je me suis évanoui. Quand je me suis relevé, un autre est arrivé avec un tamioc et a dit : " Je vais lui couper un doigt, amène-le. " Je lui ai dit : " Tu veux couper combien ? Tu peux tout couper ", là il s'est arrêté. Après, ils sont allés chercher mon fils. Moi ils m'ont fait sortir de la case et ils ont mis mon fils à ma place. J'ai crié : " Attention mon fils est mineur ! " Ils m'ont répondu : " Ça, on n'en a rien à foutre. " Je crois qu'ils l'ont torturé car j'ai entendu crier, mais j'étais dehors. Ensuite, ils l'ont fait sortir. »

« Sur la photo du journal Paris Match du 27 mai 1988, prise à Saint-Joseph, je reconnais parmi les militaires l'un de ceux qui m'ont torturé à l'électricité.

Déclaration spectaculaire qui, même exagérée, dénote le climat qui règne dans le nord d'Ouvéa cinq jours après l'attaque de la brigade. La tension augmente de jour en jour, au point qu'au matin du mardi 26 avril, Henri Wea, du clan du même nom, tout puissant à Gossanah (150 personnes), vient voir le général Vidal et le lieutenant Destremau pour trouver une solution. Le vieux Wea se doute bien que les soldats vont bientôt tomber sur la grotte. Ce n'est qu'une question de temps. Et si c'est une section d'assaut qui trouve la grotte, cela risque de se terminer par une bataille sanglante où son fils, preneur d'otage, peut mourir. Depuis le début, le général Vidal et son état-major cherchent des intermédiaires pour négocier avec les ravisseurs. Henri Wea estime maintenant que les gens de Gossanah doivent prendre l'affaire en main et dépêcher des émissaires auprès des ravisseurs. Antonin Filimoheala est l'homme idéal.

Antonin a abandonné la politique depuis 1982. A vrai dire, il n'en a jamais fait beaucoup. Mais on le soupçonne toujours d'être proche du L.K.S. (Libération Kanak Socialiste), la composante modérée du F.L.N.K.S., qui prône le dialogue plutôt que la violence. En 1982, il a sympathisé avec un militaire et sa femme, membre des « Mamans missionnaires de l'Eau Vive », qui sont devenus les parrains de son fils. Quand le militaire a été muté, Antonin est devenu le responsable de cette association religieuse et du groupe « Roseraie » à Ouvéa. Mises à part Ogniat et Gossanah, une tribu « dure » bâtie autour de son temple, ce sont les catholiques qui sont majoritaires à Owhen, la partie nord de l'île. Et le grand chef Bazit de Weneky y est pour quelque chose. C'est lui qui en 1957 a accueilli les catholiques comme des alliés susceptibles de l'aider à lutter contre ses ennemis du sud gagnés de leur côté au protestantisme. La mission de Saint-Joseph a été fondée par le révérend Père Bernard, avec l'aide des autochtones et de deux matelots européens déserteurs ayant abordé à Ogniat. Weneky, la tribu d'Antonin est à une portée de fusil de Saint-Joseph, à l'embranchement de la seule route qui bifurque, à gauche vers Téouta (4 km), à droite vers Gossanah (2,5 km) et Ogniat (7 km). Des distances qui paraissent liliputiennes mais qui constituent de véritables frontières. On ne se mélange pas. Les guerres ancestrales, les religions différentes et le poids de la coutume qui interdit par exemple à un étranger (c'est-à-dire un voisin) d'emprunter, sans demander l'autorisation, un sentier qui ne lui appartient pas, ont fait que, sur une île de 35 km de long, des gens du sud n'ont jamais mis les pieds dans le nord, et vice-versa. A cela, il faut ajouter la politique qui a accentué les clivages. Antonin, lui, n'a pas voulu choisir entre le R.P.C.R. et le F.L.N.K.S... « Du point de vue humain, il n'y a pas de différence », dit-il. Même s'il habite Weneky, la tribu du grand chef Bazit, arrière-petit-fils du grand chef qui mena les guerres au siècle dernier. Aussi, quand les parents de Thomas Wea cherchent quelqu'un pour dialoguer avec les ravisseurs, ils pensent à lui, coutumier à Weneky. Une autre raison, bien entendu a fait que son nom a été cité. La mystérieuse grotte où sont détenus les otages appartient à son clan. C'est là qu'Antonin a grandi, c'est là qu'il a été élevé. Son oncle avait plusieurs frères, dont son père. Mais tous ses frères sont morts. Il avait aussi une sœur. Mais elle a péri dans l'incendie de sa maison. »

« Tout cela remonte à bien longtemps. Alors, le père de

mon oncle, désespéré de n'avoir plus qu'un enfant, est venu voir ma famille maternelle. Il a demandé à mon grand-père que ma mère devienne la sœur de mon oncle, le seul fils qui lui restait. Mon oncle était dans la chefferie du petit chef, et ma mère, adoptée, rentra dans sa chefferie et moi, son fils, j'y pénétrai aussi coutumièrement. »

Cette chefferie dispose de terres dont fait partie la grotte des otages. Alors, en tant que coutumier, cette affaire regarde Antonin. A Gossanah personne ne trouve rien à redire là-dessus. En bon chrétien, Antonin se sent responsable. Il a compris que le général, depuis le premier jour, attend un médiateur. Et personne n'est venu. « De notre côté, on cherche, dit le général à Antonin. Je veux bien patienter puisque vous me le demandez. Si rien ne se passe, ce sera l'affrontement. »

« J'étais obligé d'intervenir parce que j'ai vu que les militaires en avaient marre, poursuit Antonin. C'était la fin et depuis qu'ils avaient reçu l'ordre de ratisser la brousse, je savais que ça allait mal tourner. » Antonin ne veut pas avoir de remords. Il croit se souvenir de l'emplacement de la grotte puisqu'elle appartient à la petite chefferie dont il est membre. Alors, il est venu voir le lieutenant Destremau. C'est un jeune. Sur l'île, il est connu. A Weneky, avant les événements, quand il passait avec ses hommes, il respectait toujours la coutume avant d'entrer dans la tribu. Une ou deux cartouches de gitanes pour Bazit. Et le grand chef était content. Non pas seulement pour le tabac, mais selon la coutume, un cadeau est d'abord un signe de respect, une reconnaissance de la terre des ancêtres et du droit des Mélanésiens à respecter leurs traditions. Ce n'est pas parce qu'il y a une cabine téléphonique à Saint-Joseph, apportée par la société moderne de l'au-delà de la mer, que tout cela doit être oublié.

Antonin n'est jamais allé dans la capitale de son pays.

Paris. Le grand chef Bazit non plus. On suit la politique par la radio. La politique locale s'entend, parce que les problèmes de l'agriculture de montagne dans les Alpes, ou les séances de l'Assemblée Nationale, cela semble venir d'une autre planète.

Le lieutenant écoute Antonin accompagné d'un représentant du grand chef Bazit. Ce que raconte Antonin est très excitant. La solution peut venir de là. Les parents de Thomas pleurent à chaudes larmes. Cela signifie que le clan Wea, hostile jusqu'ici à toute compromission, s'amollit. Antonin, le sage, le coutumier, est l'alibi qui permettra d'entamer une discussion sans déchoir. Il faut en parler au général. Vidal, bien sûr, accepte d'envoyer une délégation de la tribu, mais il faut qu'elle soit accompagnée d'un militaire. « Vous n'avez pas peur ? » demande le général à Antonin. « Quand je suis parti de chez moi ce matin, répond Antonin, je savais, je savais les risques que j'allais encourir. Je sais que je peux y rester. Mais je le fais par conviction religieuse, pour tenter quelque chose, pour éviter une effusion de sang. Si je refusais d'y aller et qu'une attaque se produise, j'aurais le « sang tout retourné », et plus jamais je n'aurais la conscience tranquille. S'il y avait des morts, j'aurais ces morts sur la conscience. Maintenant, c'est différent. S'il arrive malheur, j'aurai tenté le coup. La démarche aura été faite. »

Ces phrases simples et fortes convainquent le général : Antonin est sincère. Reste à trouver un volontaire pour l'accompagner. Le lieutenant Destremau se propose immédiatement. « Cette mission peut être dangereuse », souligne le général qui est un bon type, un peu timide, mais qui sait se faire respecter sans élever la voix. Les cheveux blanc, une bonne tête, Vidal est un homme discret, pas une grande gueule, et il se fait toujours remarquer par sa taille qui paraît d'autant plus grande qu'il est mince, très mince même dans son treillis vert bouteille.

Il reste à Antonin de convaincre les siens d'une telle démarche. « J'en ai parlé au petit chef Imwone Charles et à son porte-parole. Ils étaient d'accord pour réunir le conseil des anciens. Les anciens se sont concertés puis ils m'ont dit : " Si tu peux faire quelque chose pour eux, on te donne l'autorisation d'aller discuter, d'aller les chercher. " Ils m'ont donné Cyrille Wea et Login Aben pour m'accompagner. »

Aben ne fait pas partie de la chefferie. Il est pasteur, mais Cyrille est membre du Comité de lutte du F.L.N.K.S. et directeur de la coopérative de Gossanah. Destremau représente l'armée pour discuter avec les gendarmes ou les ravisseurs.

Pendant toute la matinée, les discussions n'ont pas cessé à Gossanah. Il y a eu trois réunions. Celle du conseil du clan, celle du conseil des Anciens de la tribu Imwone, et enfin, celle du conseil des Anciens de la tribu Imwone avec les anciens de la tribu Téouta. Un accord est passé avec le général. Si on trouve les ravisseurs, il faudra respecter la coutume car les discussions dureront certainement très longtemps. Deuxièmement : L'armée n'en profitera pas, dès que la grotte sera découverte, pour donner l'assaut et tuer tout le monde. Le général Vidal donne sa parole que le but de cette démarche est de trouver une solution négociée et non pas une solution armée. En revanche, le lieutenant Destremau est autorisé à emporter son pistolet, un Famas, et un poste radio. « Que j'ai une chance de m'en sortir, pense-t-il, s'il m'arrive un pépin. »

Au groupe se joint le porte-parole du chef Bazit et le pasteur de Gossanah. A midi, ils sont déposés par la route à la lisière de la « zone sensible ».

Pendant une heure, les hommes empruntent une piste

qui serpente dans la forêt. Patrick Destremau marche au milieu de la colonne. Devant, les Mélanésiens font du bruit. Avec des bâtons, ils tapent sur les troncs et toutes les dix minutes ils s'arrêtent pour crier dans le mégaphone fourni par l'armée. Ils craignent de surprendre les ravisseurs qui ouvriraient le feu par réflexe. Le lieutenant, lui, reste silencieux. Sa présence risquerait d'être mal comprise. Rien de tel pour prendre une balle dans la tête. Au début de la piste, les anciens d'Ogniat lui ont demandé par où commencer. Le lieutenant a répondu : « Comme vous voulez. » La première piste suivie n'a mené à rien. Mais au bout de deux à trois heures de marche dans la forêt, ils ont remarqué trois pistes toutes fraîches. Ils brûlent. Antonin choisit un sentier. Au bout d'un quart d'heure, le pisteur fait un bond en arrière, comme s'il avait vu le diable. C'est le canon d'un fusil pointé sur lui qui l'a fait reculer précipitamment. Assis par terre, il tremble de tous ses membres. Les ravisseurs sont là, devant, à quelques mètres au fond d'un cratère enfoui sous la végétation. A tour de rôle, les négociateurs appellent et se présentent. « On est ici avec l'accord du clan ! » crient-ils en donnant les noms des familles qui les ont autorisés à venir. En face, c'est le silence. « Venez, venez, je vous en prie, venez discuter ! », lance Antonin. Le pisteur se risque une nouvelle fois à avancer de trois pas en avant. Nouveau bond en arrière. L'un des ravisseurs a épaulé.

Destremau recule d'une quinzaine de pas et, dans son émetteur, chuchote quelques mots. Un quart d'heure avant, il avait annoncé à voix basse : « Nous sentons la présence des ravisseurs. L'atmosphère est très tendue. » Cette fois, il dit simplement : « Sommes au contact », en indiquant la zone où il se trouve. Puis il coupe son TRP13. Le grésillement du haut-parleur alerterait à coup sûr les preneurs d'otages. Les appels se multiplient, mais en face c'est toujours le silence. « C'est le conseil des anciens qui nous envoie. N'ayez pas peur. On veut simplement parler. Répondez. » Rien.

Personne ne se montre. L'ambiance est oppressante sous la voûte des arbres. Antonin appelle son cousin, Constantin Béjeu, le fils aîné de son oncle, pendant plus d'une heure. « Il n'y a qu'avec lui que je peux discuter », affirme-t-il à Destremau. « Ici, c'est chez nous. Chez lui et chez moi. Constantin, il est plus jeune que moi et c'est comme un frère. Je ne veux pas discuter avec quelqu'un d'autre parce que, à part lui, tous ceux qui sont dans la grotte n'ont rien de commun avec cette terre. On peut rester ici, mais ils sont juste à côté, et s'il y en a un qui sort, puis deux ou trois, ils nous descendront tous. Ils se méfient. Comment vont-ils savoir que nous sommes les représentants des anciens ? Voilà ce que je vous propose. On va reculer de 50 ou 100 mètres. Et puis on va envoyer un message au général en lui demandant de faire venir le petit chef Charles Imwone avec le conseil des anciens et le président du conseil. Il faut leur faire savoir qu'on les a trouvés et qu'ils ne veulent pas discuter. Peut-être les anciens pourront-ils discuter avec eux. »

Destremau accepte. Il voit repartir vers Gossanah Antonin et la plupart de ses accompagnateurs. Par radio, il expose brièvement la situation. Elle est de plus en plus tendue. Il faut à tout prix faire venir les vieux.

A Gossanah, le capitaine Legorjus, l'oreille collée à la radio, recueille fébrilement les informations de Destremau. Il donne l'ordre à l'escadron para voisin de prendre position à 500 mètres de la « zone sensible ». Les barrages sur la route ont été dégagés par l'escadron de Decize. A bord d'une jeep, il embarque le vieux Wea, Joseph Tangopi, un autre ancien âgé de 61 ans et père de six enfants, et le chef Imwone, et il rejoint Destremau. Par radio, il a aussi rappelé Picon qui, avec les hommes du G.I.G.N., était allé vérifier un renseignement à Téouta, de rappliquer dare-dare, au cas où effectivement, il tomberait sur la grotte.

Pendant cet intermède, il y a eu du nouveau, mais personne ne le sait. Le pisteur resté près du cratère avec le mégaphone a eu de la visite. Vincent Adeda, l'un des preneurs d'otages s'est approché de lui et lui a demandé : « Pourquoi tu n'as pas dit que tu étais avec le lieutenant ? » Puis cela a été au tour d'Alphonse Dianou de lui poser la même question. Dissimulé par les arbres et les broussailles, le commando canaque a remarqué qu'un militaire accompagne la délégation coutumière.

Les deux vieux s'approchent doucement du cratère en s'annonçant. Ils disparaissent au détour du sentier entre les arbres. Ils reviennent presque aussitôt avec un message. « Ils veulent voir le lieutenant, disent-ils, Cyrille Wea et Antonin. » Destremau accepte. Il vient justement d'en discuter avec Legorjus qui a eu le général par radio. Le général a peur que les ravisseurs, très mobiles, disparaissent dans la nature à la faveur de la nuit. Il demande donc d'accélérer les négociations. « Il pensait justement, avec Legorgus, que la seule solution était que l'un de nous deux aille là-bas discuter avec eux, pour essayer de les mettre en confiance, raconte Destremau. Ils étaient très inquiets d'être tués, à cause de l'attaque de la gendarmerie de Fayaoué. Il fallait leur faire comprendre qu'ils seraient jugés d'après la loi française, qu'ils encouraient des peines, naturellement, mais qu'à partir du moment où ils restituaient les otages et les armes, il n'y aurait pas d'effusion de sang. Tout cela, nous l'avions déjà expliqué à maintes reprises aux gens de la tribu. »

Les vieux reviennent avec le pisteur. Destremau apprend alors que, jusqu'à présent, les ravisseurs n'étaient pas au courant de sa présence. Ils croyaient n'avoir affaire qu'à des Mélanésiens. Maintenant, ils veulent voir celui qui les a découverts.

Antonin, lui, est heureux. Il a réussi sa mission. Il est simplement chagriné que le pisteur soit descendu dans le cratère pendant son absence. Imwone revient, tremblant de peur. Il peut à peine parler : « Ils veulent te voir, parvient-il à dire à Antonin, avec Destremau et Cyrille pour discuter, pour se sortir de cette impasse. » Antonin ne sait pas qu'il a déjà été « jugé » et condamné à mort par une sorte de tribunal révolutionnaire.

Legorjus demande à Destremau de laisser son Famas et la radio. L'officier garde tout de même son P.A. et s'enfonce dans le sentier avec Antonin et Cyrille Wea. A cinquante mètres, Legorjus les entend parler, mais il ne les voit pas. Puis soudain, des hurlements. Lavelloi s'en prend à Antonin.

Malgré une atmosphère extrêmement tendue, la négociation semblait bien partie. Alphonse Dianou est sorti devant le cratère. Antonin lui a dit :

— Bonjour, ça va ?

— Ça va.

Antonin a ajouté :

— Est-ce que vous êtes d'accord pour qu'on discute là ?

— Non, répond Dianou. Il faut que nous descendions. Ce n'est pas moi qui prends les décisions, mais tous ceux qui sont en bas, tous mes copains. Il faut discuter avec tout le monde. Je ne décide rien tout seul. Venez jusqu'à la grotte.

Cyrille avance, suivi de Destremau et d'Antonin. Les trois hommes pénètrent dans le cratère. Soudain un ravisseur dit à Cyrille : « Pousse-toi de là ! » Cyrille fait un écart et plusieurs Mélanésiens braquent Destremau.

Le lieutenant garde son sang-froid. Il pense que le chef

des ravisseurs prend des précautions mais qu'il va discuter. Dianou lui demande son pistolet. L'officier refuse de le lui donner directement. Il le tend à Cyrille Wea, un homme censé être « neutre ». Wea donne l'arme à l'un des ravisseurs qui la lui a demandée. Pour le lieutenant, l'honneur est sauf. Il n'a pas cédé à la première injonction de Dianou.

A une vingtaine de mètres, Wenceslas Lavelloi ajuste Antonin avec la mitrailleuse. Il appuie sur la détente mais l'arme s'enraye. Il s'énerve, arme la culasse pour engager une autre balle. Mais Antonin se précipite vers lui pour empêcher son geste. Le ravisseur jette violemment sa mitrailleuse, se baisse, et saisit une hache. Il frappe une première fois, Antonin évite le coup. Lavelloi, fou de rage, se rue sur Antonin qui, d'un bond, évite le deuxième coup et profite du déséquilibre de son adversaire pour lui donner un coup de poing dans la mâchoire. Surpris, Vince lâche son tamioc. Antonin récupère l'arme et, d'un geste solennel, la brise sur un rocher. Alphonse Dianou et quelques-uns de ses compagnons se jettent sur Antonin. Ils le rouent de coups. Son visage est tuméfié et il saigne abondamment des arcades sourcillières et du cuir chevelu. Le malheureux gémit dans un coin, à moitié assommé. Il comprend qu'il va mourir. Alphonse lui crie : « Toi, de toute façon, si tu vois le coucher du soleil, tu ne verras pas le lever. »

Le lieutenant Destremau ne dit rien. Il attend que l'orage passe et prie le ciel. Dianou ne l'a pas touché. Il a simplement pris ses lunettes et les a brisées d'un coup de talon avant d'écraser la monture désarticulée. Il hurle à la face du jeune officier : « L'armée française, je l'emmerde. Ici, les Blancs, on s'en fout. » Autour, ses hommes s'énervent. Ils arment leurs pistolets-mitrailleurs dans un claquement sec. Hilaire Dianou, le frère d'Alphonse, arrive avec son fusil de chasse et vise la tête de l'officier qui s'efforce de garder son calme pour ne pas exciter davantage les ravisseurs. Bien qu'il soit membre du F.L.N.K.S., Cyrille Wéa ne dit rien. Visiblement, il n'en mène pas large. Il se demande, lui aussi, s'il ne va pas y passer.

« J'ai essayé d'intervenir pour essayer de calmer les gars qui étaient en bas, car ils menaçaient de liquider Antonin, racontera-t-il plus tard. J'ai essayé de parler à Alphonse Dianou et à Wenceslas Lavelloi, mais la tension était trop forte. C'est là que j'ai expliqué à Wenceslas Lavelloi qu'Antonin Filimoheala était venu avec nous avec l'accord des vieux. Il m'a répondu : " Cousin, t'as confiance en des traîtres, toi ? " Alors, je me suis tu. »

Le jeune Thomas Wea, qui connaît bien Antonin, tente de s'interposer pour qu'on ne le tue pas. Mais Wenceslas a repris sa hache et il revient à la charge.

Au comble de l'excitation, Alphonse Dialou déclare que, de toute façon, il n'a pas peur de l'armée française. Si une négociation s'engage, ce sera une négociation qu'il imposera lui. « Sur mon terrain, je suis imbattable, dit-il à Destremau. La grotte est introuvable. Si tu l'as trouvée c'est grâce à des Mélanésiens. Mes gens sont fatigués, sur les nerfs, mais ils tiennent le coup. »

Dianou demande alors le nom, le prénom et le grade du lieutenant. Sûr de lui, il se tourne vers le jeune Cyrille : « Dis aux vieux, en bas, à la tribu, de ne pas se casser la tête. On va jusqu'au bout. Les vieux sont avec nous. » Il demande une feuille du papier pour écrire des notes destinées à la tribu. Il semble se prendre pour le chef d'une unité régulière soutenue par une impeccable logistique. Il exige, demande, comme si, en pleine brousse, il disposait de tout. Ses hommes cherchent du papier et n'en trouvent pas. Le lieutenant, croyant détendre l'atmosphère, lui propose quelques pages de son calepin. Ce geste ne fait qu'aviver la susceptibilité d'Alphonse qui lâche encore quelques injures contre l'armée française. Pendant ce temps, Hilaire Dianou, tient toujours en joue l'officier, comme s'il était impatient de tirer. Soudain, il crie : « La chevrotine, ça part tout seul. » Toujours calme, mais pas du tout rassuré, Destremau tente une nouvelle approche en demandant à Dianou quelles sont ses conditions : « Toi tu vas rester là, répond Alphonse. Ce n'est pas toi qui vas nous dire ce qui va se passer, ni ce qu'on doit faire ! »

Dianou est furieux d'avoir été découvert dans cette grotte sacrée où reposent les ancêtres qui sont censés le protéger. Ses troupes en sont persuadées car dans la tradition canaque, les ancêtres, toujours de bonne compagnie et de bons conseils, savent remédier aux malheurs des membres du clan qui invoquent leur aide.

Comme un grand sorcier, il explique à ses hommes qu'au-dessus de la grotte sacrée les hélicoptères ne peuvent pas faire bouger les feuilles. Malheureusement, quelques minutes plus tard, un Puma qui effectue des recherches dans le secteur, passe au ras des arbres et Dianou s'aperçoit qu'il n'en est rien, ce qui redouble sa colère. Il annonce soudain que les négociations ne l'intéressent pas. Son seul but : l'indépendance. Il est convaincu qu'il n'obtiendra celle-ci qu'après l'élection présidentielle, quand il aura un interlocuteur valable. « Tout ce brouillon » est très préjudiciable à la France et donc le sert, lui. Il dit textuellement : « Tout ce brouillon, c'est ça qui vous embête vous, tout ce brouillon entre les deux tours... »

Et il signifie au lieutenant qu'il va rester ici comme 24e otage, parce qu'il a découvert sa cachette et surtout parce qu'il considère qu'il n'est pas un interlocuteur valable.

Chapitre 8

LA GROTTE SACRÉE DES ANCIENS

Du fond de sa grotte, Alphonse Dianou analyse les résultats du premier tour de la présidentielle. Il compte sur le flottement politique de l'Etat entre les deux tours. Les grandes décisions ne seront prises qu'après l'élection. Il trouve enfin du papier et un stylo pour rédiger ses conditions : retrait des forces de l'île, présence du bureau politique du F.L.N.K.S. demain matin dans la grotte, envoi d'un médiateur de Paris pour négocier immédiatement l'indépendance de la Nouvelle-Calédonie. Il confie le texte à Cyrille Wea pour qu'il l'apporte au conseil de la tribu qui transmettra au général Vidal. Cyrille a fait une suggestion. Ne se sentant pas à la hauteur de la lourde tâche qui lui incombe, il dit à Alphonse : « Il y a le vieux Nine Wea qui est resté dehors. Comme c'est un cadre du gouvernement de Kanaky, ce sera plus facile pour lui de faire la commission. »

Dans son coin, Antonin récupère du passage à tabac qu'il vient de subir. Il veut s'expliquer : « Je suis venu ici en tant que coutumier, dit-il. Vous savez très bien que je ne m'occupe plus de politique. Je suis venu ici pour essayer de vous en sortir et je me suis rendu compte que vous m'avez trompé. Je suis venu ici pour discuter avec vous, pour essayer de vous tirer vivants de ce pétrin. Aussi bien vous que les gendarmes. Pour simplement parlementer. »

Mais Dianou ne veut rien entendre. Il a déjà sauvé la vie d'Antonin quand Wenceslas a voulu le tuer. C'est pour ça qu'il l'a frappé et qu'après il a crié ! « Ça suffit, on ne peut pas verser de sang ici, c'est la grotte des guerriers. » Ses études au séminaire, il les a oubliées. Il ne croit plus en Dieu, mais aux anciens, à la coutume et au combat politique par les armes et la violence. Il jubile d'avoir, comme son ancêtre Ataï en 1878, gagné des batailles contre les Blancs. Le « succès » de l'attaque contre la brigade de Fayaoué lui monte à la tête. Désormais, il est invincible et ne se doute pas qu'autour de lui tout un dispositif sacré se met en place.

***

A 200 mètres de la grotte, le capitaine Legorjus entend les cris d'Alphonse et les hurlements d'Antonin. « Destremau est cuit », pense-t-il. Il avertit le général que c'est en train de mal se passer et que le lieutenant ne revient pas. Il appelle aussi son adjoint, le capitaine Picon. Le capitaine est tout seul dans la forêt. Il sait que des ravisseurs, cachés derrière les arbres, l'observent. Il est quatre heures de l'après-midi et la nuit ne va pas tarder à tomber (5 h 30). Picon arrive enfin avec les gars du G.I.G.N. Legorjus leur expose rapidement la situation. Il demande aux deux vieux d'essayer de savoir ce qui se passe réellement. Les deux anciens ont peur, ils n'osent pas avancer. Legorjus les pousse. Soudain, le petit groupe aperçoit un Canaque planqué dans un arbre, avec des grigris autour du cou. Apparemment, le dispositif des ravisseurs est au point. Ils ont placé des « sonnettes » autour de la grotte, des postes avancés pour prévenir toute attaque. Legorjus commence à comprendre qu'il a affaire à des gens très entraînés à ce genre de situation. Il explique à Picon qu'ils ne peuvent plus rien faire ce soir. D'autres ravisseurs bougent dans les arbres. « Demain, on y verra plus clair », dit-il et il désigne une équipe de six hommes du G.I.G.N. pour rester en observation à quinze mètres de la cuvette. Ils sont équipés de jumelles intensificatrices de lumière, mais ils ne verront pas grand-chose. Le capitaine demande à l'escadron de l'E.P.I.G.N. de passer également la nuit près de la grotte, de l'autre côté de la zone. De retour à Gossanah, l'état-major élabore des plans pour le lendemain. Le lendemain Legorjus fait apporter du matériel pour ceux qui sont restés sur le terrain. De son côté, le général Vidal rend compte avec soulagement que les otages ont été localisés.

⁂

Dans la grotte, otages et ravisseurs s'installent pour la nuit. Quand il est arrivé sur la « terrasse » qui domine l'entrée de la grotte, Destremau a vu Eric Vasseur, de l'escadron de Villeneuve d'Ascq, pris de convulsions. Les ravisseurs l'ont extrait du trou pour qu'il respire mieux au grand air.

La grotte proprement dite, qui s'élargit vers le fond, est à deux niveaux. C'est sur une plage de terre, sans trop de cailloux, que les otages sont entassées pour dormir, au pied d'une paroi d'à peine trois mètres de haut qui débouche sur la terrasse abritée par le rocher. Pour descendre, les hommes doivent se tenir aux racines d'un banian qui a poussé dans l'humus de la cavité.

Destremau n'a pas le temps de faire un grand discours. Menotté à l'un des otages, il parvient à chuchoter quelques phrases à l'oreille de son compagnon d'infortune. Il prononce des paroles rassurantes. Depuis cinq jours, les prisonniers ont marché dans la forêt, dormant le plus souvent dans des grottes, les heures de sommeil coupées par des départs intempestifs. Ils sont épuisés. Comme nourriture, ils n'ont eu droit qu'à des saos. Ils ont bu de l'eau saumâtre. Ils ont été scindés en deux groupes, chacun commandé par l'un des frères Dianou. C'est seulement depuis le matin que le premier groupe est arrivé dans cette grotte. Le deuxième l'a rejoint peu après avoir passé la nuit près de la tribu de Téouta. Alphonse Dianou les a réunis pour demander des volontaires pour négocier, si jamais les militaires les attaquaient. Alberto Addari du 3e peloton de l'escadron 2/5 de Villeneuve d'Ascq et le gendarme Leblond ont accepté, si cela devait s'avérer nécessaire.

Allongé sur le sol, le lieutenant Destremau ne dort pas. Il échafaude divers scénarios. Et celui qui l'obsède le plus, c'est celui d'une attaque du G.I.G.N. pendant la nuit. Il s'efforce de ne pas fermer l'œil. Il ne voudrait pas mourir bêtement, par inattention.

Là-haut, sur la terrasse, Antonin tente d'entamer le dialogue avec les ravisseurs en palabrant jusqu'à trois heures du matin. « L'armée est partout, dit-il. Ils sont très nombreux et bouclent le secteur. Ils vont vous attaquer et vous tuer. » Ses interlocuteurs ne veulent pas le croire. « On n'en a rien à foutre », disent-ils. « Ils peuvent venir toute une armée, ils seront battus. On ne les craint pas. »

Un des gardiens, Martial, s'est assoupi. Soudain, il se réveille en sursaut et, affolé, se précipite sur Alphonse.

« J'ai vu quelqu'un, raconte-t-il, qui est venu vers moi. C'était un tout petit vieux avec une barbichette. Il m'a dit qu'il fallait relâcher Antonin parce que c'est un membre de sa famille, c'est son petit-fils. J'ai pas rêvé, insiste Martial, j'ai vu le vieux. J'ai discuté avec lui. Il m'a dit qu'il fallait relâcher Antonin. C'était un ancien. Un de ceux qui sont enterrés dans cette grotte. »

Personne n'a envie de rire. C'est sérieux. Les ancêtres d'Antonin se manifestent. Son père était wallisien comme beaucoup d'habitants dans l'île et sa mère était mélanésienne. Et cette grotte appartient au clan d'Antonin. Elle est sacrée. Eux sont venus ici sans autorisation. C'est un sacrilège. Ils ont mécontenté les ancêtres et maintenant les ancêtres se manifestent. Ils auraient dû comprendre avant cette apparition. Cet après-midi, quand Wenceslas a voulu tuer Antonin, il n'y est pas parvenu. La mitrailleuse s'est enrayée. Après, ils ont fait des essais et elle a parfaitement fonctionné. Puis, Wenceslas a essayé avec la hache. Là non plus, il n'a pas pu tuer Antonin. C'est Antonin qui a brisé le tamioc sur le rocher. Ils ont entendu des drôles de bruits. Ils ont cru d'abord que c'était l'armée. Puis ils ont entendu marcher dans la grotte. Ils faisaient de la lumière mais il n'y avait personne. C'est juste à ce moment-là que le vieux est apparu à Martial pour lui dire que les ancêtres ne sont pas contents.

Terrorisés, les Canaques détachent alors Antonin et préparent une coutume. Ils lui demandent pardon. Alphonse et Wenceslas viennent l'embrasser et lui offrent des bouts de manou avec du tabac. Antonin est soulagé, mais il n'est pas surpris. « J'accepte de bon cœur, dit-il, je vous pardonne pour ce que vous m'avez fait. Vous m'avez frappé, je suis blessé, c'était un coup de colère. Coutumièrement, j'accepte ce que vous me donnez. Mais vous êtes venus dans cette grotte, vous avez demandé la permission à qui ? A qui avez-vous demandé la permission de venir ici ? Vous ne m'avez rien demandé, à moi. Alors, écoutez ce que je vais vous dire : vous avez voulu mêler la politique et la coutume. Vous avez voulu faire intervenir les vieux pour vous aider dans votre lutte. Si les vieux marchent avec vous pour tout ce que vous faites et que si tout ce que vous avez fait est bien, est vrai, que les ancêtres l'acceptent, vous sortirez tous vivants d'ici. Si ce que vous avez fait est contre la coutume, et contre les ancêtres, je veux pas dire ce qui va vous arriver, mais vous allez avoir beaucoup de problèmes ! »

Alphonse et sa bande écoutent en silence. Antonin a raison. Il ne faut pas défier les ancêtres. Car, chez les Canaques, les fantômes n'existent pas. Les esprits sont vivants et les ancêtres ne quittent jamais leurs descendants. « Si le Mélanésien n'a pu délimiter son corps et le circonscrire pour le dégager du monde, il n'y a nulle surprise à constater, écrit l'ethnologue Maurice Leenhardt dans " Do Kamo ", qu'il distingue mal, aussi, le vivant et le mort. Ce dernier est nécessairement le défunt, et d'ordinaire le défunt déifié. Aussi bien aurais-je pu substituer à ce titre la formule à l'homme et le Dieu. » Les Canaques respectent d'autant plus les esprits qu'ils les considèrent comme des dieux très puissants, présents ici-bas. Ils font partie de la vie quotidienne. Les morts n'inspirent aucune crainte ni aucun regret, mais donnent lieu au culte des ancêtres. Chez les Canaques, il n'y a aucune opposition entre mort et vivant. La mort ne brise pas la vie, mais la fait durer. Ainsi, la mort est un aspect de la vie. Chez les Mélanésiens, comme partout ailleurs, « le cadavre, écrit Leenhardt, est tenu pour une enveloppe ou une dépouille, à l'instar de la peau abandonnée par les animaux après leur mue ».

« Les ossements sont dispersés et les crânes sont rangés avec soin dans un recoin inaccessible. Un seul homme, qui porte serrée dans sa ceinture « l'herbe de consolation », est admis à manier ces crânes, sans les toucher, en interposant une écorce entre sa main et eux, afin d'éviter tout contact direct. Et durant qu'il opère, des hommes soufflent dans des conques pour avertir les dieux que l'on s'occupe de leur réceptable ancien. Aux Nouvelles-Hébrides, on modèle avec de la terre, sur le crâne, le visage du défunt, et on peint. Ou bien le crâne est orné et fixé sur une figuration du corps, avec tous les attributs de la richesse du défunt qui correspond au grade élevé qui lui est assuré dans l'au-delà. A Buka, aux Salomon, le mort est incinéré, et sa femme emporte ses ossements dans un endroit secret. On connaît la tribu de Nouvelle-Guinée où les parents âgés sont mangés et tiennent pour un pacte de respect de leurs enfants d'être mangés par eux. »

« Conservation du crâne après une longue dessication du cadavre, ou méthodes rapides d'évanescence de celui-ci par incinération ou manducation, les procédés sont divers : ils témoignent tous du même souci d'en finir avec le cadavre et de retrouver un lien meilleur avec l'aïeul, en son existence nouvelle et déifiée. »

« Il arrive aussi, en Mélanésie, que les morts se mêlent aux vivants, dit encore l'ethnologue. Un tirailleur, en 1915, quittait son île pour la première fois, et débarquait à Sydney. La foule animée qu'il vit dans les rues le stupéfia, et il écrivit : « On dirait que les morts se promènent avec les vivants. » Ce n'était point dans son esprit une métaphore. Vers la même époque, un marin calédonien aperçut de son navire, sur un wharf des Nouvelles-Hébrides, un de ses parents disparu depuis longtemps et qu'il croyait mort. Il est troublé. Est-ce une apparition ? Voici que ce parent le reconnaît et lui sourit. Alors le marin, penché par-dessus le bastingage, lui demande en grave émoi :

— « Es-tu Kamo, humain vivant, ou es-tu dieu ? »

« Le cas est prévu, dans la coutume, de ces gens réputés morts et qui reviennent prendre leur place dans le village. Il y a un protocole. Lorsque le revenant s'est fait reconnaître aux abords de sa demeure, on le ceint de bandes de balassor — étoffe d'écorce — et c'est entouré de ces fibres, qui sont fibres de vie, qu'il est réintégré dans le clan et pénètre chez lui.

« Ce protocole institué dans la plupart des îles manifeste de la façon la plus certaine cette incertitude générale de l'indigène sur l'authenticité de l'être qu'il a près de soi. Elle détermine chez lui une grande réserve qui étonne ou heurte parfois le voyageur. Elle explique l'attitude des Calédoniens à l'arrivée de Cook et de ses marins. “ Ils nous accompagnaient rarement dans nos courses, écrit le naturaliste de l'expédition, Forster. Si nous passions près de leurs huttes et si nous leur parlions, ils nous répondaient. Mais si nous continuions notre route sans leur adresser la parole, ils ne faisaient pas attention à nous. ”

« Ce n'était point indolence ou indifférence de la part des Calédoniens, mais l'attitude expectative totale devant cette visite inouïe d'humains venus des horizons vides. Etaient-ils des humains authentiques ? Les Calédoniens ne doutèrent pas de leur inauthenticité. A cet humain camouflé, ils refusèrent le nom de kamo. Il y a plus d'un siècle et demi de cela. Mais aujourd'hui encore, si l'on demande en sa langue à un Calédonien qui entre dans un magasin de la ville de Nouméa ce qu'il va chercher, il répond qu'il va acheter un « kara bao », c'est-à-dire qu'il va acheter une peau de dieu. Car la peau de dieu est restée, depuis Cook et ses successeurs, le nom de la vesture européenne. »

« Ainsi les premiers Blancs débarqués dans l'île ont été confondus avec des défunts déifiés, des morts revenant visiter leur ancien séjour. »

Cette nuit-là, les ravisseurs sont d'autant plus impressionnables qu'ils se trouvent dans une grotte sacrée où reposent les ancêtres. Près de la plupart des tribus, des grottes semblables accueillent les crânes des défunts aux pouvoirs surnaturels. Elles sont respectées et visitées par les évocateurs du clan qui ont seuls le droit coutumier de s'y rendre et de communiquer avec les ancêtres grâce à des ex-voto. « De nombreux bois sont suspendus aux parois en ex-voto, écrit le Révérend Père Lambert, dans une étude sur les grottes de Nouvelle-Calédonie. Le plus long, curieusement sculpté, a été fixé là pour obtenir des ancêtres puissance et autorité en faveur du grand chef de l'île. A quelque distance de la grotte, nous avons découvert la pierre taillée en jade, que les évocateurs roulaient dans leurs mains pour faire mourir un ennemi. »

Profaner les grottes sacrées, c'est aussi être frappé d'une malédiction à l'image des pilleurs des pyramides en Egypte.

« Dans un hypogée que mes guides appellent Iguéré, raconte le Père Lambert, mes conducteurs se sont refusés à descendre avec moi dans cette grotte sacrée et assez spacieuse. Ils affirment et paraissent convaincus que tous ceux qui y descendent sont pris de folie ou de surdité. J'ai pu non sans peine en déterminer un à m'accompagner pour leur montrer l'inanité de leurs craintes. »

« ... On me conduit ensuite dans un bois, où s'offre à mes regards une série d'excavations sous roches, remplies d'ossements. C'est là qu'on déposait jadis les membres de la famille des chefs d'Ouro. Nous visitons ensuite un autre abri sous roche où se trouvaient les crânes des morts de la même famille. A côté de ses crânes nous avons pu recueillir un bracelet, objet prisé qu'on dépose auprès des restes des ancêtres. En face, nous avons vu les débris de marmites qui servaient à faire cuire les vivres qu'on offrait aux morts. C'était un lieu de prière pour la pêche et pour la guerre. »

Les récits les plus merveilleux et les plus légendaires s'attachent aux grottes. Dans un hypogée, nommé « Ko-me-mere », ce qui veut dire « qui tue les oiseaux », on assure à l'ethnologue que tous les oiseaux qui passent sur la grotte tombent morts. « En preuve, disent les indigènes, regardez la poussière du sol : n'est-elle pas pleine d'os d'oiseaux ? » Je regarde : c'est vrai, on peut en ramasser de tout petits à pleine main. Je regarde encore et je m'aperçois que ce sont des os d'une même espèce, la petite chauve-souris, qui hante les grottes et qui a dû mourir là de vieillesse ou mangée par d'autres oiseaux de nuit. On assure encore que la grotte conservait les corps qu'on y déposait et que les déportés (les bagnards) en avaient enlevé de très bien conservés. En fouillant les recoins de l'hypogée, j'ai pu me convaincre de la vérité du fait, en découvrant certains fragments de corps humains, encore recouverts de leur peau desséchée. Mais rien de merveilleux dans cela, explique le Père. La porte étant ouverte à ses deux extrémités, le courant d'air a dû naturellement favoriser et activer la dessication. »

Au cours de son rencensement des grottes du Territoire, le Révérend Père Lambert en découvre une chargée de nombreux souvenirs sacrés : « Pour arriver à cette grotte, nous marchons sur une plage de sable blanc, lavée deux fois par jour par les eaux de la mer et bordée de chaque côté par une forêt de pins colonnaires, écrit-il. L'imagination des naturels avait vu dans ces flots, à marée haute, un gros serpent, appelé « Manguéméné », qui fréquentait la grotte. Un jour, le reptile changea de peau et de son enveloppe sortit un être mythique, qui n'était ni homme, ni esprit de l'homme. Il avait pourtant le faciès humain, mais avec les articulations renversées ; il portait les coudes au-dedans des bras et les genoux à la place des jarrets. Il avait de petits pieds et les yeux derrière la tête. Les uns affirmaient avoir remarqué sur le sable la trace de son pied, d'autres prétendaient l'avoir entendu siffler ; mais il n'était pas donné à l'œil de l'homme de le voir. »

« Cet être mystérieux était l'objet d'un culte analogue à celui qu'on offrait aux mânes des ancêtres. La famille Ti-Koïe en avait toujours gardé le monopole. Quand les membres de cette famille se proposaient d'aller à la pêche, ou formaient le projet d'un voyage en mer, ils composaient un paquet avec certaines herbes, dans lesquelles ils mettaient un petit serpent d'eau, ils trempaient le paquet dans l'eau de mer, buvaient quelques gorgées et demandaient que le vent fût favorable, la mer tranquille, la pêche bonne. Dans le même but, ils plaçaient auprès de la grotte, comme offrande, des ignames (des tubercules, plat de base des Canaques) ornées de plumes d'oiseaux. Au retour du voyage ou de la pêche, ils venaient encore offrir du poisson pour se rendre le génie favorable. A deux pas de la grotte, se trouve un petit rocher couvert d'arbustes vivaces. Tout voyageur qui visite ce lieu pour la première fois, doit suspendre aux branches une offrande afin d'écarter les malédictions du génie. Aussi ces arbustes sont-ils couverts de souvenirs de ce genre. »

Lieux clandestins, les grottes sacrées ne doivent pas être visitées par n'importe qui. Dans chaque tribu, dans chaque clan, les prêtres se transmettent par voie orale et dans le secret les emplacements et l'hypogée familial et les rituels propre à chaque grotte. Seul « le prêtre de la famille, qui est ordinairement l'ancien, l'homme important, peut adresser les prières aux ancêtres partout : à l'hypogée, au reposoir des crânes, à l'endroit pour les sacrifices, quand les cérémonies l'exigent, c'est-à-dire quand ce sont des prières solennelles. Il peut même prier partout avec le secours de ses amulettes. Les amulettes ne sont-elles pas un composé de cheveux, de dents et autres objets provenant de leurs morts, associés à diverses plantes consacrées pour la famille ? remarque le Révérend Père Lambert. Il peut donc, par ce moyen, se mettre partout en rapport avec les ancêtres quand les circonstances le demandent ».

« L'étude de l'hypogée serait défectueuse, si l'on n'insistait pas sur le lieu des sacrifices. Au centre de ce lieu sacré, un arbuste est planté et cultivé avec soin. C'est dans tous le même bois. A côté du dracoena sacré se trouve le foyer avec des marmites et des pierres pour faire cuire sous la cendre la nourriture réservée aux morts. Nous y avons trouvé aussi des pierres sacrées servant de medium aux évocateurs dans leurs prières, et des bris de pierres. »

« Les priants n'ont pas tous les mêmes privilèges, précise le Père. Telle famille a son lieu sacré pour faire la pluie ; telle autre pour faire briller le soleil et attirer ses rayons bienfaisants sur les fruits de la terre. Un autre opère pour obtenir une bonne récolte d'ignames, celui-ci pour que la tribu réussisse dans une guerre. Celui-là veille sur les pirogues qui vont affronter les vagues de la mer. Nous n'en finirions pas si nous voulions énumérer toutes les spécialités. Des familles ont le monopole de plusieurs pouvoirs réunis. »

« On place souvent le « Ko-tsitéré » (lieu du sacrifice), dans une position propice à la faveur qu'on veut obtenir. Ainsi, pour avoir bonne pêche, on établira le reposoir des crânes des ancêtres près du rivage, en face de la grande mer, ou encore dans les îlots du large, pour que l'esprit des ancêtres puisse venir suivre de plus près les prêcheurs dans leurs excursions. »

« S'agit-il d'obtenir une bonne réussite, ou une pluie favorable contre la sécheresse, on établit le lieu de la prière dans un bois à proximité d'une plaine destinée à la culture. »

« Dans un autre bois, non loin d'une grotte pleine d'ossements, il découvre une crevasse recélant deux crânes recouverts d'une grosse pierre ronde. On lui assure qu'on venait y prier malicieusement pour éloigner les poissons des eaux de la mer du voisinage. »

« Nous appelons bois des hypogées, conclut le Révérend Père Lambert, les bois choisis et travaillés que les familles en deuil prennent soin de fixer dans les grottes servant de sépulture aux morts, comme aussi au reposoir des crânes. »

« Ces bois sont de simples perches de différentes grandeurs, grossièrement sculptées, souvent badigeonnées de plusieurs couleurs, portant au sommet de gros coquillages, et sur la hampe des banderoles d'étoffe canaque. »

« Celui qui fixe le bois à l'hypogée se propose d'obtenir une faveur pour lui ou pour les siens. Quelquefois, il vise le chef, la gloire et le bonheur de la tribu. En les fixant, il formule son désir, sa prière. Et comme il ne peut rester toujours à l'hypogée, ce bois, ainsi posé, redira, d'une façon permanente, aux mânes des ancêtres les vœux des survivants. De leur côté, les membres de la famille se rappelleront, en les voyant, ce qu'ils peuvent espérer de la puissance des âmes de ceux qui ne sont plus. »

« Le symbolisme qui règne partout dans les usages de nos indigènes a aussi son emploi dans les bois des hypogées. Un bois dur figure la force ; un autre qui domine par sa longueur les bois déjà fixés auprès des morts exprime le vœu que la famille soit plus considérée que les autres, que tel chef jouisse d'un plus grand crédit que tel autre chef, et soit assez fort pour renverser tous les projets de ses compétiteurs. Ce bois, plus élevé que les autres, sollicite encore la gloire et l'influence de la tribu sur toutes les autres tribus. »

Si au soir du 26 avril, le lieutenant Destremau lutte pour ne pas s'endormir de peur de mourir lors d'un assaut du G.I.G.N., Alphonse Dianou, lui, n'a aucune peine à rester éveillé. Il ressasse les paroles d'Antonin et se demande s'il a bien fait de venir se réfugier dans cette grotte. Les yeux grands ouverts, il ressasse les légendes des ancêtres qui provoquent chez lui crainte et dévotion.

Chapitre 9

LA RÉVOLUTION D'ALPHONSE

Cette nuit-là, le capitaine Legorjus dort également peu. Il s'est couché à minuit et à quatre heures du matin il est déjà debout. Au petit jour, il rassemble ses hommes. Son idée est simple : parlementer avec le chef des ravisseurs et savoir ce qu'il a dans le ventre. « Personne ne sait à qui nous avons affaire, se dit-il, ni qui est Dianou. Personne ne connaît l'identité précise de tous les preneurs d'otages. » Son idée est donc d'arriver a la grotte au petit matin, d'appeler les ravisseurs et d'entrer en contact direct avec Dianou.

Si Legorjus est pressé, le général Vidal l'est peut-être encore davantage. Il a mis enfin la main sur les preneurs d'otages et il ne compte pas les lâcher. Rien qu'à penser qu'ils pourraient filer entre ses doigts, il frémit. Il n'ose pas imaginer les conséquences à Paris.

A Gossanah, c'est le branle-bas de combat, l'excitation des grands jours. Les habitants qui sont restés (la plupart ont fui) sont toujours parqués dans les habitations communes. Ça ne leur fait pas plaisir, mais c'est fait exprès pour maintenir la pression psychologique, empêcher le ravitaillement et couper les ravisseurs de toute information.

Le lieutenant-colonel Picard, qui, bien qu'il soit arrivé de Métropole depuis peu, entretient de bons rapports avec les Mélanésiens, est allé voir les vieux pour qu'ils s'apprêtent à partir pour la grotte. La veille, il s'est rendu dans les cases et a demandé que les femmes des ravisseurs présentes le suivent. Sept femmes se sont levées et l'ont accompagné jusqu'à l'Ecole primaire kanak où le général a installé son P.C. Emmener leurs femmes aux ravisseurs pouvait peut-être les ramener à de meilleurs sentiments. Mais l'idée est abandonnée. Trop difficile à réaliser.

Dans la case où ils se sont réunis, les anciens tardent à se décider. Ils palabrent pour savoir comment ils vont se comporter à la grotte. Ils préparent le tabac pour la coutume. Samy, le gendarme mélanésien de la brigade, libéré avec les otages de Mouly, est venu donner un coup de main à ses collègues, impatients, qui veulent emmener les vieux qui traînent. Cela ne les enchante guère d'aller se mettre dans ce pétrin. Le G.I.G.N. est déjà parti. « Les vieux s'organisent pour savoir comment ils vont faire la coutume », explique Samy à ses camarades et au substitut Bianconi qui attend. Finalement, au bout de dix minutes, la préparation un peu accélérée de la coutume est terminée. Le départ est donné.

En arrivant, Legorjus demande à Picon, avec une pointe d'humour, s'il a passé une bonne nuit avec ses cinq gars. L'adjoint explique que les ravisseurs ont bougé. Que ses hommes ont tenté de savoir combien ils étaient, qu'ils leur ont lancé des cailloux, mais il n'y a en aucune riposte. « Un des Canaques est posté tout près », dit Picon. Legorjus demande alors au gendarme qui est devant de s'approcher et de dire que le capitaine veut parler à leur chef.

Ce gendarme se prénomme Alain. Il a 28 ans, à peu près le même pedigree que Moulié, c'est-à-dire qu'il est au G.I.G.N. depuis quatre ou cinq ans. Il possède bien la technique, c'est un bon soldat. En 1984, il a arrêté un pirate de l'air dans un détournement d'avion à Marignane.

Alain se tient face au Kanak. Aussitôt, le Kanak appelle son chef. Dianou est embusqué dans un coin. Les gendarmes sentent un flottement chez les ravisseurs qui semblent ne pas s'entendre entre eux. Dans un autre coin du cratère, un Kanak crie : « Arrêtez vos conneries ! On va vous tirer dessus et on va exécuter les otages, si vous avancez encore ! »

A ce moment, une équipe de ravisseurs fait feu sur les gendarmes avec des Famas, à 60 mètres au moins de l'endroit où se trouve Dianou. Ce qui prouve qu'ils se sont largement déployés. Jean-Jacques, un des gars de Legorjus, est atteint par un morceau de corail qui a ricoché sous l'impact d'une balle. Les gendarmes se sont couchés, mais ils ne tirent pas. Le capitaine crie à Dianou d'arrêter de tirer. Alain explique à Alphonse qu'on pourrait très bien riposter mais qu'on ne le fais pas. Ils entendent alors Dianou donner l'ordre a ses hommes de cesser le feu. Dans le silence qui suit, le G.I.G.N. entend « gueuler » en bon français. Ils sont là ! Les otages sont vivants ! Par leurs cris, ils ont permis à Legorjus de les situer. L'officier explique à ses gars qu'il ne faut rien faire pour le moment. Il leur demande de se replier d'une dizaine de mètres à peu près, « de façon à leur faire comprendre que nous n'avons pas l'intention de donner l'assaut ». C'est alors qu'ils entendent un brouhaha derrière eux. Ce sont les coutumiers qui se sont enfuis dès qu'ils ont entendu les rafales et qui reviennent peu rassurés. Leur présence n'inquiète pas le capitaine. Au contraire. « Cela va peut-être nous permettre, pense-t-il, de renouer le contact avec l'intérieur de la grotte. »

Bianconi se tient auprès de Legorjus. Il est normal que le représentant du Parquet soit présent dans une affaire de cette importance. La veille, il s'était présenté à l'officier qui n'avait pas grand-chose à lui dire, car lui-même en savait peu. L'avant-veille, à la demande du Procureur de la République de Nouméa, Jean Bianconi s'était rendu à Fayaoué dans le cadre de la procédure dressée à l'encontre de neuf des ravisseurs des 27 gendarmes de la brigade. Ces ravisseurs qui avaient libéré onze otages détenus dans le sud de l'île.

Autour de la grotte, la situation ne se débloque pas. On insiste auprès de Legorjus pour qu'il signale la présence d'un représentant du ministère public sur les lieux. L'officier est réticent, mais il accepte. Au moyen d'un porte-voix, il fait savoir aux rebelles, que le substitut du Procureur est prêt à se rendre seul auprès d'eux pour écouter leurs revendications et servir éventuellement de médiateur.

Cette proposition, estime Bianconi, a l'air de convenir aux ravisseurs. Contrairement à l'avis du capitaine Legorjus, qui aurait préféré que ce soit les ravisseurs qui s'avancent vers eux, le magistrat décide d'entrer dans leur périmètre de défense. Le dialogue, pense-t-il, ne peut s'engager que s'il manifeste un geste d'apaisement et de confiance envers eux.

Legorjus, occupé à observer la grotte et à placer ses hommes qui viennent de se faire tirer dessus, ne prête pas attention aux paroles du substitut.

Bianconi, « sans prévenir personne », selon le capitaine Legorjus, saisit deux bouteilles d'eau et crie en direction de la grotte : « C'est moi, Bianconi, je vous apporte de l'eau, frères, il n'y a pas de problème. » Vêtu d'un jeans et d'un sweet-shirt, le substitut s'avance seul. Le capitaine décide de l'accompagner. Hervé, un de ses gars, lui dit : « N'y allez pas, n'y allez pas ! ». Mais Legorjus rejoint le substitut et chuchote : « C'est une connerie majeure. »

Pour le capitaine, Bianconi va à l'abattoir. Il dégrafe sa ceinture et laisse son revolver derrière lui. Bianconi murmure : « Il n'y a pas de problème, j'ai l'habitude avec ces gens, j'en ai vu d'autres. » Effectivement, il a souvent à traiter des dossiers concernant les Canaques, mais cette fois-ci, il ne sait vraiment pas à qui il a affaire. Dans un réflexe, Legorjus saisit deux bouteilles d'eau qui se trouvent à ses pieds. Au bout de quelques mètres, ce spécialiste des prises d'otages, commence à prendre conscience du désastre. Des ravisseurs en arme se tiennent sur la gauche et sur la droite de la cuvette, bien plus grande qu'il ne l'avait imaginé. Au moins, il est dans la place. Ce n'est pas la première fois qu'il réussit à entrer chez un preneur d'otage, et à ressortir avec lui, menottes aux poignets après l'avoir « baratiné ». Mais cette fois, ça va être dur. Il le sent. Surtout quand il voit devant la grotte Dianou, les yeux exorbités, qui le regarde, en contrebas, debout sur le premier palier, flanqué de Lavelloi armé d'un Famas et d'Hilaire avec un fusil de chasse. Les deux Canaques le visent et leur hurlent de se mettre à genoux. Davantage pour les humilier que par précaution. Ils ont été en effet arrêtés au poste de garde qui se trouve sur le petit chemin qui conduit à Gossanah, contrôlés et fouillés, avant d'être conduits à l'entrée de la grotte.

Legorjus et Bianconi expliquent qu'ils leur apportent de l'eau parce qu'ils n'ont pas à boire depuis longtemps. Ils ouvrent même les bouteilles et avalent une gorgée pour leur montrer que l'eau n'est pas empoisonnée. Les ravisseurs s'emparent des bouteilles. Apparemment, ils ont très soif. Alphonse Dianou prend la parole : « Je suis là pour défier la troisième armée du monde. Je n'ai pas peur parce que je suis sur la terre des ancêtres. »

« D'habitude, lorsqu'il s'agit de faire un discours comportant un rapport de force, on se met au-dessus de la personne. Mais Dianou, lui, s'est mis bizarrement en dessous », remarque Legorjus. Avec Bianconi, il a droit à un discours d'une quinzaine de minutes. Un discours à la fois politique et économique. Dianou n'est pas du tout injurieux envers l'officier. Il s'énerve contre Bianconi qui essaie de le couper dans son monologue. A chaque fois, le substitut se fait vertement rabrouer. Legorjus serre le bras de Bianconi pour lui faire comprendre qu'il faut se taire. En contrebas, Hilaire les vise toujours avec son fusil de chasse et Lavelloi avec son Famas. « Les ravisseurs ont déjà rafalé, pense Legorjus, et ils ne demandent qu'à recommencer. Il vaudrait mieux que Bianconi se calme. » Le discours que tient Dianou est un discours anti-colonialiste. Il explique que lui, Dianou, avec son armée canaque, n'a pas peur de défier une grande puissance militaire. Il explique qu'autour de lui, il a des guerriers canaques, et qu'avec ses guerriers il n'a pas peur d'affronter l'armée française. Il l'a prouvé, d'ailleurs, en prenant des otages. Par moments, il fait une incursion dans l'économie, mais là, son discours devient parfaitement confus. Il ignore tout de cette discipline. Il parle de Lafleur, de Frogier, de Bec. D'autres Caldoches qu'il considère comme des gens dangereux. Une éloquence un peu mièvre, enflammée. Mais le vocabulaire est riche et correct. « Il n'y aura pas de libération d'otage, tant que l'indépendance de la Kanaky ne sera pas signée, dit-il. Je ne suis pas pressé. » Il manque totalement de réalisme. C'est un illuminé. Il interrompt son discours. La pression des forces de l'ordre s'intensifie autour de la grotte.

En effet, ça bouge beaucoup. Le capitaine Picon veut récupérer son ami en bonne santé. Il ne compte pas rester les bras croisés en attendant le retour de Legorjus. Les hommes du G.I.G.N., tiennent à leur patron, et se mettent en place, prêts à intervenir, si ça tourne mal pour l'officier et le substitut. Heureusement, les ravisseurs ne savent pas que Legorjus est le reponsable du G.I.G.N. Il leur a simplement dit qu'il est capitaine et envoyé par la Direction de la gendarmerie pour négocier.

Après sa violence diatribe contre le gouvernement français, le capitalisme et l'institution judiciaire, Dianou demande à l'un de ses adjoints, Wenceslas Lavelloi, d'extraire de la grotte un des otages, l'adjudant Alain Delahaye. Il menace de l'exécuter si Legorjus ne rassemble pas immédiatement les militaires qui sont déployés autour de la cuvette. Le malheureux sous-officier est attaché à un arbre. Dianou lui dit : « Toi tu vas mourir parce que tu n'as pas voulu m'écouter. » Il essaie de justifier son action, il donne des « explications » aux otages. Si les militaires ne viennent pas, il va faire exécuter cet élève indocile. Le capitaine Legorjus intervient : « J'ai bien compris ce que tu nous as dit, dit-il à Dianou. S'il y a un problème, je veux bien essayer de l'arranger, mais tu ne peux pas tuer un gendarme comme ça, il y a déjà eu quatre morts. » « Je n'en ai rien à foutre, répond Alphonse. Les Canaques ont déjà versé leur sang cent fois plus depuis des générations et des générations. » Legorjus ne réagit pas et continue de parler doucement. « Tu ne peux pas te permettre de tuer encore un gendarme », répète-t-il. Dianou saisit la balle au bond et se montre plus menaçant : « Je veux que tous ceux qui sont à l'entrée viennent, sinon ce type mourra. » Dans la tête de Legorjus, l' « ordinateur » se met en marche. Il calcule à froid, sans s'emballer. Autour du cratère, les hommes ne sont guère plus d'une demi-douzaine. Le but n'est pas de donner l'assaut. Le capitaine prend sa décision. L'adjudant attaché à l'arbre transpire à grosses gouttes. Il pense que sa dernière heure est arrivée. « Il n'y a pas grand monde autour », dit Legorjus d'un air détaché, « Cinq ou six, au plus. »

Les négociateurs volontaires, Addari et Leblond sont aussi présents. Dianou demande si Samy, le gendarme mélanésien de la brigade, se trouve devant la grotte. Samy, courageusement, s'approche et se présente au chef des ravisseurs. « Combien y a-t-il de militaires avec toi ? » « Une demi-douzaine », répond calmement Samy. Legorjus pousse un soupir de soulagement. Le chiffre est le même que le sien. Dianou se tourne vers Legorjus et reprend : « Dis à ces types qu'ils se rendent ou on tue le gendarme. » « Je ne sais pas s'ils vont venir, il faut le leur demander », dit Samy.

Dianou se met à hurler : « Je vais le tuer, je vais le tuer. » Et, se tournant vers Legorjus, il répète : « Dis-leur qu'ils viennent ou je tue le mobile. » Le gendarme ligoté manque de s'évanouir : « Je ne pensais pas que je mourrais comme ça », murmure-t-il. Ses collègues s'adressent à Legorjus : « Ne le laissez pas mourir, faites quelque chose. » Legorjus gamberge. Deux ravisseurs sont postés à l'entrée à gauche de l'entrée de la cuvette. Deux ou trois à droite. Autour de lui, il y en a trois ou quatre : Dianou, son frère, Lavelloi, et un autre qui tient en joue les otages... Une dizaine d'hommes en tout. « Si je fais venir mes six gars qui, de toute façon, ont été repérés pendant la nuit, il y a peut-être un coup à jouer », estime-t-il. Il élève la voix : « Les six qui sont devant, je vous demande de venir me rejoindre, ils vont tuer un gendarme. » Il insiste sur le « six » (il y a en fait G.I.G.N. à cet endroit-là et 28 E.P.I.G.N. de l'autre côté à une cinquantaine de mètres). Picon comprend que la situation est critique. « Il faut y aller, qui y va ? » Les G.I.G.N. se regardent. Il n'y a pas beaucoup de volontaires. Picon désigne cinq hommes et se désigne lui-même. Legorjus voit arriver six hommes. Pas un de plus. Ouf ! Il serait passé pour un menteur et personne ne sait ce qui aurait pu arriver.

Legorjus aperçoit Picon dans le groupe. Il se demande pourquoi son adjoint s'est lui-même désigné. Jean-Pierre Picon est marié et père de famille. Le lieutenant Timothée fait aussi partie du petit groupe. Il est marié, mais sans enfant. Cela Legorjus aurait plutôt choisi Timothée et cinq autres gars. Jean-Pierre serait resté derrière pour organiser la suite des opérations. C'est son boulot. Mais il a écouté d'autres voix, celles de l'amitié. Parmi les cinq désignés « volontaires », il y a deux pères de famille et deux jeunes mariés. Picon a choisi ceux qui avaient déjà pu être repéré. S'il en avait désigné d'autres, les ravisseurs auraient compris que le G.I.G.N. était plus nombreux.

Il y a surtout l'amitié qui unit deux hommes qui ne se ressemblent pas, mais se complètent. Picon est long ; Philippe Legorjus est plus ramassé, plus large d'épaules. Picon est discret, réfléchi, posé ; Legorjus est davantage instinctif, plus exubérant et, parfois, il semble désordonné. Mais sa force de caractère, sa personnalité, son pouvoir de convaincre lui ont déjà sauvé la vie.

Jean-Pierre n'a plus voulu « laisser tomber » Philippe. Cette décision marque le tournant de la prise d'otage d'Ouvéa. C'est en effet cette matinée du mercredi 27 avril qui va devenir la plus importante de l'affaire. Pour deux raisons. La première est due au juge Bianconi, qui, par son comportement, a entraîné le patron du G.I.G.N., quitte à faire « une connerie majeure ». La deuxième raison, qui n'est que la conséquence de la première, tient à l'attitude de Picon, qui a laissé son cœur prendre le pas sur la raison. Ce choix aura une influence décisive sur la suite des événements. Legorjus n'a désormais plus qu'un idée en tête : sortir ses hommes du pétrin où il les a entraînés. Les ravisseurs ont transféré sur sur les membres du G.I.G.N. la menace qu'ils exerçaient sur les mobiles. Une menace qu'ils vont mettre à exécution. Ils apprennent en effet que leurs nouveaux prisonniers appartiennent au G.I.G.N. et que le capitaine Picon est parmi eux. Picon, l'officier « qui a tué » Eloi Machoro en janvier 1985 à Thio. Eloi Machoro, dont une stèle a été dressée dans son village natal et qui reste pour les militants révolutionnaires le martyr de la révolution canaque, le héros légendaires de l'indépendance de la Kanaky, mort, comme Che Guevara, pour « libérer le peuple de l'oppression impérialiste ». En revanche, Alphonse Dianou ne saura jamais que « Philippe » se nomme Legorjus et qu'il est le patron du G.I.G.N., « la force de répression » qui a abattu Machoro.

En voyant arriver ces six nouveaux prisonniers, Dianou savoure sa victoire. Il a augmenté son prestige auprès de ses hommes. Il est vraiment un grand chef de guerre. Il a capturé six militaires. Et pas n'importe lesquels.

Dès que Picon et ses compagnons sont capturés, les autres membres du G.I.G.N. et de l'E.P.I.G.N. déployés autour de la grotte, comprennent ce que souhaite Legorjus. Ils reculent de 300 ou 400 mètres afin de ne plus être vus par les preneurs d'otages. Ils sont bien inspirés car Dianou envoie des petites équipes pour ratisser le terrain. Mais en se retirant précipitamment, les gendarmes d'élite n'ont pas pu emporter les sacs des six prisonniers qui avaient passé la nuit sur le terrain. Ils ont eu beau les enfouir sommairement, les hommes de Dianou les trouvent et découvrent des armes, deux fusils, un huit pouces à lunette et, surtout les sacs personnels des gendarmes. Dans un de ces sacs, il y a la liste du G.I.G.N. avec les noms de Picon et des autres. Samy, à qui les ravisseurs ont donné l'ordre de les aider à ramasser les armes des « militaires », récupère les deux FRF1 et trois autres armes. Avant de se replier, les gendarmes ont pris soin de dérégler les lunettes des FRF1 qui sont inutilisables, sauf pour tirer à bout portant.

Après avoir fouillé les sacs, Dianou reste perplexe. Il sait que ses nouveaux otages sont du G.I.G.N. Il demande à Legorjus de lui donner son identité. « Je suis officier de gendarmerie, se borne à répondre l'officier. Je suis envoyé par la Direction pour négocier. » Dianou ne parvient pas à « situer » le capitaine Philippe.

Les ravisseurs manquent de menottes pour attacher les six nouveaux venus. Dianou fait couper des rubans de tissus et demande à Antonin d'attacher les militaires. Antonin « attache large ». Le statut du Mélanésien a changé depuis « l'apparition des ancêtres ». De « traître », il est devenu un militant respecté. Le matin, on lui a donné un pistolet automatique, preuve de confiance. Mais il faut qu'il s'intègre à la bande. Ainsi, les ancêtres soutiendront les ravisseurs. Il avait même été chargé d'abattre deux otages si les militaires ne se rendaient pas.

« Alphonse me l'a bien dit, raconte Antonin : « Les deux gendarmes qui sont là, c'est toi qui t'occupes d'eux. Si les gendarmes ne veulent pas se rendre, je te donne l'ordre et tu les descends. » Ils étaient assis, l'un à droite et l'autre à gauche. Moi, je me tenais derrière eux. Ils avaient peur. Ils criaient : « Ne faites pas les cons. On a déjà assez des problèmes. On a des enfants. »

Antonin attache les nouveaux prisonniers, sauf Legorjus et Bianconi. Il a toujours son pistolet. Dianou lui confie ensuite une nouvelle responsabilité. « Les G.I.G.N., ce sont les plus dangereux, dit-il, surveille-les bien. Tu en es responsable. » Antonin devient le « chef » des deux hommes qui gardent les gendarmes d'élite. Les ravisseurs essaient d'identifier Picon. Les gendarmes sont persuadés qu'Antonin va le dénoncer. Il n'en fera rien. « Si j'avais parlé, Picon serait mort », dira-t-il plus tard.

Les Canaques utilisent entre eux le français. Ils sont issus de tribus différentes et ils ne parlent pas tous le même dialecte. « Si un jour la Nouvelle-Calédonie devient indépendante, se dit Legorjus en souriant, nous sommes sûrs au moins d'une chose : ils parleront français. »

L'officier essaie de comprendre à qui il a affaire. Il se rend compte que Dianou est le chef mais qu'il n'a pas autorité sur tout. Celui qui fait la loi sur les armes, c'est Lavelloi. Celui qui garde les otages c'est, en apparence, le nommé Martial, mais, en réalité c'est Hilaire. Lorsque Hilaire se montre menaçant Martial baisse la garde et ne réagit pas. Les autres, il ne les voit pas.

Il devine tout de suite que Levalloi est d'origine wallisienne. Lavelloi est différent des autres. Il est très fort et il porte le nom du roi de Wallis.

Dans le matériel qu'a rapporté Samy, il y a un poste radio. Cela va permettre à Legorjus de faire une proposition à Dianou. Une proposition concrète qui ne porte pas sur les négociation. L'officier sait que le climat n'est pas propice. La question agace Alphonse qui ne sait pas comment il va se tirer de ce mauvais pas, maintenant qu'il est encerclé. Il ne peut tout de même pas prendre toute l'armée française en otage ?

« Avec le poste radio, on peut faire un certain nombre de choses », commence Legorjus. « Par exemple ? » demande Dianou, méfiant mais intéressé. « Vous n'avez pas mangé et bu depuis deux jours... » continue le capitaine. « Ce n'est pas grave, dit Alphonse. On peut se nourrir avec les feuilles de la forêt, mais eux (en se tournant vers les mobiles), il faut qu'ils mangent et qu'ils boivent. » « Si tu veux, je peux leur faire venir à manger et à boire » affirme l'officier. « Je ne le crois pas », lance Alphonse, incrédule et de plus en plus méfiant. « Il y a un terrain pas très loin où un hélicoptère peut se poser avec des vivres et des boissons. » « C'est une manœuvre ! » s'exclame Dianou. Toujours avec la même voix calme, Legorjus achève de la convaincre : « Fais-moi confiance », dit-il. Dianou accepte mais il lui demande encore qui il est. « Je suis un officier de gendarmerie envoyé de la métropole pour discuter avec toi », répond Legorjus.

Legorjus a Vidal à la radio. « C'est Philippe, dit-il seulement au général, un peu surpris. Les gendarmes mobiles n'ont pas mangé depuis deux jours. C'est un problème humanitaire. Il faut faire venir par l'Alouette II un chargement d'eau et de rations. »

En début d'après-midi, arrive la première livraison.

Le périmètre de sécurité des ravisseurs est relativement vaste. Certains ne participent pas à toutes les discussions et, quand ils viennent voir Dianou, ils s'étonnent en constatant que Legorjus est le seul gendarme qui ne soit pas ligoté. Dianou annonce alors qu'il faut qu'il l'attache, ainsi que Bianconi. Entre-temps, ils ont enlevé les menottes aux mobiles pour ligoter les G.I.G.N. qui sont mis à l'écart du groupe des otages après être restés plusieurs heures sans boire en plein soleil. Quand les Canaques ont trouvé la liste dans un des sacs laissés par les gendarmes, Hilaire a reconnu le nom de Picon, mais il ne sait pas qui, des six, est le capitaine.

Soudain l'adjudant des gendarmes mobiles est pris d'une crise de tétanie. Il est secoué par de violentes convulsions et semble perdre connaissance. Le substitut essaie de convaincre Dianou de le libérer. Il se fait suppliant. « Qu'est-ce que vous risquez en le libérant ? On se souviendra de votre mansuétude. » « Je n'ai pas peur, affirme Dianou, j'ai de quoi défier ici la troisième armée du monde. » Pendant ses crises d'autorité, il défie également Legorjus : « Prends ton Famas... contre mon casse-tête (un gourdin en bois gravé). Tu ne fais pas le poids. » éructe-t-il. Dianou est de taille moyenne, maigre. Il porte une petite barbiche et a les cheveux légèrement bouclés. Assis sur les talons, l'officier pense que le plus extraordinaire chez cet homme, c'est les yeux : rouges, injectés de sang. A croire qu'il a fumé du cannabis, une culture très répandue dans les tribus d'Ouvéa. Il parle très bien le français. On voit qu'il a fait quelques études. Bianconi, de son côté, essaie d'expliquer qu'il a toujours essayé de défendre les droits des Canaques. Ce n'est pas pour autant que Dianou accepte de libérer le gendarme mobile. Il reproche au magistrat d'avoir envoyé des combattants de la liberté en prison. Bianconi fait même une promesse au chef des ravisseurs : « J'aide à transporter le malade au bord du cratère et ensuite je reviens ». Dianou consulte les chefs du clan. Finalement c'est accepté. Antonin aidera Bianconi à transporter Eric Vasseur — de l'escadron de Villeneuve d'Ascq. Mais comme des mouvements de troupe se font à nouveau sentir, chaque ravisseur retourne à son poste de combat.

Avec Bianconi, Antonin porte le malade à 20 mètres de la grotte, puis le Mélanésien demande au substitut de soulever le gendarme pour le mettre sur le dos. Une fois arrivé au bout du cratère, Antonin tombe sur Martin, son neveu, un garçon de la tribu. « Le gendarme est mort, affirme Antonin. Il faut que je le sorte d'ici, sinon on va avoir des problèmes ». Martin Haiwe, un militant du F.U.L.K. (Front Uni de Libération Kanak), qui a suivi un stage en Libye, ne devine pas la supercherie. « Tu sors et tu reviens vite, parce qu'il y a les gendarmes qui sont autour », dit-il. Antonin ne se le fait pas dire deux fois. Il marche cinq, dix, quinze mètres et quand il devine qu'il n'est plus à portée du tir, il s'aperçoit que le malade ne va pas bien du tout et qu'il va mourir pour de bon. Il le pose alors par terre et lui donne un coup : « J'ai essayé de le mettre sur le côté pour voir si son cœur battait, explique le Mélanésien. Avec le coup, le cœur avait repris ! » Il remet alors le malheureux sur son dos et se met à courir. « En courant avec lui sur mon dos, je l'ai secoué davantage et le cœur fonctionnait mieux. » Bianconi suit, derrière. Soudain, le Mélanésien stoppe net. Il a entendu un bruit de culasse. C'est les G.I.G.N. « J'étais bien obligé de m'arrêter, sinon ils me tiraient dessus », raconte Antonin, qui crie : « Ne faites pas les cons, je viens de sortir de la grotte. » Ils ont vu que j'étais blessé, alors ils ont su tout de suite qui j'étais. Ils m'ont demandé mon nom. Je leur ai donné et j'ai dit qu'il fallait vite soigner le gendarme. Sinon il allait mourir. Alors, comme il y avait un docteur et un infirmier qui étaient là, ils sont intervenus tout de suite et ils ont appelé l'hélicoptère de la gendarmerie qui a embarqué le gendarme. Ensuite, Bianconi a voulu que je retourne avec lui dans la grotte. Pas question. J'ai dit que j'avais fait tout ce que j'avais pu. « Ils n'ont pas voulu m'écouter, Maintenant qu'ils se démerdent avec vous ! ».

Une fois à la tribu de Gossanah, Antonin explique la situation au petit chef, à son porte-parole et aux conseillers. « Moi j'ai tout tenté, dit-il, je vous ai déjà dit pourquoi je suis venu ici. Quand j'ai parlé avec vous avant de partir, vous étiez bien d'accord pour qu'on discute, pour qu'on essaie de faire quelque chose dans la grotte. Mais quand je suis arrivé là-bas, ce n'était plus la même chose. L'accord qu'on avait établi ensemble au départ n'existait plus. Au lieu de dire aux gars qu'il fallait essayer de se rendre, les gens de la délégation qui m'accompagnaient les ont plutôt poussés à continuer leur action. »

Les coutumiers nient.

« Dans la tâche que nous nous étions fixée, reprend Antonin, vous ne m'avez pas aidé. Vous n'avez rien fait dans la grotte, vous n'avez rien dit. Moi j'ai fait tout ce que j'ai pu. J'ai essayé de les sauver et de sauver les gendarmes. J'ai fait mon travail et maintenant vous vous démmerdez avec l'armée. S'il se passe quelque chose, moi, je m'en lave les mains. Je pars. Je ramasse mes enfants et je monte à

Nouméa. Parce que je sais déjà ce qui va sa passer. Maintenant, c'est fini, c'est foutu. »

Antonin a compris que la situation était perdue et que Dianou, habité, devenu comme fou, ne céderait sur rien. « Alphonse Dianou, c'est comme un frère pour moi. Il a été élevé par la grande sœur de ma mère. J'ai grandi avec lui et avec son frère. Il était gentil, très intelligent. Il voulait devenir prêtre. Il n'y est pas arrivé parce que des gens lui ont « foutu » autre chose dans la tête. Au séminaire, ils l'ont poussé à entrer dans la politique. Comme le pasteur Djoubely Wea de Gossanah. C'est pareil. Pour devenir pasteur, il est allé lui aussi aux Fidji. A son retour, il est devenu un des premiers révolutionnaires du territoire. Tout cela est triste. C'est malheureux pour les gendarmes de Fayaoué. La brigade de Fayaoué, c'était tout. On pouvait aller y fumer une cigarette, boire une bière. Ils faisaient même les mécaniciens. A chaque fois que je passais par là, bien des fois, quand je n'avais pas le sou, j'allais y boire un coup. Je n'étais pas le seul. Parfois, je leur demandais un paquet de cigarettes. Il m'est arrivé de crever avec ma voiture et je venais faire réparer chez eux. Quand il me manquait de l'essence, je venais leur en demander un peu. Et puis, il n'y avait pas que moi. C'était toute la population qui faisait ça. Pour transporter le bois, on venait demander l'aide des mobiles. Ils venaient avec le 4 × 4 de la gendarmerie. Ils donnaient la main à tout le monde. A Mouly, ils tiraient les bateaux ou emmenaient les gens aux champs. Je ne comprends pas ce qui s'est passé ! »

Chapitre 10

ESPRIT ES-TU LÀ ?

La nuit est déjà tombée depuis longtemps à Paris, quand le colonel de gendarmerie Lemée décroche son téléphone dans la salle du bunker construit sous l'Hôtel Matignon. Ce mercredi soir 27 avril, c'est lui qui est de permanence dans cet abri « réactivé » sous le gouvernement Chirac. En descendant les marches du perron qui donne, à l'arrière de la bâtisse, sur une magnifique pelouse abritée par des arbres centenaires, il suffit d'avancer de quelques mètres sur la droite pour prendre un escalier en béton gris qui s'enfonce vers un petit bâtiment à demi enterré qui ressemble à un local à poubelles. Une simple porte en fer ouvre le P.C. opérationnel de Matignon qui a vu le jour sous le premier gouvernement de cohabitation. Il a fallu attendre 1987, pour que le Premier ministre dispose d'un P.C. équipé de moyens de transmission sophistiqués lui permettant d'être en relation à la fois avec le ministère de la Défense, les différents centres de commandement militaires de l'hexagone et un pays quelconque où se déroulerait une crise grave où la France serait impliquée.

Jusqu'en 1986, seul le Président de la République, chef suprême des armées, disposait d'un tel dispositif dans les sous-sol de l'Elysée, aménagés en abri anti-atomique. De là, le Chef de l'Etat peut déclencher une action nucléaire. La cohabitation compliquant tout de même les choses, Matignon a senti la nécessité de disposer également d'un centre opérationnel. Beaucoup moins sophistiqué que celui de l'Elysée, le bunker du Premier ministre a été utilisé pour la première fois peu avant la crise d'Ouvéa, lors du conflit de la pêche qui opposait l'hiver dernier des chalutiers français de Terre-Neuve à des garde-côtes canadiens. A cause du manque de bureaux à Matignon, le cabinet avait apprécié l'aménagement de cet abri qui n'est certes pas anti-atomique, mais qui est protégé contre les écoutes. Le service technique de la D.G.S.E. est venu contrôler les circuits de transmission du faux plafond pour vérifier qu'aucune bretelle, qu'aucun micro n'avaient été placés pendant la construction.

Le P.C. n'est pas très grand, ni même luxueux, mais il reste parfaitement fonctionnel. Dans la première pièce, la plus spacieuse, des tables de travail séparées par des cloisons, sont aménagées du côté gauche. Plus loin, une grande table de conférence permet de réunir une quinzaine de personnes en cas de crise. A côté, sur un guéridon, trônent trois téléphones : un gris, relié directement au G.L.A.M., le Groupement de Liaison Aérienne Ministériel, un deuxième appareil, le 613, le téléphone interministériel à ligne protégée. Quant au troisième, de couleur blanche, Régis, équipé d'un « discréteur » infaillible pour les liaisons même internationales. Le Régis est doublé d'un système Distel à six touches qui dispatche des communications aussi bien au cabinet que dans le bureau de Jacques Chirac.

Ce soir-là, c'est le Régis que le colonel Lemée décroche. Une opératrice lui demande de se positionner « en discret ». Il tourne la clé de l'appareil, appuie sur l'une des deux lettres A ou B et compose ensuite un numéro à partir des touches numérotées de 1 à 8. La communication s'établit avec Nouméa. C'est Bernard Pons, qui, à 18 000 km, est au bout du fil. Il parle en clair. Il sait que la communication par satellite ne peut pas être écoutée. Ce n'est pas une bonne nouvelle qu'il a à annoncer et il a préféré le faire lui-même. Il voudrait parler au Premier ministre. Jacques Chirac n'est pas là, Maurice Ulrich, le directeur de cabinet, non plus. C'est le colonel de permanence qui reçoit la nouvelle. « A Ouvéa, il y a huit otages de plus », annonce le ministre des DOM-TOM. « Et pas n'importe lesquels ! Legorjus, son adjoint Picon, quatre de ses super gendarmes, le substitut de la République Bianconi et le gendarme territorial Ihage, un otage libéré trois jours auparavant. »

Le colonel n'en croit pas ses oreilles. Michel Roussin, le chef de cabinet non plus. Il pense à une plaisanterie et dit au colonel : « Vous vous moquez de moi. » « Pas du tout, M. le Chef de cabinet, c'est vrai, je vous assure. » Quant à Maurice Ulrich, réveillé plus tard dans la nuit, il n'ose même pas annoncer la nouvelle à Jacques Chirac. Ce n'est qu'aux aurores que le Premier ministre apprend que le capitaine Philippe Legorjus, patron du G.I.G.N. est devenu otage avec ses hommes et le substitut de la République. Les bras lui en tombent. Hier, la grotte était localisée, mais un lieutenant était pris en otage. Aujourd'hui, ils sont huit de plus.

« Mais que se passe-t-il sur cette île ? » se demande-t-il. Le colonel Verdet de l'Isle, un « artilleur » qui remplace à la tête du cabinet militaire le général de brigade aérienne Bernard Norlain, parti pour Nouméa avec Bernard Pons, est lui aussi catastrophé. Que faire ? « Force doit rester à la loi, dit le Premier ministre. Il y va de l'honneur du pays et de l'armée française. Mettez tous les moyens nécessaires pour régler cette affaire. »

Les moyens y sont, mais malheureusement ils n'ont pas servi à grand-chose jusqu'ici. Quant aux informations, depuis que Bernard Pons et Norlain sont sur place, après un voyage en Falcon 900 qui les a amenés de Paris à Nouméa, via Abou Dhabi et Singapour, elles parviennent plus vite et plus complètes. Au début, ce qui mettait Jacques Chirac en colère, c'était le temps qui séparait les réponses des questions qu'il posait. L'impatience légendaire du Premier ministre s'accroissait d'heure en heure.

Quand, dans la nuit du 27 au 28, Maurice Ulrich apprend à 2 h 45 de matin qu'une brigade de gendarmerie a été attaquée en Nouvelle-Calédonie, il ne sera pas capable de donner à Jacques Chirac le nombre exact d'otages. Les télégrammes annoncent huit, puis douze, puis vingt-sept gendarmes capturés. Le Premier ministre est furieux.

« La distance, le décalage horaire, l'état-major, le ministère de la Défense qui veut gagner du temps, la hiérarchie militaire, tout cela faisait que la moindre information mettait un temps fou à nous parvenir », explique un ancien membre du cabinet de Jacques Chirac.

Pourtant, la cellule de crise de Matignon s'est mise aussitôt en place avec le général Norlain, ses quatre officiers et l'efficace Michel Roussin, ancien officier de gendarmerie, ancien chef de cabinet d'Alexandre de Marenches, le grand patron des services secrets qu'il a eu « l'honneur de servir » pendant cinq ans avant de devenir le chef de cabinet de Jacques Chirac. Des hommes décidés qui, en accord avec le Premier ministre, ne veulent pas que les « choses traînent » et qui envisagent, dès le départ, une solution de force pour libérer les otages en confiant les opérations à l'armée. Jacques Chirac est allé droit au but : « Qui commande les recherches ? », a-t-il demandé au cours de la première réunion du conseil de sécurité. La réponse est floue car le chef de toutes les forces armées de

Nouvelle-Calédonie est un général de l'armée... qui n'a pas le droit de s'en mêler en tant que militaire. Alors, le Premier ministre a donné les ordres nécessaires pour que le général Vidal soit autorisé à diriger les recherches. André Giraud et la direction de la gendarmerie auraient préféré régler l'affaire « en famille ». C'était une opération dirigée contre elle. A elle de la régler. Et en plus, elle l'aurait certainement réglée plus en « douceur ». « La gendarmerie est tellement impliquée dans la vie civile que sa sensibilité naturelle l'entraîne à toujours privilégier le dialogue et la négociation, estime un proche de Jacques Chirac. Mais on a confié le commandement à l'armée, car il ne fallait pas perdre de temps. On pensait que l'affaire allait se régler dans la foulée, en 24 ou 48 heures. Les militaires étaient déjà en nombre suffisant, sur place. Mais on avait sous-estimé la détermination des ravisseurs. »

Un homme, cependant, aurait pu peut-être dénouer l'affaire plus rapidement, avec moins de moyens et moins de « casse ». « Lui plus Legorjus et son G.I.G.N., cela suffisait », estime un officier de Nouméa. Le lieutenant-colonel Alain Benson, 49 ans, est le patron de la gendarmerie territoriale de la Nouvelle-Calédonie et des Iles Loyauté. Benson est un homme de terrain, proche de la population. Il s'adresse aussi bien à Jean-Marie Tjibaou qu'à Jacques Lafleur. Il a déjà réussi à dénouer l'affaire de Poindimié. C'est lui qui tout seul, en pleine nuit sous la pluie, avait réussi à force de persuasion à libérer des gendarmes mobiles des mains des Canaques sur la côte est. A l'époque, Yeiwene Yeiwene, le n° 2 du F.L.N.K.S., était venu la veille de l'assaut. Comme à Ouvéa. C'est Benson qui, à Mouly, a réussi à convaincre le conseil des anciens d'obliger les ravisseurs à libérer les 11 otages de Fayaoué qu'ils détenaient. L'après-midi du 22, il a déboulé dans la tribu avec l'escadron de gendarmes mobiles de Marseille et ses « cobras », le mini G.I.G.N. de Nouvelle-Calédonie, composé d'Européens et de Mélanésiens. Trente gendarmes que Benson a déployés dans le village où il a rassemblé la tribu.

« Ce qui s'est passé à Fayaoué est inadmissible, leur a-t-il déclaré. Vous savez bien que les gendarmes ne font pas de politique. Ils sont là pour faire respecter l'ordre. » Puis, s'adressant au grand chef Doumaï : « Je vous donne 48 heures pour les faire libérer. Sinon ce sera l'armée et les parachutistes qui viendront. » Et il est reparti avec ses hommes sans casser une porte, ni même briser un seul vase. « L'intox » a marché. Benson ne savait pas ce jour-là que les militaires allaient être « dans le coup ». 48 heures après, les otages étaient libérés et retournaient à la brigade dans leurs propres camions volés par les Canaques. Dans le nord, la palabre et la persuasion auraient peut-être donné de bons résultats. Mais Benson est un militaire. Il obéit, comme lorsqu'il était sous-lieutenant en Algérie dans les commandos-parachutistes de l'armée de l'air. A Gossanah, le général Vidal l'a intégré dans un état-major tactique comme officier de liaison. Bien sûr, il aurait aimé que ce soient les gendarmes qui conservent l'affaire, mais il apprécie le général, un homme droit et réservé qu'il a connu aux Nouvelles-Hébrides, quand il y a commandait la gendarmerie. Au cours des « événements » de 1980, il avait vu arriver, pendant l'opération Saintonge, le colonel Vidal et plusieurs éléments de son régiment, le 8e R.P.I.M.A. Parce qu'il parlait l'anglais, il est de lointaine origine anglo-saxone) et qu'il connaissait bien le terrain (six ans au Vanuatu, ex-Nouvelles-Hébrides), Vidal l'avait pris comme officier pour assurer les contacts avec le 742e commando des Royal Marines dépêché par Margareth Thatcher.

Dans l'Ecole populaire kanak de Gossanah, transformée en P.C., les deux hommes sont face à face. Ils n'ont pas le cœur à rire. Ils n'ont pas le cœur à évoquer des souvenirs « d'anciens combattants ». Le substitut, Legorjus, Picon, leurs hommes et Samy sont prisonniers dans la grotte.

Au ton de Legorjus, tout à l'heure à la radio, ils ont bien senti que là-bas, dans la forêt, ce n'est pas une partie de plaisir. Certains arborent un sourire en coin. « Le super gendarme, qui croit tout savoir, s'est fait b... » Mais Vidal qui parle avec Dianou à la radio, comprend que le chef du commando n'est pas un type facile.

En fait, tout l'après-midi, Alphonse a discuté âprement avec le général qui lui demandait au début de libérer un otage contre de l'eau. Le Canaque ne comprenait pas qu'on puisse négocier de l'eau contre un homme. Le général, lui, estimait qu'en donnant de l'eau aux otages il ravitaillait les ravisseurs. Alors Dianou, Hilaire et Lavelloi se sont montés la tête contre Vidal. Dianou répétait à Legorjus : « Il est fou ton général. » Legorjus laissait dire. Il préférait lui expliquer qu'il comprenait mieux ses revendications : « Tu as besoin de quelqu'un comme intermédiaire pour traduire tes aspirations. » Et évidemment, il se proposait.

En fin d'après-midi, Dianou avait presque accepté de le laisser partir. Mais en désignant le clan des portiers il lui avait dit : « Ils te tueront avant que tu n'aies franchi la porte. » Effectivement, un du clan portier dit au capitaine : « Si tu t'en vas, je te fous deux coups de Famas dans le dos. »

La nuit tombe. Bianconi et Legorjus s'allongent sur le sol, tous deux menottés, le substitut au poignet gauche, le gendarme au poignet droit. Les gendarmes mobiles dorment sur la terrasse à l'extérieur. Quant aux membres du G.I.G.N., ils dorment sur le premier palier de la grotte, avec le lieutenant Destremau. Les ravisseurs sont fiers de les avoir capturés mais ils en ont peur. Une différence de traitement va s'établir entre les mobiles et le G.I.G.N. Les premiers pourront « naviguer » devant la grotte. Les autres seront confinés en bas, dans la pénombre humide où ils manquent de couvertures. Quant aux mobiles, certains sont torse nu, les Canaques les ayant dépouillés de leurs vestes de treillis sur lesquels ils ont cousu l'écusson de Kanaky. Le ciel est sombre, chargé de nuages. Sous la voûte des grands arbres, la nuit paraît plus oppressante encore. Legorjus observe la position des sentinelles. Même menottés, les hommes au fond du trou pourraient très bien assommer le gardien qui s'est assoupi sur la niche qui domine la grotte. Rompus au close-combat, ce ne serait pas une difficulté pour eux de le neutraliser et de s'emparer de son Famas. Mais après ? Ils arriveraient peut-être à s'en sortir, mais les gendarmes qui ronflent un peu plus loin sont trop nombreux. Epuisés, ils ne pourraient pas suivre. Il faut donc attendre. Etre patient. Picon sait. Il a vu et entendu Philippe commencer son travail de sape. De toute manière, Legorjus voulait pénétrer dans la grotte pour parler avec les ravisseurs. Le substitut lui en a donné un peu trop rapidement l'occasion. Mais maintenant, c'est fait. Mine de rien, le dialogue avec Dianou a commencé. Les Canaques ne doivent pas connaître la légende grecque du Cheval de Troie...

Le moment, c'est sûr, viendra où les prisonniers pourront passer à l'action. Pour l'heure, c'est Legorjus qui mène le jeu. Dianou ne s'en rend même pas compte. Le capitaine propose et il accepte. Sur le plan psychologique, Philippe a gagné la première bataille. Il faut maintenant gagner la guerre.

Les pensées de Picon sont brusquement troublées par un grand remue-ménage dans le cratère où les ravisseurs s'excitent. Vers 21 h 30, on entend des rafales de Famas dans le lointain. Dianou est fou furieux : « Qu'est-ce qu'il veut ton général ? Il est fou ! », crie-t-il à Legorjus qui demande l'autorisation d'appeler à la radio pour savoir ce qui se passe. Finalement, ce sont des sentinelles un peu nerveuses qui ont tiré parce qu'elles croyaient être attaquées. En fait, les militaires ont entouré Gossanah. « Depuis la capture du G.I.G.N., la garde a été renforcée dans le village. Là-bas, on craint en effet un coup de commando des ravisseurs et, cette nuit, les rafales partent dans tous les sens au moindre bruit suspect. »

Legorjus explique à Dianou qu'il faut dire que les otages sont bien « traités », sinon cela risque de se retourner contre leurs familles à Gossanah. L'officier sent qu'il vient de toucher un point sensible. « Dis-moi ce que tu veux et laisse-moi aller l'expliquer au général », dit Legorjus. « Je veux que l'armée quitte Gossanah demain matin, répond Dianou. Si l'armée ne quitte pas Gossanah, lui (il désigne Picon comme par hasard), je l'attache à un arbre et à 6 heures demain matin je le tue. » « Fais-moi confiance, je pense pouvoir faire partir l'armée de Gossanah, mais promets-moi de ne pas le tuer. » répond Legorjus qui joue un coup de poker. Dianou est séduit par la proposition. « Mais tu ne peux pas t'en aller comme ça, ajoute-t-il, je suis obligé d'en parler à tout le monde. » Il réunit alors tous les chefs de clans qui acceptent de laisser partir l'officier.

Le capitaine s'enfonce dans la forêt en pleine nuit. Il pensait connaître la route, mais une fois qu'il a passé la dernière sentinelle, il se perd plusieurs fois dans les broussailles et dans le terrain accidenté. Pourtant, il est certain que le G.I.G.N. n'est pas loin, à trois kilomètres au plus. Soudain, il tombe sur un officier ami et quelques hommes. Il fait de grands signes. Ses compagnons le reconnaissent. Ils pensent qu'il s'est évadé. « Non, ils m'ont lâché ». Legorjus n'a pas le temps de leur en dire davantage. Il grimpe dans une Jeep qui le ramène à Gossanah, où tout le monde dort. Il réveille l'Etat-major.

Toutes ses pensées vont vers Picon qui sera exécuté s'il échoue. « Il faut quitter Gossanah. Ce sera un gage pour aller plus loin dans les négociations », explique-t-il. Vidal se montre très courtois mais il ne veut rien savoir. Sur le coup, le capitaine se demande si l'Etat-major n'est pas frustré par son retour, qui va à l'encontre du message envoyé en début de matinée disant que le G.I.G.N. s'est fait prendre en otage. Il demande qu'on téléphone à Bernard Pons. Finalement, Vidal accepte. A une heure du matin, Legorjus part pour Fayaoué. Ce n'est pas tellement le général qui se montre réticent mais son Etat-major, et en particulier un colonel qui a fait l'école de guerre et qui sent sa vieille culotte de peau. Les gendarmes, il n'aime pas. « Ils se font " piquer " et après ils viennent nous emmerder. Les Canaques, ce sont tous des salopards. Faut pas discuter avec eux. Ils ne comprennent que la manière forte. » Depuis plusieurs jours, tout y est passé. Ce colonel qui, heureusement, n'a pas le pouvoir décisionnaire final, n'a pas cessé d'enfoncer les gendarmes. « Un Puma ! Pourquoi veulent-ils un Puma ? On n'est pas des taxis. »

Pons très étonné d'entendre le chef du G.I.G.N. lui exposer la situation, appelle le général Jérôme, qui appuie son subordonné, puis il ordonne à Vidal d'abandonner Gossanah. Vers 4 heures du matin, le général Jérôme et le capitaine Legorjus sont de retour à la tribu. Legorjus appelle Alphonse à la radio. Gossanah va être libéré. « Mais, dit-il, cela va prendre toute la matinée. » Il passe le micro à un jeune Canaque du village qui explique à Dianou que les militaires se préparent à partir. Dianou semble convaincu. Il ajoute cependant : « O.K. Philippe, mais ne raconte pas d'histoire, sinon... » Legorjus pense à Picon qui, dans deux heures, risque de mourir si le chef des ravisseurs ne croit pas ce qu'il dit. Alors il a une idée : « Dès qu'ils auront quitté Gossanah, un jeune de la tribu viendra te confirmer qu'ils sont partis », lance-t-il à la radio en priant Dieu qu'Alphonse lui fasse confiance.

L'armée décroche dans la matinée. Vis-à-vis des Canaques, Legorjus prend du pouvoir. Il va voir les jeunes du village et entreprend auprès d'eux une opération de séduction, afin qu'Alphonse ne tue pas Picon. Il demande aussi à Nine Wea, un ancien du clan, de parler avec le chef des ravisseurs. Dianou a confiance en Nine. Depuis la grotte, il s'assure que l'armée quitte Gossanah et donne des institutions en dialecte au vieux Nine. « Tu dois joindre le bureau politique du F.L.N.K.S. et Franck Wahuzue à Lifou. » C'est le substitut Bianconi, homme de gauche proche du syndicat de la magistrature, qui a suggéré le nom de Wahuzue à Dianou. Cet indépendantiste collaborateur de Yiewene Yeiwene est son ami personnel. Les deux responsables du F.L.N.K.S. sont venus à Ouvéa huit jours avant l'assaut de la brigade, avec Alphonse Dianou qui est resté sur l'île (il habite Nouméa). Le soir même, ils retournaient à la Grande Terre. Ancien R.P.C.R. franc-maçon, Franck Wahuzue est aussi bien introduit dans la vie politique locale qu'au Haussariat et aux Renseignements Généraux. Bianconi estime qu'il est nécessaire d'obtenir la présence d'un interlocuteur indépendantiste du F.L.N.K.S.

Pour gagner du temps, Legorjus emmène Nine Wea à Fayaoué. L'appareil se pose sur le terrain de l'école. A la gendarmerie, se trouve le procureur Belloli du Parquet de Nouméa. Le capitaine sort de sa poche un papier où sont inscrits les numéros de téléphone du bureau politique, de Franck Wahuzue et de radio Djido, la station indépendantiste de Nouméa. Il appelle d'abord le bureau politique du F.L.N.K.S. et donne le combiné au vieux Wea. Un dénommé Régis est à l'autre bout, dans un bureau de « L'Avenir Calédonien », une baraque en bois à moitié délabrée à la sortie de Nouméa où est installé le P.C. du F.L.N.K.S.

— Y a-t-il quelqu'un au bureau politique ? demande Nine.

— Non répond l'autre, mais j'ai à côté de moi Léopold Jorédié (un responsable du parti).

— Qui veux-tu voir ?

— Un membre du bureau politique. »

Jorédié va chercher Hubert Naoutchoue à qui Nine Wea expose les revendications d'Alphonse : « Le camarade Alphonse voudrait qu'un membre du bureau politique vienne à Ouvéa pour discuter avec lui. »

Silence au bout du fil. Visiblement le camarade Hubert ne veut pas se mouiller : « Dans l'immédiat, je ne peux pas dire oui, car je dois avertir tous les membres du bureau politique pour qu'ils puissent se réunir le plus vite possible. Rappelle dans l'après-midi. »

La conservation s'arrête là. Legorjus n'est pas déçu. Mais il aurait aimé que les choses aillent plus vite. Il appelle alors Wahuzue, à Lifou. Malheureusement, son interlocuteur lui dit que « Franck n'est pas là, parce que sur l'île il y a beaucoup de problèmes à cause des barrages ». Les heures passent. Le capitaine n'a pas avancé. Il faut aller rassurer Alphonse pour que, sur un coup de tête, il n'exécute pas un otage. Cette fois, l'hélicoptère se pose près de la grotte, sur une petite DZ qu'utilise l'Alouette chargée de ravitaillement. Le vieux Nine fait l'aller-retour. Le temps d'expliquer à Dianou les difficultés de joindre quelqu'un au téléphone. A 15 heures, Legorjus vient le rechercher. Mais au lieu de Fayaoué, l'hélicoptère se pose à Saint-Joseph. C'est à la mission que le général Vidal a installé son nouveau P.C., tout à côté de l'église surmontée d'un massif clocher carré et construite par le Révérend Père Pochon en 1912.

L'Etat-major a pris ses quartiers dans le presbytère qui donne sur la magnifique baie de Saint-Joseph. « Ou vous acceptez ou on vous réquisitionne », a dit le lieutenant-colonel Benson au curé, ancien lieutenant en Algérie devenu pro-indépendantiste. Le curé a accepté. Il est parti à Fayaoué. La salle à manger a été transformée en salle opérationnelle, le salon abrite la radio, et le général Vidal et le lieutenant-colonel occupent chacun une chambre. Celle du curé, ainsi que son bureau, ne sont pas « réquisitionnés ». Le prêtre les a fermés à clé avant de quitter sa paroisse.

Gossanah a retrouvé une vie normale. Le lieutenant-colonel Picard dresse la liste des dégats causés par la présence des militaires. En fait peu de choses. Cependant, les deux premiers jours, par manque de ravitaillement, les soldats ont puisé dans la coopérative. L'officier demande à Maki Wea de faire un inventaire de son petit magasin. Maki Wea estime son préjudice à 15 000 F. Il manque des chaussures, des seaux et dans son poulailler, vingt-quatre poules pondeuses sont passées à la casserole. Sa C.B. a, évidemment, disparu. On comprend pourquoi. Mais beaucoup d'objets présentent peu d'utilité pour un militaire en campagne. « Le problème, c'est que beaucoup de gens ont quitté la tribu quand nous nous sommes installés, explique un gendarme. Et comme un tiers de la population du nord de l'île est loyaliste, ils en ont profité pour régler leurs comptes et se servir. »

Legorjus, lui, ne se soucie pas de ces problèmes. Il joue une course contre la montre où la vie de plusieurs hommes est en jeu.

De retour à Fayaoué avec Nine Wea, il appelle à nouveau le bureau politique. L'ancien s'entretient avec François Jacquemen et lui expose les volontés d'Alphonse Dianou. Il demande quelle est la position du bureau politique dans cette affaire. « Le bureau politique ne peut pas prendre une position par rapport à ta demande », répond Jacquemen en langue de Iaaie. Il ajoute : « D'où tu téléphones ? ». « De la gendarmerie » répond le vieux. Jacquemen raccroche aussitôt.

Loin de se laisser décourager, Legorjus tente de nouveau sa chance auprès de Franck Wahuzue à Lifou. Cette fois, il l'obtient. « Alphonse Dianou m'a demandé de t'appeler parce que tu es le coordinateur de la mobilisation dans les îles », dit Mine Wéa qui a pris le combiné. Il voudrait que tu viennes à Ouvéa pour discuter avec lui. Au bout du fil, Wahuzue reste très vague. Il semble embarrassé qu'on veuille le mêler à cette histoire. A croire qu'il ne se trouvait pas là, quelques jours avant l'attaque, avec Alphonse Dianou. « Il faut que je vois ça avec le Bureau politique. Je ne peux pas te dire si je vais me rendre à Ouvéa. » La conversation s'arrête là.

Legorjus est très déçu. Il sent que la direction du F.L.N.K.S. répugne à se mêler de cette affaire qui, visiblement, le dépasse, ou tout au moins a pris un tournant dangereux. Avec la tuerie de Fayaoué Dianou a franchi la limite. La direction de son parti estime que se lancer dans des négociations dont l'issue n'est pas certaine constitue un trop grand risque politique. Dianou est devenu imprévisible. Accepterait-il même les conseils d'un membre du bureau politique ? Serait-il prêt à « faire marche arrière » maintenant qu'il a du sang sur les mains ? Le F.L.N.K.S. hésite à se « mouiller » dans l'affaire d'Ouvéa et Jean-Marie Tjibaou, qui ne bouge pas de son fief de Hienghene, ne condamne pas la prise d'otage, mais il semble tout de même qu'il a « pris le train en marche ».

Nouveau saut de puce en hélicoptère jusqu'à Saint-Joseph où Legorjus a la surprise de trouver le substitut Bianconi. Dans la grotte, un deuxième gendarme a été pris de convulsions semblables à celles de son camarade évacué la veille. Le courageux Bianconi a insisté pour qu'on transporte le malade chez un médecin. Dianou commence à avoir confiance en ce magistrat. Hier, quand il est sorti du cratère avec le premier malade, Antonin n'est pas revenu, mais lui oui. Et puis, « Philippe » a fait évacuer l'armée de Gossanah. Dianou a marqué des points auprès de ses hommes. Il ne les a pas embarqués dans une aventure sans issue, puisque les militaires et le substitut ont confiance en lui. Malheureusement, la radio est tombée en panne. Impossible de demander l'évacuation du malade. Bianconi propose alors de se rendre à pied à Gossanah, puis à Saint-Joseph, pour prévenir d'une part un médecin et, d'autre part, pour rapporter un autre poste. Le malade, Dianou s'en moque. La radio l'intéresse beaucoup plus. C'est un moyen d'élargir sa marge de manœuvre. Il autorise le substitut à quitter la grotte, à condition, bien sûr, qu'il promette de revenir. Récupéré par les gendarmes qui encerclent la grotte, le substitut est amené en Jeep à Saint-Joseph. Après un rapide briefing du général, il apprend que Legorjus tente de joindre les dirigeants du F.L.N.K.S., sans résultat jusqu'à présent. Malgré tout, l'affaire se présente déjà mieux. Avant de retourner dans la grotte, avec un nouveau poste, le substitut s'arrête, avec le colonel Picard, à Gossanah.

Les deux hommes font une coutume et Bianconi se lance dans un discours de réconciliation où il remplace les mots Nouvelle-Calédonie par Kanaky. « Il faut qu'on essaie de négocier, de voir, de décider ensemble pour qu'il n'y ait pas de sang qui coule encore, dit-il. Et pour les revendications, les nôtres et celles des gendarmes, je ne pourrai pas satisfaire tout le monde. Il y a des revendications chez vous dont on ne va pas tenir compte, mais il y en a d'autres chez les militaires ou les gendarmes dont on ne va pas tenir compte non plus. Donc que chacun essaie de faire un effort pour qu'on arrive à un compromis. Je vous promets qu'après les événements, je reviendrai dans la tribu, à la chefferie, pour faire une grande coutume avec votre grand chef. » Le substitut embrasse solennellement le grand chef et quitte Gossanah pour retourner à la grotte.

Quand Bianconi retrouve Dianou, l'état d'esprit des ravisseurs a changé. Ils ne sont plus d'accord pour laisser partir le malade. Ils craignent une supercherie et redoutent que les otages, frappés d'une épidémie imaginaire, quittent un à un la grotte. Alphonse ne veut pas se défaire de ses otages : « Plus j'en ai, dit-il, plus j'ai de familles en France qui se manifestent et plus j'ai de vies humaines entre les mains. »

Le capitaine Legorjus a lui aussi réintégré la grotte. Il fait part à Alphonse de ses difficultés à joindre des gens à Nouméa. « Quant à téléphoner à Paris, c'est impossible, dit-il, la ligne est brouillée. Pour appeler en France, il vaudrait mieux que j'aille à Nouméa où les communications sont bonnes. » Dianou a en effet demandé à « Philippe » de prendre des contacts à Paris pour l'envoi d'un négociateur. Le capitaine n'a-t-il pas affirmé qu'il est mandaté par la Direction de la gendarmerie pour voir avec lui comment on peut sortir de cette histoire. Mais le souci de Legorjus pour l'instant, c'est d'essayer de dédramatiser, d'apaiser la tension des ravisseurs et de otages. Il s'inquiète de celui qui n'a pas mangé, d'un autre qui est malade. Il rassure les gendarmes mobiles qui s'inquiètent de leur sort. Les hommes reprennent espoir.

Le fait que l'hélicoptère apporte à manger, à boire et du tabac, aide les otages à mieux supporter leur condition. Les cigarettes vont jouer un rôle capital. La veille au soir, au moment où Legorjus quittait la grotte, l'une des sentinelles du clan portier lui avait dit : « Ne te retourne pas, je vais te foutre deux balles de Famas dans le dos. » C'est à ce ravisseur qu'il a donné des cigarettes en premier. Par la suite, le gardien, touché par ce geste, se montrera d'une grande gentillesse alors qu'il était l'un des plus hargneux.

Le 28, Dianou affiche une attitude tout à fait différente à l'endroit de « Philippe ». Il est moins agressif. Peut-être parce que des jeunes de Gossanah viennent lui expliquer que l'armée est en train de partir, que les gens ont retrouvé un semblant de vie, et qu'ils ont pu aller chercher leurs bêtes qu'ils n'avaient pas traites depuis six jours...

Plusieurs fois, Legorjus tente de prendre contact avec le F.L.N.K.S., depuis Fayaoué. C'est le seul endroit de l'île où l'on peut téléphoner. En fait, il cherche à obtenir l'autorisation de Dianou de se rendre à Nouméa où il est plus facile de rencontrer des responsables du F.L.N.K.S. qui, de toute évidence, hésitent à venir à Ouvéa. Alphonse commence à comprendre qu'il faut aller traiter cette affaire ailleurs si on veut sortir de l'impasse.

Entre les deux hommes, se noue quelque chose qui ressemble à de la sympathie. C'est ce que Legorjus, fin psychologue, souhaite. Il interroge Dianou sur sa vie, sur ses études de théologie. Il est frappé de voir que les seules réminiscences que Dianou garde du séminaire constituent un système assez simple. Si pour lui la relation du Père et du Fils reste fondamentale, le plus important est qu'un dieu s'est fait homme, totalement homme. La religion chrétienne se réduit chez lui à une vision humaine, sans référence à un échelon divin. Legorjus essaie de lui faire comprendre qu'il existe autre chose dans la religion, la relation d'amour entre le Père, le Fils et le Saint-Esprit, ce qui permet à l'homme de se lier au divin. Là, Dianou se fâche, car il n'est pas d'accord. Pour lui cette analyse est aberrante, parce qu'elle va à l'encontre de la culture et de la tradition mélanésienne. Mais il supporte désormais la contradiction. Il prend même plaisir à parler devant un interlocuteur qui l'écoute attentivement. Il discute pied à pied, point par point de l'aspect « technique » de la religion. Il est d'origine catholique mais sans cesse il se réfère à la tradition mélanésienne, aux anciens, à la terre, à la coutume. C'est ainsi qu'il lui raconte que l'un de ses hommes a décidé de dormir de l'autre côté de la grotte parce qu'un esprit lui avait attrapé le pied, car le terrain appartient aux ancêtres d'Antonin.

Chapitre 11

LES DIEUX PROTÈGENT LES CANAQUES

Alphonse Dianou semble toujours croire en Dieu. Mais il mélange sa foi avec la croyance mélanésienne, y emprunte de rites secrets de sorcellerie. Un monde mystérieux où les Blancs ne pénètrent jamais, même les prêtres pourtant proches de la population. Eliane Métais, dans sa thèse sur la sorcellerie canaque, analyse très bien le « double jeu » des Canaques par rapport à la religion : « Le missionnaire catholique blanc vient dire sa messe le dimanche à la chapelle, confesse, baptise, donne la communion, marie, enterre, mais les problèmes, les luttes, les perturbations sociales du peuple canaque, il les replace difficilement dans le contexte social global indigène. Son rôle, sa formation, lui font éviter le mépris, le dédain ou l'indifférence des laïques, mais penché uniquement sur le problème de la foi et poussé exclusivement par la nécessité de conquérir les âmes de Dieu, il reste enfermé dans une certaine vue du Canaque, du païen à convertir, du converti à soutenir ».

« En effet, au lieu de s'appuyer sur la structure de pensée religieuse totémique et ancestrale de l'autchtone pour évangéliser, l'Eglise catholique a, d'emblée, rejeté comme idolâtres, ce qui n'était que des formes archaïques de religion. Aussi a-t-elle souvent très peu touché en profondeur, comme en nombre, les indigènes de la région examinée. De plus, elle a visé surtout à propager l'observation des pratiques religieuses (offrandes, prières en commun) et voulant amener le Canaque à penser chrétien sans prendre appui sur sa tradition millénaire, elle n'a obtenu qu'un curieux et invraisemblable placage de catholicisme sur le paganisme. »

Les prêtres étant en nombre insuffisant, ce sont des catéchistes qui enseignent la religion « à leur manière ». « Ces catéchistes sont choisis par le Père parmi les familles les plus anciennement baptisées ou parmi ceux qui fréquentent le plus régulièrement l'office, poursuit Mme Métais. Ils ont un rôle élémentaire : explication naïve du catéchisme, récitation collective de « chapelets ». Leur formation religieuse est superficielle. Ils ont pour eux le bon sens et la bonne volonté. Mais ils « pensent » toujours canaque, parce qu'ils sont enfants de la tribu et vivant toujours parmi elle, participent à tous ses remous. Ils n'osent tout expliquer aux missionnaires parce qu'ils se savent incompris et quand il les renseignent, ce n'est toujours qu'imparfaitement, justement parce qu'ils vivent une situation double et ne peuvent ni la dominer assez pour en représenter tous les détails, ni s'en détacher pour la juger impartialement. »

Dans la lutte d'influence que se livrent, depuis plus d'un siècle, l'Eglise catholique et la protestante, cette dernière semble « marquer » des points en s'appuyant sur la pensée religieuse traditionnelle. Après que les pasteurs ont, en langue haïlou (le dialecte autochtone le plus répandu) reçu une formation religieuse très fournie, ils manifestent toujours à la sortie de l'école beaucoup de dynasmisme et une grande foi. Mais, « replongés dans leur communauté de " race ", ils y retrouvent leurs parents et leurs croyance anciennes ; ils retournent progressivement à leur culture, plus difficilement s'ils sont originaires d'une tribu éloignée, parce que la communauté canaque est essentiellement communauté de territoire, de parenté et d'histoire, explique le professeur Métais. De plus, ils conservent, pour la plupart, plantes et cailloux, leur conférant une vertu divine chrétienne pour guérir et peu savent élargir leur rôle et comprendre le sens même de leur fonction dans la tribu et ce qu'elle attend d'eux ; ils président à la prière, préparent les fêtes du cycle de l'igname, etc. Ils ont une grande activité, mais ils ne peuvent regrouper la tribu autour de leur église et essayer de redonner un moteur à une unité, à la société disloquée. Cependant, s'ils se sentent désignés comme sorciers ou si l'un de leurs parents l'est, ils se coupent du groupe racial et ils réagissent en pasteurs, cherchant refuge auprès du groupe religieux dont ils font partie, obligeant la mission blanche à intervenir pour eux, comme la tribu, lorsque leur seule intervention ne suffit pas ».

On comprend mieux pourquoi Dianou semble avoir oublié ses études de théologie. S'il s'est éloigné de la religion chrétienne, c'est aussi parce qu'elle le dépossédait de son pouvoir et de son prestige de chef traditionnel, qu'il a recouvrés en prenant la direction de l'attaque de Fayaoué.

« La conversion de nombreux indigènes a provoqué un affaiblissement du pouvoir du chef. Dans la tradition, tous les dieux protecteurs des clans, des familles de sa tribu, tous les dons accordés par les vieux de l'au-delà à ses sujets appartenaient collectivement à sa tribu et à lui, chef, en particulier. Ils consolidaient son pouvoir politique, celui de justicier et de gardien de la morale. Or, voici que le dieu nouveau échappe à l'espace géographique ; il a ses prêtres qui tentent de constituer un groupe d'indigènes convertis et se soustraient volontairement à la tutelle du chef, à son autorité, à ses sanctions, reconnaissant comme seuls maîtres les prêtres blancs. »

« Le missionnaire et le pasteur apparaissent au chef comme les possesseurs d'une autorité qui bat la sienne en brèche. Et si, à la rigueur, il peut admettre qu'à son pouvoir échappe maintenant tout l'aspect religieux nouveau, il ne peut concevoir que quelques-uns des sujets de sa tribu [...] pensent canaque, réagissent comme tous et puissent cependant rejeter délibérément ses décisions et celle du Conseil des Anciens, sanctions prises pour le bien-être même de la tribu. »

Cette méfiance envers la religion chrétienne, Alphonse Dianou l'exprimera quelques jours plus tard, le dimanche 1er mai, quand à l'initiative de Bernard Pons, Monseigneur Calvet, l'archevêque de Nouméa, débarquera à Ouvéa pour tenter d'entamer le dialogue avec lui. La réponse de Dianou que Bianconi transmettra sera brève : « Vous avez qu'à envoyer votre évêque. Il va faire pénitence au fond de la grotte et il s'en rappellera ! ».

Si Dianou plaisante avec l'archevêque, en revanche, comme la majorité des Mélanésiens, il devient très sérieux dès qu'il s'agit des ancêtres et de leurs sépultures. Ce n'est pas nouveau. Au siècle dernier, le ministre de la Marine demandait une enquête sur la grande « insurrection canaque de 1878 » pour arriver à connaître les raisons qui avaient poussé les Indigènes à commettre, tout à coup, des massacres, des actes de sauvageries auxquels ils semblaient avoir renoncé. Ce rapport adopté, entre autres, par un Monsieur Pons (ironie de l'histoire), chef du service judiciaire, et qui faisait partie de la Commission d'enquête, soulignait déjà l'importance que revêtent les cimetières aux yeux des Mélanésiens. « Les indigènes ont un profond respect pour les cimetières qui renferment les corps de leurs ancêtres. On s'occupe peu de ce sentiment qu'on retrouve pourtant chez tous les peuples. Un M. Lécart, dont le nom revient souvent et contre lequel il a paru urgent, heureusement, de faire une enquête judiciaire, ne respecte même pas le lieu de sépulture de la famille du Chef Ataï (le meneur de la révolte) qui nous a toujours été hostile, et qui a toujours eu vis-à-vis de nous une arrogance qui aurait dû faire ouvrir les yeux à l'Administration », peut-on lire dans ce rapport centenaire. Il y fait exécuter des fouilles par des condamnés qui lui sont dévoués, par le nommé Pottier entre autres, aujourd'hui évadé et qu'on n'a pas encore retrouvé, il y prend des têtes de mort, des haches en serpentine, des tabous ou fétiches en bois sculpté qui sont envoyés à Paris [...]. Cette violation des sépultures de la tribu des plus grands chefs n'est-elle pas venue ajouter un appoint à tous les griefs que les indigènes avaient déjà contre nous ? On ne peut en douter. Non seulement leurs terres étaient prises en grande partie, leurs cultures étaient ravagées, mais les ossements des leurs étaient jetés au vent. Il n'en fallait pas plus pour s'attendre d'un moment à l'autre à un soulèvement et pourtant personne ne songeait à prendre quelques précautions. »

Lorsque le deuxième gendarme est tombé malade, les ravisseurs ont commencé à se poser des questions. En se réfugiant dans cette grotte sans l'autorisation d'Antonin, ne sont-ils pas venus troubler le repos des « anciens » ? La maladie des gendarmes n'est-elle pas un signe, la manifestation du mécontentement de ces ancêtres ? Après moulte discussions, le conseil décide de prendre des mesures. Surtout qu'un élément nouveau est intervenu.

Pour leurs besoins naturels, les otages utilisent le fond de la grotte. En 48 heures, une odeur épouvantable s'est répandue dans ce lieu clos, dépourvu d'aération. Les ravisseurs ne manquent pas d'interpréter cette pestilence comme un nouveau signe du courroux des ancêtres qui sont enterrés dans le sol sacré, et que les excréments ont souillés. Ils estiment que le tumulus qui se dresse au fond du trou entre deux stalagmites, est composé de l'accumulation des corps des défunts au cours des siècles. Désormais, les otages devront faire leurs besoins à l'extérieur de la grotte, sous la surveillance d'un gardien. Quelques Canaques vont jusqu'à ramasser, à l'aide de feuilles et de branchages, les excréments des otages et à nettoyer le tumulus. Les gendarmes mobiles se réjouissent de ce changement. Non seulement, les mauvaises odeurs se dissipent dans la grotte, mais ils pourront aussi se dégourdir les jambes. Ils ne sont d'ailleurs pas étonnés par l'étrange comportement de certains ravisseurs qui viennent prier avec du tabac plié dans un morceau d'étoffe en offrande, devant le portrait grossier d'un homme barbu dissimulé derrière les racines du grand banian qui pousse dans l'entrée. Pour les Canaques la vie ne s'arrête pas après la mort. Le défunt, doté de pouvoirs extraordinaires, reste présent parmi les vivants. C'est pour cela que Dianou a choisi cette grotte, ainsi qu'il l'a expliqué à Legorjus au cours de leurs longues discussions. « Ici, tout est magique, tout est sacré, dit-il. Les rochers, les arbres, les feuilles. Tout est magique à cause des ancêtres qui reposent ici. »

« Lorsqu'un indigène est mort, écrit le Révérend Père Lambert dans son étude sur les mœurs et les superstitions de Nouvelle-Calédonie, on va accroupir son cadavre dans la montagne ou dans un fourré, avec toutes les cérémonies d'usage. Un an après, a lieu une autre cérémonie solennelle, appelée “ Ouaré mat ”. On va chercher le crâne du mort pour le déposer dans un cimetière, ordinairement assez rapproché de la case paternelle. Nous pouvons, avec plus de justesse, dénommer ce second cimetière le reposoir des crânes. C'est là, en effet, que viennent se ranger, les uns après les autres, tous les crânes de la famille car chaque famille a son cimetière, et, de plus, un certain nombre d'arbres réservés aux diverses pratiques du culte des morts. »

« Le rôle que les naturels font jouer à l'âme des chefs est vraiment imposant, poursuit l'auteur qui a su si bien décrire l'imaginaire canaque qui encourage Dianou à se croire invincible. A la mort d'un chef, son âme, après avoir visité Tsiabiloum, revient à Nit, petit îlot qui s'élève en Iandé et Art. C'est sous cet îlot que nos indigènes placent le pays sous-marin qui sert de demeure aux âmes des chefs. On ne s'approche de ce rocher qu'avec une très grande réserve, et chargé de présents. Si on doit passer devant l'îlot sans y aborder, on dépose, à la mer, un petit flottant surmonté d'un « aianli » : on se courbe, on s'abstient de parler et de manger. Ceux qui passent pour la première fois devant Nit, les femmes surtout, se cachent dans l'embarcation, en se couvrant de nattes et de manteaux. »

« La mort d'un chef entraîne parfois, pour la tribu, des prescriptions très rigoureuses. Ainsi, il est défendu de toucher aux plantations et aux cocos réservés pour les fêtes funèbres. Si l'on venait à violer ces défenses, et si les violateurs n'étaient pas immédiatement châtiés par les chefs vivants, les chefs morts entreraient en fureur, s'élèveraient dans les airs et frapperaient eux-mêmes les coupables et la tribu tout entière. C'est pour cela que l'on appelle les orages " niiou-ma " ou " téa-ma ". Les éclairs ne sont autre chose que le terrible clignement des yeux du chef, le bruit du tonnerre est le grondement de leurs voix, et les sillons de la foudre sur les arbres et les rochers sont les traces de leurs ongles. Lorsque l'orage dure trop longtemps, les chefs vivants, ou, à leur défaut, les vieillards vont faire des prières et des sacrifices auprès des crânes vénérés des chefs, afin d'apaiser leur colère et d'écarter les malheurs qui menacent le pays. Tous les hommes sont convoqués et doivent apporter des vivres que l'on met au four pour faire un repas sur une dépendance du cimetière, lieu désigné pour les sacrifices. On choisit la part des chefs morts, et on la dépose à côté de leurs crânes en criant : " Je dépose cette part auprès des chefs, afin qu'ils effacent la tache dont nous sommes flétris. Eloignez-vous de nous ". »

Le capitaine Legorjus dissimule sa perplexité quand Dianou lui offre une, puis deux, puis trois feuilles qu'il a délicatement détachées de plusieurs arbustes. « Tu sens comme elles ont des goûts différents, dit-il. Chacune possède des propriétés magiques que seuls les vieux qui viennent ici connaissent. »

Dianou ne bluffe pas Legorjus en lui faisant mâcher des feuilles. Il essaie de l'éduquer, de lui faire comprendre, à travers cette leçon de chose, le bien-fondé de son action. Ces pratiques sont en effet courantes dans les tribus même si elles se déroulent rarement devant un étranger.

« Dès qu'un membre de la famille tombe malade, un de ses parents, jamais un étranger, est désigné pour faire sur lui les insufflations magiques qui doivent le guérir, écrit encore le Père Lambert. L'insufflateur se rend d'abord au cimetière paternel et dépose, auprès des crânes des ancêtres, des feuilles de canne à sucre, en disant : " Je dépose sur vous ces feuilles pour aller souffler sur notre parent malade, afin qu'il vive. " De là, il se rend au pied d'un arbre de la famille et y dépose d'autres feuilles de canne à sucre : " Je dépose ces feuilles, dit-il, auprès de l'arbre de mon père et de mon grand-père, pour que mon souffle ait la vertu de guérir. " Il prend ensuite quelques feuilles de l'arbre ou un morceau d'écorce, broie cette matière entre ses dents, et vient prodiguer au malade ses insufflations humectées de salives et saturées de poussière d'arbre. Si c'est une femme qui a été chargée de remplir ce ministère, elle se contente d'aller s'inspirer auprès de l'arbre de famille, car il est interdit aux femmes d'entrer au cimetière » [...]

« On accomplit des cérémonies à peu près semblables avant de planter un champ, pour obtenir, par les crânes des ancêtres, de bonnes récoltes, et qu'il y a des familles réputées pour avoir la puissance de faire la pluie, la sécheresse, le vent, la tempête, précise le R. P. Lambert. L'une préside à la guerre, l'autre aux voyages ; celle-ci donne la maladie et la mort, celle-là la santé ; une autre sème la zizanie, etc. Tout cela se fait avec des paquets à sortilèges, manipulés dans les cimetières, au milieu de simagrées dont la longueur lasserait la patience la plus exercée. »

L'ancien séminariste Dianou utilise la langue de bois des mauvais révolutionnaires du tiers-monde, où le mot « impérialisme » se retrouve toutes les deux phrases. Il aura pourtant suffi qu'il se retrouve dans cette grotte sacrée pour que, comme les pasteurs protestants canaques lâchés dans leurs tribus, il renoue avec ses croyances anciennes et les dieux protecteurs de son peuple. Il se croit invincible. Il l'a déjà dit à Legorjus : « Tire-moi dessus au Famas et tu verras que les balles ricocheront sur ma poitrine. Ici, je ne risque rien. Si tes avions me bombardent, leurs bombes remonteront au ciel et détruiront les appareils ! » Il n'a tout de même pas mis sa proposition à exécution en donnant une arme à Legorjus.

Dianou se veut un chef, un grand chef de guerre. Il fait régner une discipline draconienne chez ses hommes. Gare à celui qui ne prend pas son tour de garde, gare à celui qui a posé son arme ou qui s'est endormi ! C'est la sanction immédiate : corvée de balai ou tour de garde supplémentaire. Les hommes démontent et nettoient les armes fréquemment comme de vrais soldats professionnels, ce que certains sont à moitié. Ce n'est pas en effet en Libye qu'ils ont appris le maniement. Le seul du commando qui a fait un séjour à Tripoli a surtout suivi des cours de théorie révolutionnaire. C'est dans les casernes françaises que les ravisseurs ont reçu leur instruction. Démonter un Famas, un pistolet Mac 50, un fusil Mas 36, ou un 49-56 ne leur pose aucun problème. Ils ont appris à se servir de ces armes pendant leur service militaire. Beaucoup ont « fait leurs douze mois » au R.I.M.A.P., le Régiment d'Infanterie de Marine du Pacifique, une unité où l'on pratique un entraînement poussé. Leur parfaite acclimatation (ils ne craignent pas la chaleur) et leur excellente connaissance du terrain (ce sont naturellement des broussards) en font d'excellents guérilleros motivés idéologiquement par la cause de l'indépendance. Enfin, Dianou et ses hommes ne craignent pas la mort parce qu'ils considèrent qu'ils sont protégés par le pouvoir des ancêtres.

« Ces âmes communiquent avec leurs descendants ou avec ceux qui sont initiés aux secrets de la famille écrit le Père Lambert. L'esprit qui apparaît prend le nom de Diaoua, et ceux à qui il apparaît le nom de pouala Diaoua, que l'on peut traduire aussi par évocateur. Les pouala Diaoua, au moyen de certaines formules cabalistiques et de certains sacrifices, peuvent faire apparaître les Diaoua, les consulter sur l'avenir, sur l'issue d'une guerre, sur une affaire secrète, et peuvent faire mourir qui bon leur semble. » « L'évocateur est redouté, consulté, comblé de présents, comme un homme qui tient dans sa main la vie de ses semblables ; car le pouala Diaoua a aussi le pouvoir de conserver la vie à ceux qui, frappés par Diaoua, sont condamnés à mort. » Ces hommes ont des pouvoirs quasiment illimités. Grâce à des concoctions magiques, ils peuvent « endormir l'ennemi au moment du danger, l'éblouir, lui ôter le courage, se rendre invincible, connaître les périls, voir à l'avance l'heureux résultat de la guerre, etc. ».

Baigné par ces récits extraordinaires, que les Mélanésiens se transmettent de génération en génération, Dianou croit qu'il va rentrer à son tour dans la légende, telle que la décrit le Père Lambert : « Si l'on veut obtenir qu'un ennemi soit blessé de façon à ne pouvoir prendre la fuite, il faut se procurer l'os de la jambe d'un guerrier de la tribu ennemie, introduire dedans quelques herbes particulières, puis aller en cérémonie le briser entre des pierres en face des crânes des ancêtres. En temps de guerre, on se munit toujours de ces sortes d'amulettes. » Ou bien si « le combat s'engage et aussitôt qu'il y a un ennemi tué, on ouvre son cadavre. S'il y a plusieurs morts, on ouvre un cadavre, on en arrache le cœur pour l'offrir en sacrifice au dieu Lolonn dans le cimetière où l'on a fumé les amulettes. On rallume le bûcher et le sacrificateur y jette le cœur de l'ennemi en prononçant ces paroles : « Anlabouaouak nale anla Lolonn. (Sacrifice aux dieux de Lolonn !) »

Les épopées des grands guerriers canaques ne manquent pas. Les attaques contre les Blancs furent parfois sanglantes. L'équipage d'une corvette de guerre chargée d'une exploration sur les côtes de la Nouvelle-Calédonie en 1880, passa de vie à trépas parce que M. D'Harcourt, le commandant, avait eu la mauvaise idée de jeter l'ancre en face du territoire des Daiéma. Les restes sanglants des malheureux marins furent portés jusqu'à la tribu pour « y servir au sacrifice et au repas des sacrificateurs ».

Pendant des siècles, ce sont surtout entre elles que les tribus, dont l'animosité ancestrale est encore vivace aujourd'hui se sont affrontées. A la fin du siècle dernier, ces luttes ont ensanglanté Ouvéa. Des guerres fratricides, compliquées d'alliances particulièrement subtiles, car la plus septentrionale des trois grandes îles Loyauté a la particularité d'avoir accueilli des populations venues des Wallis et des Samoas. Ouvéa est en effet le nom du village d'Uvéa aux Wallis. Le travail ethnographique de Mrs Hadfield, ethnographe et femme d'un pasteur anglais, a raconté la légende de cette immigration. « Un certain nombre d'habitants de l'île Wallis construisaient des pirogues au moyen de leurs haches indigènes habituelles, faites de pierre aiguisée et fixée de façon peu solide à un manche de bois. Une de ces pierres se détacha pendant qu'on travaillait à la coque, sauta et frappa le fils d'un chef. Les ouvriers furent remplis d'horreur, sachant que leurs vies étaient en danger. Ils décidèrent de s'enfuir avec leurs femmes et leurs enfants, embarquant, aussi vite que possible, dans deux pirogues qui étaient sur le sable. Alors que la seconde pirogue s'éloignait, un vieil homme les appela de la plage et leur dit : « Quand vous serez loin de terre vous remarquerez sans aucun doute un poisson de taille nageant devant votre pirogue ; suivez-le partout où il ira. Lorsque vous approcherez d'un rivage lointain, vous verrez les feuilles d'une certaine plante flottant sur l'eau. Observez alors le poisson ; s'il nage autour des feuilles, suivez-le, mais n'abordez sous aucun prétexte ; s'il saute par-dessus, vous pourrez aborder en sécurité. »

Les immigrants gagnèrent d'abord la petite île Ounès où ils formèrent la tribu de Téouta. Ils devaient par la suite s'installer dans le nord de l'île, d'où sont issus une bonne partie des ravisseurs. Depuis sept ou huit générations (à la fin du XVIIIe siècle), le métissage a fait que le type polynésien des premiers immigrants a à peu près disparu mais les traditions demeurent. C'est par Mekelo, le principal des chefs wallisiens établis à Ouvéa, que passent, ce qui est rare, les relations cérémonielles avec Lavuela, le roi de Wallis.

Dans les guerres tribales entre les trois chefferies mélanésiennes que comptent l'île, les clans wallisiens ont été parfois utilisés comme auxiliaires militaires. Fait du hasard ou réminiscence ancestrale, Dianou a choisi pour second Wenceslas, grand et fort comme un Polynésien, et qui porte le nom de Lavelloi, un nom presque semblable à celui de Lavuela, le roi de Wallis.

Et si le grand chef Bazit de Weneky, qui dépêcha Antonin pour aider les gendarmes à trouver la grotte, entretient peu de rapport avec Gossanah ou Téouta, distants d'une dizaine de kilomètres, c'est parce que sa tribu est loyaliste et catholique, par opposition aux autres tribus du nord, F.L.N.K.S. et protestantes, mais surtout parce que, au siècle dernier, elles avaient fait alliance avec Weneiguei chef de la tribu de Fayaoué. Les guerres entre Bazit, nom administratif de Bahit, et Weneiguei sont encore très présentes dans les esprits à Ouvéa. Bazit l'emporta en 1856, peut-être à cause de son origine surnaturelle et de celle de sa fille, Cian, qui épousa le Soleil sur l'îlot de Seuné Oüdet. Poursuivi par Bazit, Weneiguei s'enfuit en pirogue avec des rescapés de la bataille. Mais l'embarcation, trop chargée, sombra, et Weneiguei et les siens furent massacrés en arrivant à terre et « immédiatement mis au four ».

Longtemps isolés, les habitants d'Ouvéa ont conservé une authenticité qui a surpris plus d'un Européen. Fritz Sarasin, un Suisse de langue allemande, naturaliste de son état, n'a visiblement pas gardé une bonne impression de cette île enchanteresse. Il débarque pour une semaine, du 11 au 17 mai 1912 sur l'île et, dans son récit de voyage, il note avec des commentaires qui laissent parfois rêveurs, que « les plantations de cocotiers qui s'étendent surtout le long des côtes ont apportés aux habitants d'Ouvéa une certaine aisance ; l'argent leur tombe pour ainsi dire du ciel, presque sans travail, et le marchand européen qui désire acheter du copra doit parfois se faire le serviteur humble et poli de ces insulaires pour obtenir à bon compte, ou seulement à meilleur marché que son concurrent, le précieux produit. En outre, la lagune, tranquille et peu profonde, offre aux Ouvéens une source inépuisable de ravitaillement. Ces conditions d'existence si faciles n'ont cependant pas eu une influence favorable sur leur caractère. S'ils sont, d'un côté, capables de construire des églises qui leur coûtent jusqu'à 100 000 F., ils sont, d'autre part, devenus arrogants envers les Blancs. Le missionnaire européen lui-même ne semble plus compter pour beaucoup, à en juger par la manière dont ils s'exprimaient à son égard ; les instituteurs indigènes, anciens élèves du missionnaire, ne laissent pas de se croire, eux aussi, égaux à leur maître. »

« C'est ainsi que les gens d'Ouvéa nous sont apparus comme les moins sympathiques de tous les Loyaltiens, mais, étant donné notre court séjour dans cette île, il est possible que nous ayons pu nous tromper ».

Les Canaques d'Ouvéa ne sont pas toutefois très différents de leurs frères de la Grande Terre. Alors qu'en Métropole, l'attaque de la brigade de Fayaoué provoque la stupéfaction, car ce serait la première fois que les Canaques prennent d'assaut une gendarmerie, l'histoire de la Nouvelle-Calédonie prouve que ce n'est pas le cas. Depuis l'arrivée des premiers colons sur l'île, on ne compte plus les attaques contre les postes militaires. Bien souvent, la tactique est la même. A l'image des Chiites ou des Druzes, les Canaques pratiquent l'art de la dissimulation pour surprendre l'adversaire. C'est l'artifice qu'ont utilisé ceux qui ont attaqué la brigade de Fayaoué. Des Mélanésiens connus des gendarmes entrent dans la brigade sous un faux prétexte pour préparer leur action et donner le signal de l'assaut à ceux qui attendent à l'extérieur. Tactique semblable à celle de l'attaque de la gendarmerie de la Foa pendant l'insurrections des tribus canaques des circonscriptions de Bouloupari à Koné les 26 et 27 juin et 11 septembre 1878.

Un rapport rédigé à l'époque par des colons décrit ces attaques qui firent 140 victimes. « Pendant le repas, un Canaque appelé Paita, qui souvent venait à la mission, se présente à la porte de la salle à manger, dépose ses armes sous la varande et entre. Après avoir dit bonjour à tout le monde, il reçoit en remerciant une tablette de tabac que lui donne M. Leca, et aussitôt il part en disant qu'il va se promener (...). M. Leca (...) l'accompagne jusqu'à la porte (...) Au moment où ils arrivent à la porte, M. Leca aperçoit sur la plate-forme du camp un nombre considérable de Canaques, tous armés de haches, casse-tête, sagaie. »

« En donnant une poignée de main à son visiteur, M. Leca lui demande ce que font ces Canaques. « Ils viennent avec moi, répondit-il, parce qu'ils savent que les chefs sont là. » L'attitude des indigènes frappe M. Leca : ce ne sont pas là leurs allures ordinaires : ils sont silencieux et d'après ses propres expressions, ils ont une figure sinistre. »

« Sans hésiter, il prend immédiatement des mesures pour repousser une attaque si elle vient à se produire. Cette attaque est pour lui imminente. »

« Un kiosque, servant de salle à manger, se trouve à l'extrémité de la plate-forme : les surveillants y prennent leur repas. Il les rejoint et leur donne l'ordre de se retirer dans la salle où sont déposées les armes pour parer à toute éventualité : il leur recommande de ne pas passer au milieu des indigènes et de gagner la pièce désignée en contournant le bâtiment. »

« Il opère le mouvement indiqué, mais en arrivant en face de la plate-forme, il voit un spectacle horrible : les deux surveillants Macquin et Geslaud, moins perspicaces que leur chef, n'ont pas partagé ses craintes, ils ont traversé la plate-forme et sont déjà assassinés. »

« M. Leca lui-même, en voulant pénétrer dans la pièce où sont les armes, voit immobile à la porte, la hache levée, un indigène qui va le frapper. Il le tue d'un coup de revolver et entre. »

« Une porte enclouée séparait le surveillant Leca de la salle à manger où se trouvaient sa famille et M. Henderson. Il l'enfonce. Que voit-il ? M. Henderson haché, sa femme et ses enfants massacrés et trois indigènes qui terminent leur horrible besogne (...). »

« Par deux ouvertures qu'il pratique aux portes, il fait feu (...) et bientôt les Canaques, au nombre de cent cinquante, reculent devant cet homme qui se multiplie. C'est là une lutte qui n'est pas dans les habitudes des Canaques : l'assassin ne combat pas, il surprend, il incendie. C'est ce que fait la bande dirigée par la même Paita qui tout à l'heure est venu donner la main à ceux qu'il massacre maintenant. »

« Le capitaine Henri Rivière, commandant de « Lavire », lui, a mené la répression après l'insurrection de 1878. Il s'agit d'un témoin direct. Ce qu'il n'a pas vu de ses yeux est décrit sur la foi des rapports de ses subordonnés qu'il livre en 1881 dans un ouvrage : « Impressions de Nouvelle-Calédonie. »

« D'ailleurs, chose étrange, les Français qui avaient des Canaques à leur service n'ont jamais douté d'eux, jusqu'à ce qu'ils aient reçu un coup de hache. »

« La plupart des blessés sont évanouis, les autres gémissent ou délirent. Les blessures presque toutes au crâne ou à la nuque, sont de profondes entailles de coups de hache ou de bec d'oiseau. Tous ces gens-là ont été frappés par derrière, au moment où ils ne s'y attendaient pas, par des Canaques qu'ils connaissent. »

Il ajoute : « Cette révolte soudaine, si secrètement ourdie que personne ne s'en était douté, ce large assassinat prompt et simultané de cent personnes — c'est à ce nombre qu'on évaluait déjà les victimes — les bandes qui couraient la brousse et qui s'étaient présentées, à plusieurs centaines d'hommes, devant Teremba, pouvaient faire croire pour la nuit ou pour l'aube à une redoutable entreprise. » L'officier insiste sur la rapidité d'action des Canaques.

« Maréchal part (pour Moindon). Il est à peine cinq heures et demie que je reçois de ses nouvelles. Les francs-tireurs n'ont mis que trente-cinq minutes à parcourir huit kilomètres ; d'ailleurs à leur arrivée tout était terminé. Les Canaques n'avaient fait qu'une irruption rapide aux abords de Moindon. Ils avaient surpris et massacré dans les champs, sur place, six colons, brûlé quelques paillotes et avaient disparu. Les colons du village, pris au dépourvu, s'étaient réunis en armes, trop tard. »

Cent dix ans plus tard, Alphonse Dianou serait-il la résurrection du grand chef Ataï qui mena la plus importante révolte de Nouvelle-Calédonie ? Après ses succès contre l'armée française, Alphonse s'imagine peut-être que l'esprit d'Ataï le protège parce qu'il l'a reconnu en lui les qualités d'un grand chef de chef de guerre. C'est tout au moins ce qu'il doit se dire au cours de l'une des nombreuses bouffées délirantes qui le submergent plusieurs fois par jour. Il s'adresse à ses hommes sous le banian de la grotte, comme Ataï avait harangué aussi ses troupes sous un autre banian, aujourd'hui disparu, au bord de la rivière de la Fouwhary. Le motif du courroux du chef Ataï, c'était le Blanc, « ruine de notre peuple qui ont toutes nos terres entre ses mains » et dont « les bêtes à cornes piétinent les tombes de nos ancêtres » ; En fait, Ataï est furieux parce qu'une fille de son village a été enlevée par un Blanc. Après l'attaque de Bouloupari où trente hommes sont tués par les rebelles, Nouméa craint d'être assiégée.

Ataï paraît invincible. Comme Dianou. Mais trop, c'est trop. L'armée emploie les grands moyens. Et ce qu'Alphonse a peut-être oublié, c'est qu'Ataï a été trahi par les siens, par le chef Nondo de Canala, qui mena les militaires, jusqu'à lui, par surprise.

Le capitaine Rivière décrit cette bataille de septembre 1878, un jour où le grand chef pensait, signe prémonitoire qui aurait dû alerter Dianou, qu'il ne se passerait rien :

« Le campement (d'Ataï) aux aguets pourtant, était sans défiance de la colonne. Il prêtait l'oreille à d'autres bruits d'un autre côté. Néanmoins, les Canalas (tribu loyaliste), saisis de crainte, se refusaient à attaquer. « Si vous ne voulez pas y aller avec nous, leur dit Gallet, nous irons tout seuls. » Cela les décida. Ce qui les décida surtout, c'est que les Canaques d'Ataï aperçurent les Blancs, s'enfuirent alors précipitamment et abandonnèrent leur chef. Ataï resta seul avec son fils, son takata (un sorcier nain, jouant à la cour d'un chef, le rôle du fou du roi) et les quatre guerriers. Il tenait à la main un sabre de gendarmerie provenant du pillage de la Foa. Il ne put s'en servir car une sagaie, lancée par un Canala lui traversa le bras. Nos alliés s'élancèrent. Deux d'entre eux frappèrent Ataï d'un coup de hache, l'abattirent. Ses compagnons, enveloppés, succombaient sous le nombre. Tandis qu'ils étaient à demi vivants encore, on leur avait coupé la tête et on était revenu au poste. »

Dans son inconscient, Dianou s'assimile à Ataï. Il connaît la fin tragique du grand chef, mais il ne veut rien changer à son destin. Comme ses hommes, il répète : « Je n'ai pas peur de la mort » et quand les vieux lui suggèrent de faire des concessions pour que « le sang ne coule plus », pour que « les tribus retrouvent la paix », il répond calmement, comme si l'inéluctabilité de la mort prochaine le réconfortait et le remplissait de sérénité : « Soyez rassurés, rien ne vous sera fait. Mais j'irai jusqu'au bout, quoi qu'il arrive. »

Dans la grotte, Alphonse n'est plus un militant du F.L.N.K.S. Il est devenu un « Vercingétorix noir » qui a réussi à rassembler des troupes venues de la plupart des grandes chefferies de l'île qui se sont pourtant affrontées pendant des siècles et dont les rares alliances sont perpétuées par la tradition orale. Le choix de la grotte n'est pas non plus innocent. Administrativement, elle dépend du grand chef Bazit, loyaliste, mais sur le plan coutumier elle appartient à la chefferie d'Ogniat, dont la famille d'Antonin, par le jeu des mariages et de l'adoption de sa mère, est aussi parente. Ogniat, une tribu qui est en guerre contre Weneky, le fief du grand chef Bazit.

« Le chef Awa (Oua) d'Ogniat (ou Onyat) s'étant converti au protestantisme refusa l'autorité du grand chef Bazit qui était catholique. En 1863, la situation se tendit entre les deux chefs pour des questions qui étaient à la fois d'ordre religieux et familial. Le grand chef de Wenekii fit barrer la route d'Ognat mais les protestants de Mouli envoyèrent des catéchistes en pirogue. Bazit attaqua alors le village, brûla les cases, saccagea les plantations et exila la population à Waidrilla. Awa et sa tribu ne purent regagner qu'en 1871 Ognat, après huit années d'exil. »

La tribu d'Ogniat, la mystérieuse, qui est capable de communiquer par l'entremise d'un monde sous-marin, avec l'île de Lifou. Entre les îles existent des réseaux souterrains à partir des caps et des grottes des ancêtres, à l'itinéraire gardé secret, et qui, dans chaque conflit, ont servi de refuge.

La nuit, assoupi dans le « trou des guerriers », Alphonse ressasse les légendes. Chaque famille, chaque clan peut réciter ses origines. On sait qui est l'ennemi et comment des alliances, parfois formées à l'origine des temps, demeurent encore. Les ancêtres, les dieux, se bousculent dans sa tête.

Comme Ataï, il parle sous un banian, l'arbre dont les racines, dit-on, plonge jusqu'à la Grande Terre. La terre est le sang des morts. Elle est sacrée, comme les arbres, les feuilles, les rochers. Le premier jour, en s'asseyant, Legorjus avait brisé la petite branche d'un arbuste. Alphonse avait bondi, hors de lui. L'officier venait de commettre un sacrilège. Dans la grotte des ancêtres, il ne faut rien casser, rien toucher, rien bouger, « même pas un caillou », précise Dianou à Legorjus qui comprend peu à peu la psychologie de son ravisseur.

Dianou se sent d'autant plus invulnérable qu'il s'est réfugié dans des rochers. La sorcellerie, les esprits, toutes ces forces surnaturelles que « Philippe » commence à mieux connaître, ses symbolisent dans une représentation concrète : la pierre totémique. La pierre placée près de chaque case et qui recèle la puissance des dieux. Petite ou grande, caillou ou énorme roche, chaque pierre porte un nom et a une histoire. La grotte est une enveloppe d'où les guerriers qui y sont terrés sont issus. Les rochers protègent Alphonse comme le protège le casse-tête qui ne le quitte jamais. Car Dianou se promène la plupart du temps sans arme. Il n'en a plus besoin. Sa massue lui suffit. Elle lui donne la force et pour qu'il soit si sûr de sa protection, cette massue doit être celle de son père... Elle a une forme phallique, symbole de la virilité et de puissance. Elle est en bois dur poli sur une pierre. Porte-t-elle des encoches à son extrémité ? Ce serait autant d'ennemis tués par les aïeux d'Alphonse.

Legorjus ne se moque pas. Il n'en a pas envie. Jamais, il ne s'est trouvé confronté à pareille situation. Derrière la revendication politique, il y a quelque chose d'indéfinissable, d'irréel, et une autre revendication dont il sait qu'il n'arrivera pas à la satisfaire. Depuis qu'il est dans la grotte de ses ancêtres, Alphonse est devenu un autre. Il est désormais mu par des forces contre lesquelles on ne peut pas lutter. Il semble appartenir parfois à un autre monde. Mais la réalité est bien là. Dianou détient en otages des innocents. Et c'est à Legorjus de les sortir de ce cauchemar.

Chapitre 12

DEUX CLANS POUR UNE MÊME CAUSE

Dans la « Grotte des guerriers », le capitaine a vite distingué l'existence de deux clans : Le clan portier et le clan sécuritaire. Le clan portier s'occupe de l'extérieur ; le clan sécuritaire, de l'intérieur.

Dianou a d'ailleurs expliqué au substitut Bianconi que la position des deux groupes était basée sur la tradition coutumière. Les portiers commandent l'entrée de la grande chefferie dans les tribus. Ils sont placés aux postes de combat avancés. Pour les otages, il est évident que cette tradition conforte les ravisseurs dans leur conviction que rien ne peut leur arriver dans ce lieu tabou. Alphonse n'affirme-t-il pas sans cesse que ni les balles, ni les bombes ne peuvent l'atteindre lui et ses hommes ?

Les chefs de groupe — une dizaine aux postes de garde — sont eux-mêmes sous l'autorité de trois responsables : Vincent Droume et Benoît Tangopi, et un certain Koulou Koulo. Un vieux d'une quarantaine d'années, très noir de peau, employé à la municipalité d'Ouvéa et sujet à des crises de démence. Malade, il regagnera la tribu de Gossanah avant la fin de l'affaire.

Le lieutenant Destremau, lui, a remarqué que dans « l'organisation de la vie des otages, c'est Hilaire qui prend toutes les décisions de principe. Sinon, pour la vie quotidienne, un gardien prénommé Martial nous apporte la nourriture et nous donne les autorisations pour sortir ». A l'intérieur de cette organisation, la coutume est respectée, avec deux représentants de chaque clan. Les décisions d'ordre général, qui ne sont pas politiques, ou qui ne concernent pas les négociations sont collectives. « Lorsqu'on a voulu savoir si les gens du G.I.G.N. avaient le droit de prendre l'air à l'extérieur, raconte Destremau, la décision a été prise par l'ensemble des clans qui a refusé pour des raisons de sécurité. »

Au cours de cette journée du 28, Legorjus se risque à poser une nouvelle fois la question de son départ pour Nouméa. « Avec le téléphone de Fayaoué, je n'arrive pas à discuter convenablement avec les gens du F.L.N.K.S., répète-t-il. Si tu veux qu'on en sorte, il faut que j'aille à Nouméa. »

Alphonse réunit une nouvelle fois le conseil qui accepte car il n'y a pas d'autre choix. La situation est bloquée et seul « Philippe », qui a su faire évacuer l'armée de Gossanah, a le pouvoir de satisfaire leurs revendications : la venue d'un médiateur de Paris pour négocier l'indépendance et celle d'un représentant du bureau politique du F.L.N.K.S. Le départ de « Philippe » est prévu pour le lendemain à la première heure.

***

A Nouméa, Bernard Pons accueille Legorjus chaleureusement. Il sait que le capitaine revient de loin. Il connaît les détails de l'affaire. L'autre nuit à 2 h 30 du matin, il a reçu le lieutenant-colonel Benson car il souhaitait que le général Vidal ou l'un de ses officiers de l'Etat-major tactique installé à Ouvéa, vienne l'informer précisément de ce qui se passait dans la grotte. Il trouvait que les messages et les rapports manquaient d'une « authenticité » que seule une explication de vive voix peut restituer. A Paris déjà, Benson lui avait été recommandé par Michel Roussin, le chef de cabinet de Jacques Chirac, ancien officier de gendarmerie, et ami du lieutenant-colonel depuis des années. Dans la salle de réunion du Haussariat, le ministre des DOM-TOM écoute le récit de Benson, l'homme de terrain qui connaît le mieux les Mélanésiens. L'officier répond aux questions, donne le maximum de détails et dit en conclusion : « Monsieur le Ministre, j'ai peur que cette affaire soit malheureusement difficile. Je ne vois pas de solution dans l'immédiat. Dianou, c'est un fou de Dieu. » Une expression que le ministre reprendra à son compte et qui fera la une des journaux.

A peine échangées les salutations d'usage, une réunion plénière s'organise à 11 h avec autour du ministre, le général Vidal et l'état-major des F.A.N.C., les Forces Armées de Nouvelle-Calédonie, les généraux Norlain et Jérôme et le colonel Charrier, récemment promu officier de la Légion d'Honneur, ancien patron du service « action » de la D.G.S.E., devenu conseiller de Bernard Pons au ministère des DOM-TOM.

Dans le bureau de la résidence du Haussaire, aménagé pour la circonstance en salle de réunion, les discussions sont tendues devant les cartes d'état major dépliées sur une table. On demande d'emblée au capitaine Legorjus si une opération militaire est envisageable. L'officier répond qu'il est en mesure de dresser un plan précis des lieux, mais que tout opération militaire lui paraît tout à fait prématurée tant qu'un certain nombre de conditions ne seront pas remplies. « La situation a évolué, dit-il. Il existe désormais un climat psychologique plus favorable et nous possédons une meilleure connaissance du milieu, mais, pour le moment, il ne faut pas envisager d'opération. Il vaut mieux étudier à fond la question. »

Pons et son entourage penchent pour l'intervention. Vidal et les militaires soulignent, quant à eux, « l'extrême difficulté et les risques d'une " opération de vive force " ». Legorjus est très réticent. Il garde l'espoir de pouvoir entamer des négociations. Mais qui dit négociations, dit politique et Legorjus est capitaine de gendarmerie. Il appartient à la Grande Muette...

Dans ces réunions d'état-major, il n'est question que de problèmes militaires. L'aspect politique de l'affaire, Legorjus n'en discute qu'en aparté avec Pons et Norlain. Legorjus ne cache rien au ministre. Il ne prendra jamais contact avec des indépendantistes sans l'en informer.

A l'issue de cette première réunion, l'idée de la négociation n'est pas abandonnée, mais une décision commune a été adoptée : réclamer à Paris des renforts « avec capacité commando renforcée » dans les unités spécialisées qui sont déjà en alerte. Le G.I.G.N., rompu davantage au combat urbain, pourrait se charger de l'intérieur de la grotte, et le 11e Choc, de l'ensemble du dispositif de défense mis en place par Dianou.

L'après-midi, Legorjus s'apprête à retourner dans la grotte, mais le ministre s'y oppose. Si Dianou découvre qu'il est le patron du G.I.G.N. il sera sûrement exécuté. La presse a diffusé la nouvelle de sa visite à Nouméa. Le risque est trop grand. Un brouillage est mis en place sur Ouvéa, déjà isolée du monde. Avions, bateaux et journalistes y sont interdits. Le téléphone est coupé. Dans la grotte, les ravisseurs qui disposent de deux petits transistors ne comprennent pas pourquoi ils n'arrivent plus à capter Radio Djido ou R.F.O.

Legorjus se sent presque frustré de ne pas retourner dans la grotte. Il se fait surtout du souci pour les otages, pour les

« siens » en particulier, qui sont les plus menacés. Il constituait un élément stabilisateur dans ce microcosme. Sans lui, un déséquilibre peut survenir, tout peu basculer brutalement.

Mais Legorjus se laisse convaincre. Il est le seul lien entre une solution négociée et une solution militaire.

Le ministre l'a autorisé à rencontrer Franck Wahuzue, à condition toutefois que la discussion ne porte pas sur des questions politiques. Le 30 au matin, un Puma le dépose avec le procureur Belloli à Lifou. Les deux hommes retrouvent le responsable indépendantiste dans un endroit discret. Mais le propos de Wahuzue est aussi flou que celui qu'il a tenu au vieux Nine Wea. « Je suis bien entendu disposé à servir d'intermédiaire et à me rendre dans la grotte pour discuter avec Dianou et ses camarades, mais pour cela, il faut que j'ai l'accord du bureau politique du F.L.N.K.S. ! » En fait, les instances dirigeantes du Parti Indépendantiste se défilent. Nidoish Naisseline, le leader du parti modéré L.K.S. se manifeste mais en dehors de Lifou, son île natale où il est chef coutumier, il ne représente pas grand monde. Dianou n'aurait pas compris que Naisseline vienne représenter le F.L.N.K.S. alors que son parti est minoritaire.

A 18 heures, le général Vidal réunit les principaux chefs militaires susceptibles de mener une opération en vue de libérer, par la force, les otages. sur le plan politique, la situation s'est soudain tendue. Bernard Pons a demandé à Jacques Chirac de proposer au gouvernement la dissolution du F.L.N.K.S. « J'ai à l'instant même, déclare-t-il dans un communiqué transmis à M. Chirac un épais dossier qui prouve la collusion entre ce mouvement politique et les terroristes qui ont massacré les gendarmes d'Ouvéa, pris des otages, et qui organisent actuellement la violence dans différents autres points du territoire. La France est un Etat de droit. Quelle que soit la gravité des situations, personne ne peut jamais accuser quelqu'un sans preuve. Mais depuis que je suis arrivé ici, j'ai ouvert un dossier avec des preuves. Des déclarations, des témoignages. C'est ce dossier qui m'amène à demander au Premier ministre de proposer le décret de dissolution. »

Entre-temps sont arrivés de Paris le colonel Doucet, du 11e Choc, et ses hommes, le capitaine de corvette Jayot, pacha du commando Hubert, et ses nageurs de combat, ainsi qu'un lieutenant et deux sous-officiers du Régiment de Génie Parachutiste avec leur matériel : un lance-flamme. Ordre du jour : la préparation de l'opération Victor (V comme Vidal). Au quartier général des F.A.N.C. se réunissent Pons, Vidal, Norlain (chef du cabinet militaire du premier ministre), le colonel Doucet du 11e Choc et deux officiers, le général Chazarain (état-major des armées), Jayot, le commandant Desgres du Loû, patron de la marine en Nouvelle Calédonie et ancien pacha d'Hubert, le colonel Peter (chef d'Etat-major des F.A.N.C.) et le capitaine Legorjus.

Le général Vidal expose les deux grandes difficultés d'une action de force :

— Il faut d'abord pouvoir neutraliser les ravisseurs qui défendent le cratère afin de permettre aux forces de l'ordre de l'approcher et de l'investir avec le minimum de pertes.

— Il faut ensuite neutraliser rapidement les militants qui assurent la garde rapprochée des otages avant qu'ils n'aient le temps d'exécuter les otages.

Pour la première partie de l'opération, les différents moyens militaires sont passés en revue, en particulier les moyens aériens car la densité de la forêt rend difficile une approche terrestre. Un aviateur, le colonel Koecher, spécialiste des transports, lance l'idée d'une bombe guidée. Dans leur coin, les officiers des forces spéciales regardent

Legorjus en fronçant les sourcils. Heureusement, l'extravagante proposition est écartée... Une telle bombe pourrait aussi bien atteindre les otages, même protégés dans le fond de la grotte, que les ravisseurs, voire les forces de l'ordre chargées de l'attaque. De toute façon, aucune bombe de ce type, aucun avion Jaguar, capable de la lancer, ne sont disponibles dans le Pacifique. On abandonne aussi l'idée de l'hélicoptère armé, insuffisamment sélectif. Le général Vidal demande toutefois d'étudier la possibilité de fabriquer un container rempli de grenades paralysantes et aveuglantes comme celles qu'emploie habituellement le G.I.G.N. et qu'on larguerait d'un hélicoptère léger Alouette II. Comme cet hélicoptère sert déjà pour ravitailler la grotte, il n'éveillerait donc pas l'attention des ravisseurs. Dans son message à l'E.M.A. (Etat-Major des Armées), il désignera cet engin sous le nom de « bombe », ce qui provoquera une vive polémique dans la presse, malgré les guillemets.

Quand il sort de la réunion, Legorjus est mécontent. Il en fera état dans son rapport de fin de mission : « Ainsi a-t-on imaginé la possibilité d'effectuer un bombardement avec une bombe de 250 kg guidée par laser, écrit-il. De même, la possibilité d'utiliser du napalm ou du défoliant ou l'emploi d'hélicoptère avec un canon de 20 mm sont aussi envisagés. L'impossibilité relative de situer à ce moment-là géographiquement l'emplacement de l'effondrement et de la grotte donne un argument suffisant pour écarter momentanément de telles solutions. Le commandant de la force spéciale (le 11ᵉ Choc) et le commandant du commando d'action sous-marine Hubert, le capitaine de corvette J., font part au capitaine Legorjus de leurs inquiétudes face à de telles solutions. » Lors de ces réunions, Legorjus ne trouve pas anormal que soit abordé l'inventaire des moyens possibles, même les plus aberrants. Ce qui le choque, c'est l'esprit qui se dégage de ces discussions. La solution de force s'est immédiatement ancrée dans tous les esprits.

Avant le 30 avril, rien n'était mis en place sur le plan offensif. Priorité à l'analyse. Il faut d'abord situer géographiquement la grotte, ce qui n'est pas si évident. L'Etat-major à Nouméa examine les moyens dont il dispose sur place, et ceux qu'il faut faire venir de Paris. A Paris, une cellule traite des mêmes problèmes, chaque arme en relation permanente avec son correspondant en Nouvelle-Calédonie. Legorjus, lui, est en liaison avec l'officier G.I.G.N. de cette cellule qui peut lui indiquer, par exemple, le type de gaz qu'il faudrait éventuellement employer. C'est le fonctionnement classique dans une affaire où rien ne doit être négligé : la négociation et l'hypothèse de l'opération de force. En fait, ce qui choque Legorjus, c'est que Vidal et l'Etat-major n'envisagent plus que les solutions extrêmes.

Au cours des premières réunions avec Bernard Pons et le général Norlain, Legorjus a envisagé un certain nombre de moyens à utiliser au cas où il faudrait passer à l'action. Mais il ne s'implique pas beaucoup dans les discussions de cet Etat-major politico-militaire. On le consulte surtout sur la topographie de la grotte et sur la nature de l'armement des ravisseurs. Au début, le général Vidal ne songe même pas de faire appel au G.I.G.N. Sur le papier, les moyens commando ne sont représentés que par le 11e Choc. Les nageurs de combat Hubert ne sont pas plus envisagés, à moins d'une opération avec arrivée par voie maritime. Dans l'esprit des Etats-major de Nouméa et de Paris, il s'agit de monter une action très musclée, du style rouleau compresseur et le général Schmitt, le patron de l'armée française, a une nette préférence pour le 11e Choc.

Finalement, face à la détermination des ravisseurs, le général Vidal décide d'utiliser tout son monde : le Choc,

Hubert, l'E.P.I.G.N. et le G.I.G.N. Il ne veut se priver d'aucun des éléments dont il dispose.

Le G.I.G.N. et le commando Hubert « vivent » pratiquement ensemble depuis plusieurs années, chacun accueillant des stagiaires à Saint-Mandrier ou à Satory. Depuis plusieurs mois, Legorjus entretient des relations suivies avec les gens du Choc. Il connaît très bien le patron de la Force Spéciale, le colonel Doucet. Ils ont travaillé ensemble à l'entraînement sur un objectif commun : la libération d'otages dans une capitale étrangère !

Les militaires sont consternés : une bombe de 250 kg sur la grotte ! Et pourquoi pas la bombe atomique ! Legorjus est doublement furieux. Picon et ses hommes sont toujours dans le trou. Maintenant que lui en est sorti, il faut qu'ils en sortent aussi. Vivants. La solution de « vive force » se précise de plus en plus. Des prises d'otages, il en a traité plus d'une. Aucune ne s'est réglée en attaquant « bille en tête », comme l'Etat-major le préconise.

Il est décidé à ne pas en rester là. Il a le grade de capitaine, mais sa fonction n'est pas celle d'un officier classique. Il s'adresse aux membres de l'Etat-major de façon courtoise, il respecte le langage militaire, mais il leur dit à plusieurs reprises ce qu'il pense, comme patron du G.I.G.N. chargé parfois d'affaires au moins aussi importantes que celle-ci. Il passe pour un empêcheur de tourner en rond. En aparté, cependant, des officiers le soutiennent. Les patrons des commandos en particulier. Ils savent très bien qu'il a des « types » à l'intérieur. Ils comprennent sa réaction.

A plusieurs reprises, cependant, le ton monte avec Vidal. « Si vous agissez de cette manière, je rejoins la grotte, lance Legorjus. Je reste avec mes " mecs " et vous vous débrouillez pour le reste ! » Il est prêt à engager une épreuve de force. Tant pis s'il y laisse des plumes. En fait, le schisme est plus profond. Legorjus est un gendarme, avec dans une main le fusil et dans l'autre le code pénal, et la gendarmerie n'est pas toujours appréciée par les militaires purs et durs. « Si on en est là, pensent certains gradés, c'est bien à cause d'eux, non ? »

Le capitaine Legorjus n'est pas le seul à se sentir marginalisé. Bien que ses hommes soient prisonniers, le général Jérôme ne participe pas aux discussions d'Etat-major. Pour Ouvéa, la gendarmerie est dessaisie de la question. Mais comme Jérôme est chargé de mission du ministère de la Défense en Nouvelle-Calédonie, Legorjus le tient au courant de ce qui se dit pendant les réunions. Il lui annonce que si on donne pas aux otages une chance de s'en sortir, il démissionnera... Libéré dans ce cas de son obligation de réserve, il donnera une conférence de presse sur ce qui se trame ! A Nouméa, la gendarmerie est aux quatre cents coups. Jérôme approuve son subordonné et envoie un télégramme au ministère de la Défense. Une menace de démission « si jamais une attaque se déroulait dans des conditions que nous n'aurions pas approuvées. » « Indifférent à mon sort personnel, ajoute-t-il, mon seul regret serait de quitter une arme d'élite dans ces moments difficiles, où un dérapage est à craindre. » Le lieutenant-colonel Benson n'attend que l'exécution de cette menace pour « jeter son képi dans le Pacifique », ainsi que quatre officiers de gendarmerie ! Tous ces hommes, Legorjus en tête, ne sont pas contre l'assaut si les négociations n'aboutissent pas. Mais ils veulent que davantage de précautions soient prises pour préserver les otages.

Les élections approchent. Le pouvoir politique presse les militaires de régler au plus vite cette affaire qui s'enlise de jour en jour. Le ministre des DOM-TOM, médecin de son état, a bien envisagé l'emploi d'un somnifère mêlé à de l'eau pour endormir les ravisseurs. Mais les essais qui ont été effectués sur des « cobayes » placés sous contrôle médical à l'hôpital Gaston Bourret, ne se sont pas révélés concluants. Quand le produit est très dilué, son efficacité est insuffisante. Quand il est concentré, il devient décelable au goût. Il faudrait en outre que tous les ravisseurs boivent l'eau presque simultanément.

Legorjus écrit dans son rapport : « Le dimanche 1er mai, à dix heures, le capitaine Legorjus est reçu par le ministre, M. Pons, à la résidence (du Haut-commissaire de la République). Il lui demande d'abandonner l'idée de faire venir Franck Wahuzue à la grotte d'Ouvéa. En effet, si un mandat du F.L.N.K.S. s'avère nécessaire, il ne peut être question alors, pour M. Pons, de le cautionner. Malgré l'insistance du capitaine Legorjus pour déclarer l'aspect politique des choses vers une approche plus humanitaire, le ministre ne lui donne pas son accord. »

A 11 heures, le général Vidal, précise Legorjus dans ce même rapport, dirige une réunion de coordination des différents éléments militaires. On décide d'accélérer les préparatifs. « Le général Vidal confirme la date d'opération envisagée la veille : 3 mai. Le général de division Jérôme, présent à cette réunion, à la demande du capitaine Legorjus, réitère ses inquiétudes pour une telle intervention dans des conditions ne permettant pas à la tentative de libération des otages une issue heureuse. »

L'officier garde toujours l'espoir d'une solution négociée. Une règle chez lui. Dans toutes ses interventions contre des preneurs d'otage, il a toujours associé la force à la palabre. Et cela a souvent donné de bons résultats. Il connaît du monde à Nouméa, au F.L.N.K.S., à Paris, dans les différentes sphères de commandement, à tous les niveaux. Il croit qu'il est encore possible d'agir. Il ne fait pas de politique. Il souhaite seulement que ses hommes s'en « tirent » le mieux possible. Son ami, le préfet

Prouteau, ancien patron du G.I.G.N., conseiller technique du Président de la République, va lui apporter toute son aide. Depuis l'affaire des Irlandais de Vincennes, Prouteau possède moins de pouvoir que lorsqu'il a été appelé à l'Elysée par François Mitterrand, mais il reste proche du Chef de l'Etat. Pour les affaires de police et de sécurité, il travaille avec Gilles Ménage, chef de cabinet du Président. C'est par ces deux hommes que François Mitterrand, en pleine période de cohabitation, est informé des détails de l'affaire d'Ouvéa. Par Fax et par téléphone protégé, Legorjus entre plusieurs fois en liaison avec son camarade Prouteau. Dianou veut un médiateur accepté à la fois par Chirac et Mitterrand. Seul Prouteau peut suggérer au Président l'idée que la désignation d'un médiateur pourrait dénouer cette affaire. Le Président est d'accord sur le principe. Son cabinet propose le franc-maçon Roger Leray, ancien grand maître du Grand Orient. Un homme au-dessus de tout soupçon qui pourrait nouer le dialogue avec Jean-Marie Tjibaou. Selon le dirigeant du F.L.N.K.S., c'est ce que demandent les ravisseurs : « discuter » d'un véritable référendum d'auto-détermination. Dans le même temps, Jacques Chirac déclare, quant à lui, que le gouvernement « entend faire preuve de la plus grande détermination et de la plus grande fermeté, de manière que la sécurité et l'ordre public ne soient plus troublés. » Il qualifie de « groupe de sauvages » les auteurs des meurtres des quatre gendarmes et précise : « Ils seront pris et déférés à la justice comme terroristes. »

Deux logiques qui, dès le début de l'affaire, s'affrontent, mais qui peuvent se rejoindre sur le nom d'un médiateur. En fait, il semble que le Président et le Premier ministre étaient d'accord, mais les Etats-majors politiques des deux partis ont fait pression pour que Roger Leray ne soit pas nommé. Et puis, à quelques heures de la clôture de la campagne pour le deuxième tour, les deux candidats peuvent-ils se permettre de tomber d'accord.

Pour faire patienter Dianou qui demande par radio pourquoi « Philippe » ne revient pas, Legorjus cherche une idée. Il faut à tout prix qu'il gagne du temps. Le problème de Dianou, c'est de pouvoir clamer au monde ses revendications. Il faut trouver le moyen de le sortir de l'isolement où il s'est enfermé. Legorgus pense à la télévision : l'hôtel Surf est plein de journalistes. Il prend contact avec l'équipe d'Antenne 2. « Seriez-vous prêts à aller à Ouvéa pour interviewer le chef des ravisseurs ? » Aucun journaliste ne résiste à une telle proposition. Le scoop ! Avion, bateau, la presse a tout essayé pour atteindre Ouvéa bloquée par l'armée. L'équipe de télévision accepte avec enthousiasme et promet de garder le secret. De retour à Saint-Joseph, Legorjus propose l'affaire à Dianou par radio : « C'est à la demande du Bureau politique du F.L.N.K.S. qu'Antenne 2 viendra, si tu le souhaites. Ils veulent être informés des conditions de détention des otages avant d'envoyer un émissaire sur place. »

Legorjus fait d'une « pierre deux coups » : Non seulement Dianou qui se croyait abandonné par « Philippe » patiente, mais tant que la télévision ne sera pas venue, il ne touchera pas aux otages.

Dianou, évidemment, accepte. Il pose des questions : « Combien seront-ils ? ». « Ils arrivent avec l'hélicoptère, dit Legorjus. Ils seront trois dont une femme. » « Pas de femme ici, répond le chef des ravisseurs. C'est un lieu sacré ! » « Philippe » promet qu'il va essayer d'arranger les choses.

Pendant sa conversation avec Alphonse, Legorjus joue de psychologie. Il adopte un ton conciliant, amical même. Au P.C. radio de Saint-Joseph, cela énerve plus d'un militaire. Depuis plusieurs jours, les ponts sont rompus entre le général Vidal et Dianou, qui insultait l'officier, homme à abattre, symbole à lui tout seul de « toute l'armée impérialiste française ». Afin de ne plus risquer de gêner ses voisins, Legorjus demande à rester seul pour parler avec Dianou. Pourtant, il n'existe pas véritablement de tension entre le capitaine du G.I.G.N. et le général. Ils dînaient ensemble le 29 au soir, en compagnie du général Jérôme. Cela s'était parfaitement passé. Mais Legorjus sentait encore que Vidal faisait des efforts pour comprendre.

Un compromis est trouvé avec la journaliste d'Antenne 2. Elle n'ira pas dans la grotte, mais elle viendra à Saint-Joseph. Seul le caméraman et le preneur de son approcheront les otages et Dianou.

En revanche, Bernard Pons n'est pas « très chaud » pour laisser une équipe de télévision filmer les otages et surtout les ravisseurs. Voir Dianou poser des conditions inadmissibles et déblatérer sur la France, l'armée et le gouvernement devant des millions de téléspectateurs à quatre ou cinq jours du deuxième tour de l'élection présidentielle, n'est pas une perspective réjouissante. Il refuse sur le principe. Si à chaque prise d'otage, les ravisseurs demandaient à passer à la télé, cela risquerait d'éveiller des vocations. Et puis que pensera l'opinion, quand elle verra au journal de 20 heures Alphonse Dianou leur parler tranquillement assis sur un rocher, alors que l'armée française est sur le pied de guerre ? Là où les soldats échouent, des journalistes réussiraient ? Impensable. Ces images pourraient provoquer une émeute dans Nouméa. Legorjus fait alors une autre proposition : les journalistes tournent et s'engagent à diffuser le reportage après que l'affaire sera terminée. Le ministre réfléchit, propose à son tour qu'une équipe du S.I.R.P.A. (Service d'Information et Relation Publique des Armées) remplace celle d'Antenne 2 pour donner le change. « Trop dangereux, répond Legorjus. Si Dianou s'aperçoit de la supercherie, on ne sait pas ce qui peut se passer. Trois otages en plus ou pire. » Le ministre hésite. Le temps presse. Finalement, il opposera son véto au moment où les journalistes embarquent dans l'hélicoptère. Legorjus réalise que l'assaut est inéluctable. Il est toujours très réticent mais il va très vite changer d'avis.

Chapitre 13

LE FANTÔME DE MACHORO

Le lendemain du départ de l'armée de la tribu de Gossanah, les conditions de vie des otages se sont améliorées. Ils ne boivent plus l'eau de pluie et abandonne le régime sao, les biscuits secs australiens. Des coutumiers aidés par des porteurs de thé (non pas des enfants, mais des adultes militant du F.L.N.K.S.) sont autorisés à se rendre à la grotte plusieurs fois par jour pour ravitailler otages et ravisseurs. Chaque matin, vers 5 heures, les vieux apportent le petit déjeuner — thé, café et pain — fourni par les militaires. D'autres préparent, pour les repas de midi et du soir, un bougna, le plat traditionnel canaque composé de poulet ou de poisson, d'igname, de taros et de patates douces enveloppées de feuilles de bananiers, cuits sur des pierres chaudes.

En arrivant devant la grotte, les vieux font systématiquement la coutume avec les ravisseurs en offrant du tabac, signe de respect des lieux et des hommes.

Mais un grave incident va troubler cette journée du 29 avril. Au moment où les porteurs de thé posent leur bouilloire devant la grotte, deux gendarmes du G.I.G.N. demandent à sortir pour aller aux toilettes. Malgré leurs menottes, ils réussissent à s'agripper aux racines du banian pour accéder à la terrasse sous l'œil vigilant du gardien qui les braque avec son Famas. Soudain un porteur de thé se met à crier : « Je le reconnais, c'est lui. Il a frappé mon oncle, un vieux de la tribu. » Il semble qu'en fait le gendarme avait tiré par la manche un vieux de Gossanah pour l'interroger. Celui-ci avait eu peur et s'était mis à pleurer.

La « pression » monte très vite chez les Canaques. Le militaire est conduit devant Hilaire, le frère d'Alphonse, qui écume de rage. Hilaire brandit son fusil à hauteur de sa tête. D'autres ravisseurs quittent leur poste et se rassemblent en criant : « Exécutez-le ! » Hilaire met le doigt sur la gâchette et se met à trembler d'excitation.

Autour de lui, les Canaques hurlent : « Tue-le ! Tue-le ! » Jean-Guy, le gendarme, croit que pour lui, c'est la fin. A 27 ans, il ne reverra plus sa famille dans le Bas-Rhin. Hilaire braque son 12 à vingt centimètres de son visage. Le malheureux lit la haine dans les yeux exorbités du Mélanésien.

Autour des deux gendarmes, les pieds entravés, les mains liées dans le dos, les ravisseurs jouent à des simulacres d'exécution en leur montrant des cartouches et en faisant le geste de leur tirer une balle dans la tête.

Poussé par ses compagnons, Hilaire est sur le point de tirer, quand le substitut s'interpose avec un vieux et Samy, le gendarme mélanésien pris une deuxième fois en otage. Le coutumier et Samy parlent à Alphonse. Ils parviennent à éviter le pire. Le chef des ravisseurs calme son frère qui, à regret, baisse le canon de son fusil de chasse.

A partir de ce jour, toute la haine accumulée sur les militaires se reporte sur les G.I.G.N., même si les ravisseurs ne sont pas tout à faire sûrs qu'ils ont capturé des gendarmes. A plusieurs reprises, Alphonse Dianou demandera au substitut de lui désigner le capitaine Picon.

Hilaire fait une véritable fixation sur les membres du G.I.G.N., responsables à ses yeux et aux yeux de tous, de la mort d'Eloi Machoro.

Le gendarme qui vient d'échapper à la mort redescend dans la grotte. Dès lors, les gens du G.I.G.N. seront considérés comme des tortionnaires par les ravisseurs. Hilaire vient les voir avec son fusil. Il se montre extrêmement menaçant. Le lendemain, le lieutenant Destremau obtient l'autorisation de monter à l'extérieur une vingtaine de minutes avant le déjeuner. Sur la plate-forme en pente douce, il se dégourdit les jambes et s'oxygène. En bas, l'humidité et les infiltrations d'eau sont devenues un véritable supplice. Une odeur légèrement âcre se dégage de cette terre souple et noire mélangée aux déjections des chauve-souris. Blêmes, pas rasés, ses camarades maigrissent de jour en jour et commencent à flotter dans leur treillis souillés. Il regarde Hilaire jouer aux tarots. Au moment de redescendre Hilaire l'interpelle : « Non tu vas déjeuner avec nous. » On lui enlève ses menottes. Pour la première fois, il déjeune dehors. Tout à coup, un jeune porteur de thé arrive. La tension monte à nouveau. Destremau est renvoyé dans la grotte. Quelques instants plus tard, Hilaire vient dire aux gendarmes que l'armée recherche des armes à Téouta, que la porte de sa maison, qui était fermée à clef, a été fracturée. C'est son épouse, qui vient d'accoucher et qui revenait avec son bébé, qui l'a fait prévenir. Cette nouvelle le met littéralement hors de lui. Il recommence à menacer physiquement les gens du G.I.G.N. et le lieutenant. Il donne des coups de crosse et s'en prend tout particulièrement à Jean-Guy.

Au comble de l'excitation, il leur dit : « Désormais, pour vous, la règle est simple : vous ne montez plus en haut, vous restez allongés en permanence. Interdiction de parler ! Et demain, je reviens. » Puis il ajoute : « Pourquoi vous frappez les vieux ? Pourquoi vous cassez les choses ? Pourquoi êtes-vous des fauteurs de guerre ? »

Les otages sont terrés dans leur trou. Mais le capitaine Picon reste ferme : « Tant qu'aucun otage n'est tué, on ne tente rien pour s'évader ». Mais si un premier otage est abattu, les hommes du G.I.G.N. sont bien décidés à tenter le tout pour le tout.

Depuis le départ de Legorjus, les moments d'espoir alternent avec les moments d'angoisse. Le « patron » a-t-il réussi ?

La pression continue d'augmenter à cause d'Hilaire qui reste le seul à venir voir les otages, avec Martial. (Martial confiera au substitut qu'Alphonse l'avait obligé à rester avec la bande.)

Ils dépouillent les otages de leurs chaussures — une façon de les empêcher de fuir — et de leurs montres. Les prisonniers perdent la notion du temps. Grâce à la lumière indirecte, ils savent seulement qu'il fait jour ou nuit.

Le jour de l'incident avec Jean-Guy, Martial a apporté le dîner. Il a autorisé les otages du bas à s'asseoir. Les gardiens se montrent affables. Soudain, Martial se tourne vers Picon : « C'est bien toi le capitaine Picon, hein ? » Destremau essaie de détourner la conversation. Il dit à Martial : « Mais non, tu sais bien, il n'y a pas d'autre officier que moi ici, je suis lieutenant, les autres, ce sont des gendarmes. » Martial n'insiste pas mais il paraît sûr, maintenant, que dès qu'ils sauront, les Mélanésiens vengeront Machoro.

Le second du G.I.G.N. adopte un profil bas. Il enterre en douce dans un coin sa chevalière qui porte ses initiales ainsi que la chaîne et la médaille en or où est gravée sa date de naissance : 22 juillet 1949.

Les journées s'écoulent lentement sur le sol humide, parsemé de cailloux. Destremau joue aux échecs « en aveugle » avec son compagnon de menottes. Le reste du temps, ils échangent des souvenirs et lient mieux connaissance. Les hommes du G.I.G.N. racontent leurs aventures. Destremau sourit aux récits de ses nouveaux camarades : des histoires délirantes de forcenés qu'ils ont eues à traiter, pas toujours heureusement, en utilisant leurs armes. Il pense aussi à sa femme. Il est marié depuis trois mois. Il ne sait pas que le général Vidal a eu la délicatesse de ne pas annoncer à Lee que son mari était otage. A quoi bon inquiéter inutilement une jeune épouse. A Nouméa, Lee ne se fait pas de souci. Au régiment, on lui a dit que le téléphone d'Ouvéa était coupé. « Votre mari va bien, Madame. Le lieutenant a beaucoup de travail avec les élections et cette prise d'otages. C'est pour cela qu'il n'a pas le temps d'écrire. Il nous a chargés de vous dire de ne pas vous inquiéter ! »

Au fond du trou, Patrick Destremau tente de penser à autre chose en réglant les problèmes matériels du groupe. Il a été nommé intendant par ses compagnons et c'est en gardant le sourire qu'il partage équitablement le bougna qui leur est destinée. Une ration bien maigre puiqu'il faut la diviser en sept. Les mobiles la partagent en trois. Ils bénéficient d'un « traitement de faveur ». Ils ont le droit de descendre dans le cratère qui plonge devant la grotte à condition de ne pas s'éloigner. Ils ne sont pas attachés. Ils peuvent jouer aux cartes avec leurs gardiens. « Lorsqu'on sera libre, on reviendra dans la tribu “ en vacances ” », s'avance à dire l'un d'eux. Dans son trou, Destremau estime que les mobiles adoptent cette attitude pour se libérer de leur angoisse, pour éviter toute montée de tension chez les ravisseurs, ce qui est le plus dangereux...

Dianou a demandé à la tribu de tresser des nattes et de fabriquer des tamiocs pour la coutume le jour de la libération des otages. Cela n'empêche pas Hilaire de s'exclamer au milieu d'une partie de tarots : « On fait tout ça pour vous. Mais si on l'estime nécessaire, on vous tuera ! » Les ravisseurs semblent experts en douche écossaise. Le substitut Bianconi a remplacé le capitaine Legorjus comme interlocuteur privilégié d'Alphonse Dianou. Il ne cesse de revenir à la charge pour aboutir à une solution.

Mais lorsqu'il a envie de faire quelque chose, Dianou ne se soucie pas toujours de l'avis des autres chefs de groupe. En revanche, lorsqu'une demande du substitut l'embarrasse, — celle de libérer, par exemple, les gendarmes mariés et pères de famille — il se retranche derrière l'avis collectif.

Il ne s'embarrasse pas plus de sentiments humanitaires. Il refuse de libérer les gendarmes malades. Au cours de l'un de ses aller-retour à Saint-Joseph, le juge a consulté le médecin du dispensaire qui a diagnostiqué ces crises comme la conséquence de la sous-alimentation et de la déshydratation conjuguées avec l'angoisse.

L'incident peut survenir à tout instant. Depuis quelques jours, certains des ravisseurs se rendent armés à la tribu de Gossanah. Hilaire et Lavelloi ont fait savoir qu'ils voulaient régler leurs comptes avec les loyalistes, et tenter un coup de force contre le général Vidal et le colonel Benson.

Secoué par de véritables crises de démence, Alphonse hurle qu'il « va envoyer les têtes des gendarmes à Vidal ». Ajoutant : « Je ne suis pas pressé. Je lui en ferai passer une de temps en temps et l'armée sera bien obligée de céder. »

Une autre fois, il fait monter Alain, le gendarme menotté à Jean-Guy. Il le met en joue avec un Famas et lui crie : « Puisque tu ne veux pas m'écouter, c'est toi qui mourra le premier ! » Le malheureux voit sa dernière heure arrivée. Il demande une cigarette, comme les condamnés à mort. Face à lui, les yeux injectés de sang, Dianou éructe. Bianconi ne parvient pas à le raisonner. Les secondes s'écoulent. Interminables. Soudain Dianou change d'avis : « Ce sera pour une autre fois », dit-il. Alain, lui, pousse un soupir de soulagement. Il croit que son cœur va exploser dans sa poitrine. Les membres du G.I.G.N. n'osent même plus se montrer. Ils urinent dans des bouteilles d'eau minérale.

Alain a failli mourir parce qu'il n'avait pas écouté avec assez d'attention les paroles de Dianou. Une fois par jour, Alphonse descend dans le trou pour une séance de « conscientisation ». Il n'est pas armé. Il tient simplement son casse-tête orné de tissu multicolore dans une main. Percevant l'incrédulité des otages envers les pouvoirs magiques de sa massue, il répète sa fameuse phrase : « Vous pouvez me tirer dessus au P.A. (pistolet automatique), je ne serai pas touché ! »

Tout y passe : la politique, l'économie, la stratégie. Dianou a un avis dans tous les domaines. « Le R.P.C.R. introduit clandestinement des armes dans l'île... Certaines Blancs exploitent les Canaques... Après l'indépendance, les Caldoches pourront rester... Pas tous. les Lafleur, les Ballande, on les jettera à la mer ! » Puis il aborde les injustices avec le procès de la tuerie de Hienghene où la plupart des inculpés ont été acquittés. Il semble s'égarer. Il dit ne pas vouloir tout de suite l'indépendance du territoire. Un moment après, il déclare : « Je suis persuadé que lorsque cette affaire sera terminée et que ces élections seront passées, Mitterrand nous amnistiera et viendra ici, en personne, signer avec moi l'indépendance de la Nouvelle-Calédonie ! » Il disserte sur la société occidentale qui a déformé la vision du monde. « L'Occident doit s'adapter à la société mélanésienne qui ne peut pas, elle, s'y adapter, sous peine de disparaître. » Il analyse la différence de couleur entre les Blancs européens et les Noirs mélanésiens. « Les Occidentaux ont un concept selon lequel le noir est un signe de deuil et de mort. Un signe négatif. C'est pour cela qu'ils ne considèrent pas le peuple mélanésien comme un autre. La société mélanésienne est à la fois une société circulaire parce qu'elle privilégie le consensus et horizontale et pyramidale par sa structure classique. La société occidentale, elle, est essentiellement pyramidale parce que hiérarchisée. » Allongés, les auditeurs n'ont pas le droit de se lever, ils écoutent Dianou sans oser l'interrompre : « Après l'indépendance, nous sommes prêts à maintenir une coopération avec la France, mais l'organisation de l'Etat Kanak se référera à la coutume. »

Dianou ne se borne pas à « conscientiser », les gendarmes. Avec le juge Bianconi, il a des discussions plus approfondies.

Une certaine confiance — une certaine familiarité — s'est instaurée entre eux. Alphonse parle de la société qu'il rêve de voir s'instaurer après l'indépendance. Très souvent, il vient voir le substitut le soir, après que les autres chefs de groupe ont rejoint leur poste. Il ne veut pas donner l'impression qu'il entretient des rapports privilégiés avec le magistrat. « Le système capitaliste est source de tous les abus que la société mélanésienne connaît aujourd'hui, comme la pollution, la prostitution et la délinquance, dit-il. Seul le retour de la société mélanésienne aux valeurs ancestrales, peut remédier à cet état de fait. »

A mesure que les jours passent, le substitut devine qu'une négociation demeure fortement improbable. Il a sous-estimé la détermination des rebelles. Pourtant, il avait eu l'occasion d'intervenir dans des situations de crise, notamment à la tribu Saint-Louis en 1985, à la cité Pierre Lenquette à Nouméa. Il avait réussi à calmer les esprits. Mais ici, il n'entrevoit plus aucune solution. Même la religion qu'on lui a enseignée ne trouve plus grâce aux yeux de Dianou. « Les prêtres sont de collusion avec le capitalisme. Ils ont commencé par massacrer les Mélanésiens avant de les baptiser au son du canon ! » Ce qui n'empêche pas un certain nombre de ravisseurs de porter une croix chrétienne au cou...

Le substitut est désormais persuadé que Dianou ne libérera les otages que le jour de la signature de l'indépendance canaque et socialiste. « Pas question de fermer ma gueule et me faire bluffer comme Eloi Machoro à qui Jean-Marie Tjibaou avait demandé de lever les barrages sous prétexte que des négociations allaient s'engager. Je n'ai aucune confiance dans la parole du Blanc et des gouvernements quels qu'ils soient. Seul le rapport de forces peut les obliger à signer l'indépendance. Grâce aux otages, ils cèderont ! »

On voit mal comment un tel homme pourrait se ranger aux directives du bureau politique. De toute façon, il est clair que le F.L.N.K.S. a tout à gagner en ne se mêlant pas de cette affaire. Tout d'abord la certitude de ne pas subir un échec face à Dianou. Ensuite, en cas d'opération de force, le bureau mécontenterait se base en ayant donné l'impression de l'approuver. Le substitut pense enfin que les ravisseurs ne se rendront pas. Ils craignent de croupir en prison de longues années et ils ne manquent pas de rappeler qu'il n'y a rien à attendre d'une justice aussi pourrie, qui a pu rendre un verdict comme celui de Hienghene, le 29 septembre 1986 : un non-lieu pour l'assassinat de dix membres du F.L.N.K.S., dont deux frères de Jean-Marie Tjibaou, qui s'apprêtaient à brûler les terres de deux familles caldoches. Alphonse ne craint pas d'avouer devant un magistrat assermenté qu'il a tué l'adjudant-chef Moulié lors de l'attaque de la gendarmerie. Hilaire se vante d'avoir abattu un gendarme. Lavelloi, deux. Ce qui signifie qu'ils seraient condamnés à la peine maximale.

Chapitre 14

COMMANDOS MARINE ET 11e CHOC EN ACTION

Quand, à Saint-Joseph, le substitut que l'on ne peut pas soupçonner d'être un « va-t-en guerre », raconte le climat qui règne dans la grotte et la menace qui pèse de plus en plus lourdement sur les otages, le capitaine du G.I.G.N. est ébranlé. Pris entre la conviction profonde qu'il a de la négociation et le désir de sauver la vie des hommes qu'il a entraînés dans ce guet-apens, l'officier ne sait plus quelle voie choisir. La solution par la force lui répugnait parce qu'il la jugeait prématurée. La vie de trop d'êtres humains était en jeu. Il a tout tenté pour résoudre cette affaire sans que le sang ne coule encore. Il s'est heurté à plusieurs obstacles. « Le contexte politique national, (élections), local, l'attitude du bureau politique du F.L.N.K.S. qui avait refusé à Franck Wahuzue d'entrer en contact avec les ravisseurs (ce Mélanésien proche de Yeweine, numéro 2 de F.L.N.K.S., désigné par les preneurs d'otages eux-mêmes, avait pourtant donné son accord pour se rendre à Ouvéa), la défiance des militaires locaux à l'égard de toute solution négociée », dira-t-il plus tard dans son rapport de sa mission.

Il doit maintenant se rendre à l'évidence. Il ne peut plus s'opposer à une attaque en règle. Au cours d'une précédente réunion à Nouméa, deux hypothèses ont été envisagées pour neutraliser rapidement les ravisseurs : soit leur neutralisation par une équipe venue avec le commando qui foncerait directement sur l'entrée de la grotte en prenant de gros risques ; soit une action interne par les otages eux-mêmes, beaucoup plus sûre, à condition de pouvoir leur faire parvenir l'armement nécessaire.

L'après-midi même, il avait donné l'ordre à ses adjoints de prendre contact avec les officiers du commando Hubert et du 11ᵉ Choc, afin d'organiser un entraînement commun. Pour une opération de ce type, à l'objectif aussi précis, les hommes doivent répéter en grandeur nature, non plus seulement sur croquis et plans. C'est le colonel Benson qui a trouvé le terrain adéquat sur l'île de la Table, un atoll inhabité situé au large de Saint-Joseph. Transportés par hélicoptère, le G.I.G.N., le 11ᵉ Choc et Hubert iront à trois reprises à la Table pour répéter l'assaut. Le terrain y est à peu près comparable à celui de la grotte. Dans un décor magnifique, les militaires refont tous les gestes dont ils auront besoin le jour J., dans toutes les situations possibles : bien se situer les uns par rapport aux autres, ne pas aller trop vite, faire attention au niveau de l'ouverture du feu pour ne pas tirer dans le dos d'un copain, vérifier également si certaines armes ne sont pas trop dangereuses. Le 11ᵉ Choc a en effet prévu d'utiliser des grenades à fusil antipersonnel. Au cours des entraînements de tirs réels, les officiers se sont aperçus que s'ils les utilisaient, ils risquaient de blesser, voire de tuer, leurs propres hommes.

Tous les commandos sont dotés d'un Famas, sauf le G.I.G.N. qui préfère utiliser les pistolets mitrailleurs P.M.H.K. de marque allemande et des fusils à pompe. Legorjus a confié le commandement du G.I.G.N. au lieutenant Timothée. Il ne participe pas à l'entraînement. Pour des raisons de timing entre la métropole et la

Nouvelle-Calédonie, car il veut rester disponible si l'occasion de négocier se présentait. Elle ne se présentera plus.

« Le mardi 3 mai au matin, le ministre demande au capitaine Legorjus de se rendre à la résidence, écrit l'officier dans son rapport. Les autorités font comprendre au capitaine Legorjus que l'opération militaire devient maintenant l'unique solution envisagée. Celui-ci réplique qu'il n'acceptera de donner son accord à une telle solution que s'il est en mesure d'organiser, de l'intérieur de la grotte, un minimum de protection pour les otages. Le général Norlain lui fait part de son accord. »

C'est clair. Le capitaine refuse de donner son accord tant qu' « un front de l'intérieur » ne sera pas ouvert. Vidal le comprend, mais la discipline prime. Pour sauver la vie de ses hommes, Legorjus est prêt à désobéir en assumant toutes ses responsabilités. Il est prêt à donner sa démission si le risque est trop grand pour les otages. Par l'entremise de Prouteau, le Président de la République suit l'affaire de près. Bernard Pons ne souhaite pas retarder l'intervention, même si Vidal conseille la prudence. Têtu, Legorjus obtient du général qu'il change son ordre d'opération initial, dans lequel on ne faisait pas mention de l'action du G.I.G.N. à l'intérieur de la grotte. Il souhaite que, dans l'ordre d'opération, figure la manœuvre à l'intérieur du G.I.G.N. La raison : le texte est envoyé à l'état-major à Paris. Il est alors pratiquement impossible de le modifier au dernier moment.

De retour à Ouvéa, dans la matinée, le capitaine rencontre Bianconi qui est autorisé par Dianou à sortir de la grotte une ou deux fois par jour pour aller aux nouvelles. Là-haut, le climat se détériore. La nervosité des ravisseurs augmente. Le magistrat est très inquiet, non pas pour lui mais pour les gendarmes du G.I.G.N. Legorjus lui livre ses intentions, en tête à tête. Pour que les otages puissent garder la vie sauve, il faut qu'ils puissent se défendre. Le capitaine demande au juge de leur porter deux revolvers en cachette. C'est risqué. Mais il peut, il doit y arriver. Ce n'est pas la première fois que le substitut transporte clandestinement des objets pour les otages du G.I.G.N. Mais jusqu'à présent, il ne s'agissait que de « matériel défensif » : une montre, des clefs de menottes, pour qu'ils puissent au moins tenter quelque chose si ça tournait vraiment mal. Le substitut avait peu de chance d'être découvert, il n'était même pas fouillé quand il retournait dans la grotte. Mais ce que lui propose Legorjus est en contradiction avec les principes qui régissent la profession qu'il a choisie. Un magistrat qui transporte deux revolvers pour armer quelqu'un, même des otages, cela ne s'est jamais vu ! Legorjus insiste. C'est ça ou prendre la responsabilité de voir massacrer les otages, peut-être lui-même, dès les premières minutes de l'assaut. A coup sûr, c'est ce que Dianou va tenter avant que les commandos ne parviennent à la grotte. Ce sera trop tard. Le substitut ne sait plus quoi penser. Peut-il enfreindre ses principes en collaborant, de cette manière, avec les forces de la loi ? Peut-il rester les bras croisés devant ce qui se prépare ? En cas de malheur, il se le reprocherait toute sa vie. Et puis, n'est-il pas fils de gendarme ?

Legorjus comprend ce désarroi mais il estime que la nécessité d'armer les otages doit transcender les règles déontologiques et morales du magistrat. Bianconi fléchit devant tant de conviction.

Il doit tout d'abord récupérer de nouvelles clés de menottes. Celles que Legorjus lui a données la veille étaient d'un modèle ancien, changé partout dans la gendarmerie à la fin des années soixante.

Pour les armes, le capitaine a choisi des Smith et Wesson, calibre 38 spécial, modèle 60, appelés également modèle Chief à canon court deux pouces. Quand les cinq coups sont chargés, il y a automatiquement une balle en face du canon. C'est une arme puissante et légère, plus facile à dissimuler qu'un gros revolver. Au G.I.G.N., les gendarmes l'utilisent pour la protection de personnalités car on peut les dissimuler « sous le costume en alpaga le plus étroit, comme l'écrit Gérard de Villiers dans S.A.S », dit en souriant un ancien membre du groupe. Il arrive parfois aux membres du G.I.G.N. de ne pas pouvoir intervenir dans une opération l'arme au poing, et ce n'est pas la première fois que Legorjus utilise ce subterfuge. Les balles sont demi-blindées. Leur vitesse n'est pas très grande mais, dans une zone de dix à vingt mètres, elles gardent un bon pouvoir d'arrêt.

Le premier moment de trouble passé, Jean Bianconi est maintenant convaincu. C'est dans son slip qu'il emporte, avec une lampe de poche miniature, les deux armes collées sur ses cuisses avec du ruban adhésif. Le matin même, la tension était particulièrement vive dans la grotte. Les ravisseurs s'inquiétaient du retard que prenait Antenne 2. Alphonse avait exigé que soit établie la liste des gendarmes du G.I.G.N. avec leur grade afin, disait-il, de voir s'ils mentaient.

L'opération doit avoir lieu le lendemain matin 4 mai à six heures. Dès que l'hélicoptère, supposé être celui de la télévision, survolera la grotte, les otages devront se réfugier à l'intérieur en attendant de pouvoir s'enfuir par la cheminée sur le côté, un détail important recueilli auprès d'Antonin avant qu'il ne parte se réfugier à Nouméa.

Les commandos ont atteint le seuil de préparation suffisant. C'est alors que, vers 17 h 30, le général Vidal prévient le capitaine Legorjus qu'il doit retourner à Nouméa afin de prendre ses ordres. Legorjus lui répond qu'il tient une occasion de réussite qui ne se représentera peut-être plus avant longtemps. Il lui suggère d'arrêter sa décision pour que l'opération ait bien lieu le lendemain matin, 4 mai. Pourtant, dans la soirée, vers 20 heures, le général fait savoir que l'opération est reportée. le capitaine Legorjus informe aussitôt le substitut Bianconi, par un message codé à l'avance, qu'il faut prévenir le capitaine Picon de ce retard.

Legorjus doit rappeler Dianou en lui faisant croire qu'il parle de Nouméa : « La télé n'a pas pu venir aujourd'hui à cause de la météo, dit-il. Je viendrai demain en hélicoptère, s'il n'y a pas de contre-indications. » Legorjus est déçu : il pleuvait très fort la veille du jour J. et les ravisseurs s'étaient tous mis à l'abri en abandonnant leurs postes de combat. Le dispositif de défense était donc replié. Une partie des gardiens étaient allée dormir à la tribu. Dans la cuvette, il ne devait rester qu'une vingtaine de Canaques au maximum. La pluie providentielle aurait aussi couvert le bruit de la progression du commando. A cet effet, le général avait prévu le survol de la cuvette par un hélicoptère. Mais Legorjus est hostile à cette manœuvre : l'appareil annulerait automatiquement l'effet de surprise. L'hélicoptère sera tout de même maintenu.

Le lendemain matin, 4 mai, à 7 h 30, le commandant du G.I.G.N. rédige un message destiné à convaincre le général de ne plus prolonger au-delà de vingt-quatre heures cet espace de temps favorable à l'action. Son analyse est la suivante : il ne peut plus différer son retour à la grotte et doit informer Dianou de l'échec des négociations. D'autre part, le capitaine Picon et ses hommes risquent, à tout moment, d'être découverts porteurs des équipements qu'ils ont reçus. Enfin, les derniers témoignages du substitut Bianconi montrent que les membres du G.I.G.N. sont de plus en plus menacés. La réponse lui parvient très rapidement : calme et sérénité. Malgré sa surprise, Legorjus continue de préparer l'opération qui, selon lui, ne doit plus être reportée.

Il est d'autant plus mécontent que, depuis la veille, les otages sont en condition de se défendre et de créer un second front à l'intérieur de la grotte. Il estime qu'on ne peut pas les laisser plus d'une journée avec des armes enfouies dans la terre. Si Dianou s'en aperçoit, ils seront tous exécutés sur-le-champ. Dans la grotte, l'anxiété étreint les otages du G.I.G.N. Les gendarmes mobiles, eux, ne sont au courant de rien. Dans l'euphorie ou l'angoisse provoquée par la nouvelle, l'un d'eux pourrait trahir le secret. Georges F., lui, écrit à Thérèse, sa femme, et à ses enfants, à Villeneuve d'Ascq.

« Jeudi 4 mai, 17 h 20. Ma chérie, mes deux amours. Un petit mot pour vous donner de mes nouvelles. Surtout, ne vous inquiétez pas pour moi, tout va du mieux possible. Nous ne sommes pas maltraités et nous sommes nourris convenablement. Le temps ici est très long, en ce moment il pleut et nous ne sommes pas dans un palace mais à l'abri et avons des couvertures. Les négociations sont toujours en cours, cela va faire quinze jours demain. Je prie sans cesse et je prie souvent pour vous tous pour que nous soyons réunis le plus vite possible. C'est un mauvais moment à passer mon amour, alors courage, j'espère que ce petit mot vous remontera un peu le moral. Je vais confier cette lettre aux journalistes d'Antenne 2. J'espère que vous l'aurez assez vite. Avertissez tout le monde par téléphone que tout va bien, ce n'est qu'une question de temps. Je vous embrasse de toutes mes forces. De loin, mes amours, courage, et priez avec moi. A bientôt ma chérie, courage. Papa qui vous aime beaucoup. Georges. »

Chapitre 15

MAQUILLAGE DE GUERRE ET TENUE DE COMBAT

Si l'assaut n'a pas eu lieu le jeudi 4 mai, c'est parce que l'ordre final que Bernard Pons et le général Vidal attendaient de Paris n'est pas arrivé assez vite.

Dans la nuit du 2 au 3, le général Schmitt (chef d'Etat-major) a pourtant donné son approbation à l'ordre d'opération présenté par le général Vidal.

Le mardi 3 mai, à 8 heures, à la Résidence, le général Vidal a rencontré Bernard Pons. Il a souligné à nouveau les risques que comportait l'opération. De son côté, le ministre insiste sur le danger que courent les otages, parle de l'honneur de la gendarmerie et des forces armées.

Cependant, il envoie une lettre au général Vidal et au général Jérôme pour leur demander de consigner par écrit l'évaluation des risques et des pertes. Vidal convoque les trois chefs d'unités qui vont participer à l'assaut.

Legorjus accepte mal la demande de ce genre comptabilité potentielle. Il s'est toujours refusé à dire avant une opération : « Il y aura tant de morts, tant de blessés ». « On en prend la responsabilité ou on ne la prend pas, pense-t-il. Mais on ne prend pas une décision en fonction du nombre de morts ! » Le G.I.G.N. part toujours en mission avec l'idée qu'il ramènera le plus de monde possible : amis ou ennemis. En fait, le général Schmitt et le ministre des DOM-TOM ont demandé ces chiffres pour pouvoir éclairer le pouvoir politique. Un raisonnement de l'école de guerre. Mais le capitaine Legorgus estime qu'il ne fait pas la guerre. Il se trouve placé devant des problèmes de notre époque qui nécessitent, certes, un comportement militaire mais dont le but d'arriver à la solution reste la plus salvatrice.

De son côté, le pacha d'Hubert a annoncé un nombre de victimes très important pour montrer la dérision de la demande : une quarantaine de victimes ! Quant au patron du 11e Choc, il évalue le nombre de victimes chez les assaillants à cinq morts ou blessés ; chez les Canaques à quinze morts et quinze blessés ; chez les otages à cinq morts à peu près, le restant blessé. Le général Vidal n'apprécie guère que le capitaine Legorjus n'annonce pas de chiffres. Mais la réponse exagérée du pacha d'Hubert lui fait comprendre la difficulté d'une telle demande. Il donne sa propre évaluation, assez proche de celle du 11e Choc. Il estime les pertes possibles entre deux et dix morts pour les forces de l'ordre, six à vingt blessés, moitié pour les otages, moitié pour le commando. Quant au général de gendarmerie Jérôme, solidaire de son subordonné, il ne cite pas de chiffres sur les pertes. Il évoque simplement la pression exercée sur les hommes du G.I.G.N. à l'intérieur de la grotte et ajoute un post-scriptum manuscrit écrit visiblement à la dernière minute. « Le capitaine Legorjus, écrit-il, demande que l'on exploite au plus vite la situation nouvelle (les deux revolvers), une option à laquelle je souscris... »

A Paris, les lettres atterrissent sur le bureau du général Schmitt et sur celui du ministre de la Défense en même temps. Jacques Chirac est en campagne à Bordeaux. Il est prévu qu'André Giraud, Bordelais d'origine, Mme Alliot-Marie, secrétaire d'Etat auprès du ministre de l'Education

Nationale, Georges Chavannes, ministre délégué auprès du ministre de l'Economie, des Finances et de la Privatisation, le rejoignent dans le Sud-Ouest pour le soutenir pendant son premier meeting avant le deuxième tour. Dans le Mystère 20 du GLAM, André Giraud pense surtout à l'exposé qu'il va faire devant Jacques Chirac. Jusqu'à ces derniers jours, comme la Direction de la gendarmerie, il était hostile à l'assaut. Homme fidèle et droit, il a cependant mis à exécution les directives de son Premier ministre. Il aurait pu proposer sa démission, mais c'était donner un coup de poignard dans le dos du candidat Chirac, et de la majorité à laquelle son parti, le P.R., est étroitement associé. Lui aussi, a maintenant changé d'avis. Si l'assaut n'est pas donné, les hommes du G.I.G.N. peuvent être abattus l'un après l'autre. Ce n'est qu'après le déjeuner traditionnel de Jacques Chirac avec les élus locaux, qu'André Giraud répondra à ses dernières questions. Les deux hommes discutent seul à seul, à l'arrière d'une R25 officielle, qui stationne sur le tarmac de l'aéroport militaire de Bordeaux-Mérignac. Le chauffeur est dehors. Il attend devant les hangars. Trois quarts d'heures plus tard, André Giraud sort de la voiture. Jacques Chirac a donné son accord pour l'assaut.

Le Premier ministre appelle dans la foulée l'Elysée pour demander un rendez-vous pour André Giraud, ministre de la Défense. Le Président pourra le recevoir le lendemain mardi 3 mai à 12 h 30. La discussion dure une petite heure. François Mitterrand est déjà au courant du dossier par les liaisons ordinaires qui existent entre la Défense et l'Elysée, par l'intermédiaire de son chef d'Etat-major particulier, le général d'armée Jean Fleury qui s'est rendu à plusieurs reprises dans le bunker de Matignon, et par le préfet Prouteau qui a rédigé des notes de synthèse sur les problèmes de la gendarmerie et de Legorjus en Nouvelle-Calédonie.

L'avis de Giraud pèse aussi car le Président, qui sait que cet homme est favorable à la négociation, ne peut pas imaginer qu'il soit d'accord pour une opération, si elle n'est pas nécessaire. Le chef de l'Etat est d'autant plus « en confiance » qu'André Giraud, major de l'école polytechnique, mathématicien, est davantage un technicien qu'un politique.

François Mitterrand accepte donc, en précisant que le maximum de vies humaines doit être préservé. Il n'a aucune raison de refuser. Le Président candidat ne peut que redouter que les otages soient encore détenus après le deuxième tour. En revanche, Jacques Chirac prend un grand risque en laissant pourrir l'affaire. S'il gagne, Dianou, par déception, risque de les exécuter. Et le septennat de Chirac commencerait pas un bain de sang. S'il attend que les élections soit passées pour prendre une décision, on lui reprochera de « s'être couché ».

« On n'a jamais envisagé l'aspect politique dans cette affaire, explique un ancien membre de Matignon. Pour une simple raison : on savait que pour Jacques Chirac, au deuxième tour, c'était foutu. Tous les sondages le démontraient. Ça ne changeait rien pour lui d'ordonner l'assaut avant le 10 mai. Il n'aurait même pas gagné de voix dans l'armée. Tout le monde sait que les militaires votent 50 % à droite, 50 % à gauche. Même situation pour la libération des otages au Liban. Ce n'est pas nous qui avons déterminé le calendrier, mais les ravisseurs. On n'allait pas partir en laissant les gendarmes dans leur trou. On voulait laisser la place propre. Chirac, quand il a une merde, il la règle ! »

Ce jour-là, le préfet Roussin, chef de cabinet du Premier ministre, est débordé. Le téléphone n'arrête pas de sonner car deux affaires très importantes se traitent en même temps. Joëlle Kauffmann et Paul Carton appellent pour la libération de leurs parents. Bernard Pons appelle, lui, de Nouméa, pour parler au Premier ministre. En bas, dans la salle opérationnelle, la cellule de crise militaire fonctionne à plein rendement sous les ordres du colonel Verdet de L'Isle. Le préfet Rémy Chardon, conseiller technique au ministère des DOM-TOM, dormira quelques heures, la nuit suivante, le jour de l'assaut à Nouméa, sur le petit lit de permanence, enroulé dans une couverture bleue.

3 mai. 23 h 15 à Nouméa (14 h 00 à Paris). Bernard Pons reçoit le message signé par l'Elysée et Matignon autorisant l'assaut.

Mercredi 4 mai. 3 h 00 à Nouméa. Message au général Vidal. Le général Schmitt, chef d'état-major des armées, autorise l'opération.

4 mai. 18 heures à Ouvéa, dans le presbytère de l'église Saint-Joseph. Assis autour de la table du curé, les chefs d'unités écoutent le général Vidal. « Messieurs, la France compte sur vous. Vous allez réaliser une mission difficile. Faites votre travail de soldat, mais je ne souhaite pas une atmosphère de vengeance. Respectez la dignité humaine. » Les officiers hochent la tête. Personne ne dit mot. « Je me permets d'insister sur la légalité de l'emploi de la force et du respect de la dignité humaine », répète le général qui ajoute : « Une chaîne d'évacuation des blessés amis ou ennemis, a été mise en place. Civils ou militaires, ne faites pas de distinguo. »

Le lieutenant-colonel de gendarmerie Benson prend la parole à son tour : « N'oubliez pas qu'une enquête judiciaire va être ouverte. Aussi, je me permets d'insister à mon tour sur la légalité de l'emploi de la force. Ce n'est pas la guerre, mais une opération de police judiciaire. Une fois l'assaut terminé, ne touchez à rien. Laissez tout en état. Ne bougez pas les corps ni les pièces à conviction. »

Le général se lève, le briefing est terminé. « Messieurs, vous savez tous la tâche que vous devez accomplir. Je vous souhaite bonne chance. »

Dehors, la nuit est tombée sur une fin triste d'après-midi. Le ciel est gris. Il pleut par intermittence.

A trente kilomètres de là, sur le parking de l'aéroport d'Ouloup, des infirmiers viennent à peine de finir de monter l'A.C.P. (antenne chirurgicale parachutiste). Quatre-vingt-sept colis — 3,5 tonnes — qui permettent de monter un bloc chirurgical tout à fait convenable bien qu'il soit sous tente. Ce n'est pas la première fois que ces infirmiers se rendent avec leur barda au bout du monde. Avant de venir ici, ils étaient au Tchad pendant deux mois et demi. Depuis deux ans, ils travaillent sur cette A.C.P. de la 11e D. P. (parachutiste), et parachutistes ils le sont tous. Du lieutenant-colonel, chirurgien à l'hôpital militaire de Toulouse, à son adjoint, médecin commandant en orthopédie à l'hôpital Bégin, en passant par le médecin et les infirmiers anesthésistes. Il y a trois jours, ils ont reçu un télégramme pour partir, dans les douze heures, pour une destination inconnue. En regardant les informations à la télé, ils ont compris : la Nouvelle-Calédonie est leur destination. Cette nuit, il ne doit rien se passer, leur a-t-on dit. C'est demain matin, à l'aube, que tout doit commencer.

A Saint-Joseph, chaque groupe se prépare dans son coin, devant l'école. Tous sont vêtus de la même façon : treillis satin vert classique de l'armée, sauf les gens d'Hubert en combinaison de saut kaki. Chacun porte la coiffe qu'il veut. Legorjus, pour sa part, a choisi une cagoule noire qu'il a roulée sur sa tête. Les hommes sont calmes. Ils parlent peu. Ils se concentrent. Ils sont prévoyant les uns envers les autres. Ils vont vivre une épreuve forte et ils commencent déjà à la partager. Les rapports entre ces durs sont bizarrement très doux. A la séance de maquillage, les soldats sont face à face et chacun pose du fard sur le visage de son voisin. Legorjus se trouve lui, dans la cuisine, quand deux de ses gars viennent le maquiller.

A l'entraînement, les plaisanteries fusent toujours à ce moment-là. Aujourd'hui, personne n'a le cœur à plaisanter. Un maquillage mal fait, c'est peut-être la mort d'un homme. Ils travaillent surtout la forme du visage. Ils jouent sur toutes les nuances et les couleurs de la végétation d'Ouvéa — marron, vert clair — qu'ils puisent dans leur trousse à maquillage commando.

Avant, ils ont cassé une petite croûte ensemble. Des rations améliorées. Mais l'appétit n'y est pas vraiment. Pour la nuit, chacun emporte cependant trois ou quatre barres de chocolat fourré. Puis on démonte et remonte une dernière fois son fusil, on vérifie la culasse, et les chargeurs.

Legorjus a pris un revolver, un 357 Magnum, à six coups, un fusil à pompe calibre 12, cinq coups et des chevrotines 9 grains. En plus, il emporte un poste radio avec des piles de rechange.

En guise de cartouchière, les gendarmes du G.I.G.N. portent des chasubles. Dans les poches, ils enfilent les munitions et le masque à gaz. Les gens du Choc sont équipés plus lourds, car avec les fusils d'assaut, beaucoup plus de munitions sont nécessaires. Ils sont armés de Famas équipés de lance-grenades et transportent cinq ou six chargeurs de cinquante balles chacun. Plus des munitions en vrac et beaucoup de grenades offensives accrochées aux brelages. Aucun poste de combat ne résiste à une roquette anti-char. Le G.I.G.N. prend également des fusils de précision FRF1, ainsi que le commando Hubert. Les trois hommes du 17e R.G.P. préparent leur lance-flamme. Un vieux modèle car, en la matière, il n'y a pas de nouveauté.

Le sous-officier qui porte l'engin sur son dos ressemble à un plongeur sous-marin avec ses deux bouteilles. Pas de L.R.A.C. (lance-roquette anti-char). L'arme est efficace, mais dans la forêt, il n'y a pas assez de recul pour la flamme qui s'échappe de l'arrière du tube. La broussaille prendrait feu et le suiveur risquerait de brûler vif. Chaque unité emmène également son équipe médicale : un médecin et un infirmier. Au G.I.G.N., le médecin a l'habitude. En effet, il suit toutes les opérations. Quand on lui dit de monter en deuxième position, c'est trois mètres derrière l'équipe d'assaut. La seule arme du toubib, c'est son lot léger de réanimation. Son rôle est de se concentrer sur les actions d'évacuation, de transformer les premières en deuxième urgences. Sa sécurité est assurée par l'ensemble des gens qui l'entourent.

21 heures. Briefing général. Ecole de Saint-Joseph. Les trois groupes se réunissent dans une salle de classe. L'atmosphère est humide, moite. Il fait très chaud. Tout le monde transpire. Le chef du commando, le lieutenant-colonel Doucet, le patron du 11e Choc, donne les dernières instructions sur le plan technique et sur la discipline, en particulier au feu. Il donne surtout les consignes au cas où, en cours de route, le commando serait détecté. « Dans ce cas, que fait-on ? dit-il. Cela dépend de l'endroit où on se trouve par rapport à la grotte. Ou bien les ravisseurs ont le temps d'aller prévenir les gens de la grotte, dans ce cas, on les « neutralise » ; ou bien ils n'ont pas le temps, alors on les fait simplement prisonniers, pour les récupérer un peu plus tard. Pour les neutraliser, on peut avoir recours à l'arme blanche ou au silencieux. » « S'il y a des blessés en cours de route, ajoute-t-il, car on emprunte un terrain assez casse-cou, dont une partie longe la mer où il y a beaucoup de corail, la consigne est que si quelqu'un se blesse, on doit l'abandonner sur place. On n'a pas le temps de s'en

occuper. On le laisse avec une arme et on revient le chercher une fois l'assaut terminé. »

Legorjus prend à son tour la parole, souhaitant repréciser à l'ensemble du commando dans quel cadre il agit : « Je rappelle à tout le monde que nous effectuons une opération qui, pour moi, me paraît être une opération de police judiciaire. La façon dont nous allons la résoudre va revêtir les formes de la guerre. Mais n'oubliez pas que c'est une opération de police judiciaire, qui sera traitée comme telle par les magistrats. Ce que vous allez faire va être quelque chose d'exceptionnel. Votre droit, c'est de neutraliser au cours de l'assaut tous les gens qui s'opposeront à vous et qui pourront mettre votre vie en péril. Votre devoir, c'est qu'une fois que c'est terminé, c'est terminé. On n'en rajoute pas. » Et il précise : « Lorsque l'assaut sera achevé, il ne faut pas qu'il y ait d'abus, d'excès, de bavures. Contrairement au type d'opération dont vous avez l'habitude, celle-ci fera l'objet d'une enquête et sera exploitée par les médias. Dans un premier temps, on louera ce que vous avez fait. Dans un deuxième temps, on se déchaînera pour critiquer votre action. Enfin, gardez votre dignité, faites votre travail de militaire, c'est-à-dire défendez-vous contre tout ce qui pourra attenter à la vie des otages et à la vôtre. Utilisez les moyens qui sont mis à votre disposition, jusqu'à tuer. Mais quand c'est fini, c'est fini ! ».

Dans la salle, on entend quelques soupirs. Pour les gens du Choc, les boniments de curé ou de gendarme, c'est pareil.

Pour dissiper le trouble des gaillards qui lui font face, Legorjus a envie de dire : « Les types en face sont des ennemis, il ne faut pas prendre de gants avec eux. » D'autant plus que le commandant de l'E.P.I.G.N., le capitaine Pattin, prend lui aussi, beaucoup de précautions : « Faites attention, dit-il, car les journalistes ne manqueront pas de souligner les dégâts. »

Pattin est le commandant de l'escadron parachutiste. Il ne participe pas directement à l'assaut, mais il dirige la partie préparatoire. C'est un officier de gendarmerie, un soldat de la loi et il donne un point de vue légaliste sur la mission. Personne n'aborde le problème des blessés car tout a déjà été dit au moment des briefings. L'ordre opérationnel du général Vidal est très précis sur ce point : « Tous les blessés sont évacués sur Ouloup. Dans l'ordre sont évacués en priorité les otages, ensuite les troupes d'assaut, puis les ravisseurs. L'unité chargée de l'évacuation est la section T.A.P. (troupes aéroportées du R.I.M.A.P.) commandées par le capitaine Thierry Bineau. »

Au moment du déclenchement de l'assaut, la section devra atterrir sur la DZ, rejoindre la zone, sur ordre, et enfin, procéder à l'évacuation des blessés sur l'A.C.P. d'Ouloup. Les blessés seront transportés à Ouloup où depuis la veille est installée une antenne parachutiste. Toutes ces instructions ont été transmises par écrit aux chefs d'éléments.

22 h 15. Les soldats embarquent sur les Jeeps et les camions 4 × 4. Deux rotations sont nécessaires pour emmener trente-quatre hommes du 11e Choc, seize du commando Hubert et dix-huit gendarmes d'élite. Soixante-quatorze hommes en tout qui sont déposés à huit kilomètres au sud de Gossanah.

23 h 00. La progression démarre. Les hommes, alignés les uns derrière les autres à se toucher sont encadrés devant par huit gendarmes de l'E.P.I.G.N. qui jouent les guides et derrière par deux autres, qui ferment la marche, au cas où des gens se perdraient en cours de route. Aucune lampe. La troupe progresse grâce à la lumière résiduelle de la nuit.

L'E.P.I.G.N. a déjà reconnu l'itinéraire jusqu'à deux cents mètres de la grotte. Les chemins sont balisés par des entailles dans les arbres. Avec la chaleur et l'humidité, les hommes transpirent sous leur barda lourdement chargé de munitions. La marche devient encore plus pénible lorsqu'ils s'approchent du bord de la mer. Dans la nuit, ils ne parviennent à distinguer les trous creusés par les flots dans les récifs du corail. Soudain, le colonel Doucet tombe dans un trou. Une chute sans gravité. Legorjus chuchote en plaisantant : « Vu les ordres que tu as donnés tout à l'heure, on pourrait t'abandonner sur place ! ». Les hommes avancent sans rencontrer âme qui vive. La radio est coupée, mais un code technique a été mis en place. Si Paris décidait d'annuler la mission au dernier moment, même cinq minutes avant l'heure, ils en seraient avertis.

Les hommes ont mis sept heures pour parcourir huit kilomètres. Ils ont fait un large détour pour éviter les villages et les maisons isolés, s'avançant sur un terrain très difficile, même si l'E.P.I.G.N., a déjà tracé la piste à coups de machette. Heureusement, pendant leur reconnaissance, les éclaireurs ont repéré des boîtes de conserve tendues par les ravisseurs sur un fil de fer : un moyen simple mais efficace pour entendre des inconnus qui s'approchent.

A la fin de la nuit, Legorjus accuse le coup. Il est en Nouvelle-Calédonie depuis dix jours, dont huit sur le terrain. Après d'incessants aller-retour entre la grotte, Saint-Joseph et Nouméa pour les négociations, il ressent une grande fatigue. Mais devant le danger, il a l'esprit parfaitement aiguisé. Son corps est tendu comme une arbalète. Pourtant, il paraît calme, comme les gens de son groupe.

6 h 00. Le jour s'est levé cinq minutes plus tôt. Des zones d'ombres persistent encore dans la forêt silencieuse. La brume grise est tellement épaisse sous les arbres qu'elle

mouille comme du crachin. Les maquillages commencent à fondre sous la transpiration. Les hommes sont immobiles, un genou à terre, l'arme prête, une balle engagée dans le canon. A quoi, à qui pensent-ils ? A mourir, peut-être, au lever du soleil...

⁂

Après le briefing, le général est reparti pour Nouméa. A Saint-Joseph, où les militaires sont peu nombreux, la vigilance est extrême. L'Etat-major a appris que Dianou projetait de faire un coup contre le général Vidal avant de s'occuper des loyalistes.

5 h 30. Le colonel Benson se tient à côté de l'Alouette bleue de la gendarmerie. Le général est ponctuel. Prudent, il a préféré décoller une demi-heure avant l'assaut, quitte à attendre l'heure dans son P.C. volant au-dessus de la mer.

6 h 10. Les hélicos arrivent au-dessus de la grotte. Au même moment, la radio crachote l'ordre du colonel Doucet : « En avant ! » Chaque chef d'élément répercute l'ordre aux hommes disséminés sur un peu plus de cinquante mètres. Comme à la battue, les soldats marchent en ligne. Legorjus porte son arme en bandoulière. Il vérifie l'alignement des gens à droite et à gauche. Chef de l'élément Sud il veille à ce que la liaison entre ses hommes et ceux du 11e Choc ne soit pas rompue. Une, deux minutes : toujours rien. Legorjus entend les hélices devant lui, beaucoup trop à droite. Il comprend que les appareils survolent bien la grotte mais que ses hommes et lui sont mal positionnés.

Soudain, le premier coup de feu éclate. Un deuxième. Puis une rafale. Le bruit des hélices a alerté les Canaques qui se sont mis à leur poste de combat.

Le commando croyait être à cent mètres de la grotte. Il

en est à deux cents ou deux cent cinquante. Dans cette végétation, cela représente au moins cinq minutes de progression. En fait, les ravisseurs ont vu les commandos les premiers. Ils gardent l'initiative du feu. Pour l'effet de surprise, c'est raté.

Du coup, les gens d'Hubert remontent vers le Nord pour tenter de neutraliser par-derrière l'AA52 des ravisseurs. Personne ne se risquerait à monter à l'assaut d'une mitrailleuse lourde sans préparation d'artillerie. Ici, faute de mortier, c'est le lance-flammes qui entre en action. Quelques secondes suffisent pour « chauffer » les serveurs de la mitrailleuse asphyxiés par la flamme. Les grenades offensives éclatent, suivies de courtes rafales. La mitrailleuse se fait, mais autour l'enfer commence. Le 11e Choc longe maintenant le cratère d'où partent de longues rafales. Impossible de déloger les tireurs embusqués derrière les rochers. Une seule solution : monter à l'assaut en rafalant devant soi pour faire baisser la tête à ceux d'en face, même si on ne les voit pas. La technique de la boule de feu. Mais les Canaques tirent sans discontinuer. Les détonations sont amplifiées par la voûte des arbres. Seul le bruit sourd des O.F. émerge du crépitement de la mitraille. Des commandos se battent à trois, quatre mètres maximum. Presque du corps à corps ! la végétation est très dense. Personne ne voit personne, sauf au dernier moment quand, derrière un arbre, au coin d'un rocher, une tête, un corps surgissent. Il faut tirer au jugé. C'est là que le métier, l'entraînement, font la différence. Les Canaques s'écroulent, hachés, défigurés par les balles. Assourdis par les grenades offensives, aveuglés par les grenades flashes, ils tirent mal. Pas toujours cependant. Du côté des assaillants, le capitaine de corvette Jayot est le premier touché. Il n'a pas vu le Canaque caché dans la broussaille. La balle l'a atteint au côté. Une chance inouïe : le projectile a traversé la chair puis est ressorti. Une balle en séton. Un trou rond comme une pièce de cinq centimes qui saigne à peine. Le Canaque n'a pas le temps d'ajuster son tir. Le commando du pacha, qui se tient tout près, l'étend raide mort. Pendant que le médecin lui pose un pansement adhésif Jayot continue de tirer. Il ne faut pas s'arrêter, sinon c'est la fin, la défaite. Il faut avancer. Un à un, les postes de combat sont repris. Les arbres sont déchiquetés sous la violence des rafales.

Le sergent Jean-Marie Grivel du G.I.G.N. est blessé, lui, par une balle de Famas qui a pénétré à la base du cou pour ressortir dans le dos. Couché sur le sol, il dit simplement : « Je suis touché. » Le médecin du G.I.G.N. le soigne avec le docteur Thomas du 11e Choc. Les toubibs accroupis ne voient même pas les balles qui passent tout près. C'est le gendarme blessé qui, de temps en temps, baisse la tête d'un toubib de sa main valide pendant que l'autre continue de le soigner !

Le lieutenant Timothée s'écroule, touché à la tête. Legorjus s'approche. « Ne t'inquiète pas, tout ira bien », dit-il avec un sourire de réconfort.

Les Canaques se défendent avec l'énergie du désespoir et forcent même l'admiration de leurs adversaires. Lavelloi, planqué derrière un rocher à l'entrée de la grotte et armé d'un Famas, a tué l'adjudant Pedrezza et le deuxième classe Véron. Pedrezza est tombé sous le coup. Une balle en pleine tête. Son camarade gémit, inconscient. La moitié de son corps a basculé dans le cratère. Des hommes du G.I.G.N. essaient de le tirer par les pieds. Mais dès qu'ils s'approchent, les balles sifflent à leurs oreilles. Les gendarmes répliquent. Sans résultat. Vince est trop bien caché. Le jeune para gémit encore pendant deux minutes puis, plus rien. Il est mort.

Legorjus, lui, n'a pas tiré un coup de feu. Il est tellement occupé à coordonner son dispositif qu'il ne pense même pas à se protéger. Le capitaine Pattin lui sert de garde du corps, car l'E.P.I.G.N. ne participe pas à l'assaut. « Si un type vient sur nous, tu le descends. Avec la radio à la main, je n'ai pas le temps de m'en occuper », lui a dit Legorjus. Le médecin, l'infirmier se tiennent auprès de lui. Ainsi que le magasinier, au cas où il aurait besoin de matériel spécial, de gaz par exemple. Par radio, Legorjus vérifie l'emplacement de ses hommes et le communique à Doucet qui opère de l'autre côté du cratère. Il faudra vingt bonnes minutes pour situer les différents groupes.

***

Dans l'Alouette qui tourne au-dessus de la grotte, Vidal et Benson suivent à la radio le déroulement des opérations. Le premier message a été celui du pilote du premier hélico qui a survolé la grotte. « Puma touché. Un blessé. Je me pose. »

A bord des hélicoptères, aucun militaire n'a ouvert le feu. Sur qui aurait-il pu tirer ? En revanche, la balle d'un ravisseur a traversé le plancher, la jambe et le bras d'un gendarme de l'E.P.I.G.N. Le colonel Doucet n'est pas bavard. Il annonce simplement : « On a du mal à trouver la grotte. Envoyez un deuxième Puma. »

L'Alouette se pose sur la DZ. Le général rejoint les chefs du commando. Sur le sentier qui mène au cratère, il voit la mitrailleuse renversée sur le corps de deux Mélanésiens. Si les hommes n'étaient pas montés à l'assaut par derrière mais face à l'AA52, beaucoup seraient morts. Heureusement, les servants n'ont pas eu le temps de tourner leur arme...

Au résultat, les Canaques se sont farouchement défendus. L'assaut a duré trois quarts d'heure. Il aurait sûrement duré beaucoup plus longtemps si les commandos n'avaient pas eu l'avantage du nombre. Pendant les combats, on entendait que le fracas des armes. Les hommes restaient silencieux, à l'exception de trois mobiles qui étaient restés à l'extérieur et qui criaient : « Arrêtez. On veut pas mourir. » A tout instant, les assaillants risquaient de les atteindre. « Rentrez dans la grotte ! » ont crié à plusieurs reprises les hommes du G.I.G.N., mais ils refusaient de bouger pétrifiés par la violence des combats.

Pendant la bataille, le grand souci de Legorjus était d'identifier les bruits des armes pour savoir ce qui se passait à l'intérieur. Tout à coup, il a reconnu les « 38 Spécial ». Trois détonations qui lui ont empli le cœur de joie. Picon était entré en action. Ses gars se défendaient donc, mais jusqu'à quand ?

Chapitre 16

L'ASSAUT FINAL

Dans la grotte, un face à face sans pitié s'est engagé entre les ravisseurs et les otages. Le capitaine Picon et le chef Dubois, armés de revolvers tiennent plusieurs Canaques en respect.

La veille, au coucher du soleil, ils ont pris leurs dispositions pour l'assaut. Seuls les gendarmes du G.I.G.N., le lieutenant Destremau et le substitut Bianconi étaient dans le secret. Les mobiles n'ont pas été prévenus. La manœuvre consistait à les entraîner à venir dormir à l'intérieur de la grotte. Mais huit fortes têtes ont préféré rester en haut, sur la terrasse parce qu'il y a davantage d'air et moins d'humidité que dans la grotte. Bianconi a renoncé à leur donner des explications, de peur d'éveiller les soupçons des gardiens.

Au milieu de la nuit, les membres du G.I.G.N. se démenottent et attendent, le cœur battant. Peu avant 6 heures, ils voient le jour se lever lentement à travers l'entrée de la grotte. Soudain, le lieutenant Destremau entend un garde dire : « Ils arrivent ! » Il croit un instant que les forces d'assaut ont été découvertes. Mais il entend aussi le mot « coutume » en langage mélanésien. Il réalise alors qu'il s'agit des vieux de la tribu qui apportent le petit déjeuner, comme chaque matin entre 6 heures et 6 h 30 !

Soudain un autre bruit. C'est l'hélicoptère ! Dianou Hilaire appelle le substitut et lui demande si c'est bien Antenne 2 qui arrive. Aussitôt, le G.I.G.N. se précipite sur les gendarmes qui se trouvent sur la plate-forme et les jette dans le fond de la grotte. Trois d'entre eux, cependant, resteront à l'extérieur.

Dehors, les combats commencent dans un vacarme assourdissant. Des grenades viennent exploser devant la grotte en résonnant sous la voûte. Les otages sont entassés derrière un pilier au fond du trou, sous la protection du capitaine Picon. De l'autre côté, le chef Dubois est accroupi derrière le tumulus des ancêtres et vise l'entrée de la grotte. Les deux hommes ne disposent que de cinq balles chacun. Cinq balles pour sauver la vie de vingt-quatre personnes.

Dès les premières rafales, des Canaques entrent dans la grotte, certains pour se protéger, d'autres pour abattre les otages ou s'en servir de bouclier. Dubois tire une, deux fois sur Tangopi qui descend en s'agrippant aux racines du banian. Surpris, il remonte en quatrième vitesse pour prévenir les autres : « On nous tire dessus dans la grotte ! » Le coup, gras, d'un fusil de chasse claque. C'est Hilaire qui tire. La flamme jaune donne comme un coup de flash sur les parois humides. « Vous mourrez tous ! », crie Wenceslas Lavelloi, son voisin, qui lâche une rafale de Famas. Les combattants sont si près les uns des autres qu'ils s'entendent respirer. Avec une torche, Lavelloi éclaire le fond du trou. Picon et Dubois restent immobiles derrière leur abri. Par manque de munitions, ils ne tireront qu'au dernier moment, à bout portant. Hilaire appelle Bianconi pour qu'il vienne négocier. Bianconi ne répond pas. « Tu mourras, Jean ! » crie Hilaire. Samy, le gendarme mélanésien, sert d'intermédiaire dans cet échange pour le moins incroyable. Hilaire veut convaincre le juge de faire reculer les commandos.

Dehors, c'est le silence. Les combats ont cessé. Le général et ses officiers demandent à Alphonse et à ses hommes de se rendre. « J'emmerde le général », répond Alphonse au comble de la fureur. Autour de lui le monde s'écroule avec ses certitudes. Les ancêtres ne l'ont pas protégé parce qu'il a fait couler le sang dans un lieu sacré. Tenant toujours son casse-tête dans une main, il invoque son père, son clan, pour qu'ils lui viennent en aide. Il envoie sur la terrasse un gendarme pour qu'ils parlementent avec les militaires.

Les ravisseurs n'ont plus les dés en mains, Legorjus en est presque sûr. Mais il faut éviter un assaut supplémentaire. Il y a eu assez de morts. Investir la grotte, c'est prendre le risque de perdre plusieurs otages. Les négociations vont durer de sept heures à midi. Le général ne parle plus directement avec Dianou. Au seul nom de Vidal, Alphonse s'étrangle de colère. Il réclame « Philippe ». « Où est Philippe ? Qu'il vienne ! » « Il n'est pas là. On va le chercher mais ça prendra du temps », répondent les officiers. Caché derrière le même rocher que le général, Legorjus ne répond pas. S'il négocie avec Dianou, cela ne fera que compliquer les choses. Et puis il ne veut pas participer au deuxième assaut. Il désigne une demi-douzaine de gars commandés par un chef de groupe. Investir directement la grotte, c'est le boulot du G.I.G.N. Mais lui n'ira pas. En tant que chef, il doit coordonner toute l'action. Mais peut-être veut-il éviter d'avoir à tuer Dianou.

Ses hommes se préparent. Avec leur casque et leur masque à gaz, ils ressemblent à des Martiens. La tâche ne sera pas facile car Dianou et les ravisseurs ont mis en avant un adjudant et un gendarme comme écran pare-balle. Un peu excentrés, deux autres mobiles qui avaient dormi dehors, les gendarmes Roger et Addari, se retrouvent dans la ligne de feu entre les deux camps. Pour se protéger de la rosée, ils avaient tendu sur eux une bâche orange. Ce matin, quand ils ont entendu les « vieux » faire la coutume, avant d'apporter le ravitaillement, ils ont jeté un œil en dehors de leur abri. Mais à la place du thé, ils ont eu droit à une rafale. D'un coup, la cuvette s'est transformée en chaudron du diable. Un vacarme de fin du monde. Terrorisés, collés à la terre, ils ont entendu comme un feulement. Et là-bas, à travers la végétation, ils ont vu cette boule jaune. Un lance-flammes ! Jamais ils n'ont eu pareille frayeur. Puis le silence. Le silence d'après la bataille.

Alberto Addari et son camarade sortent de la bâche orange qui les masquait aux forces d'assaut. Ils voient distinctement leurs camarade embusqués derrière les rochers. Alors, l'un d'eux ouvre sa veste de treillis et montre son torse blanc, pour prouver qu'il n'est pas un ravisseur. « Nous sommes quatre otages, quatre ! », signale-t-il par geste aux commandos qui lui répondent d'un signe de la main.

Dianou demande à « évacuer un blessé ». « Oui, à condition que vous ne tiriez pas sur les soldats qui viendront le récupérer. » C'est Alberto et un gendarme d'Antibes qui portent le Mélanésien. Alberto remarque que les soldats sont en train d'encercler lentement la grotte à une trentaine de mètres. « Viens », lui disent les Canaques. Alberto s'approche. Ils le font asseoir face à eux, le dos tourné aux soldats.

Ce sont les tireurs d'élite du commando Hubert qui donneront le signal du deuxième assaut. Un autre Canaque serre le cou d'Alberto sous son bras et, de sa main droite, brandit son arme en criant : « Si vous approchez, je le tue ! » En face, un tireur d'élite du commando a pris appui sur un rocher. Le visage du Canaque s'inscrit au centre de sa mire.

Le Canaque bouge. Le canon du fusil à lunette suit lentement son mouvement. Legorjus pense que c'est Dianou mais il n'en est pas sûr. Deux coups claquent simultanément. La tête du Canaque explose. Alberto hurle de douleur. Il a reçu une balle dans la jambe droite, tirée par son propre camp. L'adjudant, lui, est couvert de sang. Il se croit touché. En fait, c'est la tête du type qui le retenait qui a explosé. Il s'enfuit vers la forêt, comme s'il était devenu fou. Autour, c'est l'apocalypse. Les grenades offensives, lacrymogènes, flash tombent comme un nuage de grêlons dans l'entrée de la grotte. Les armes automatiques crépitent. D'autres Canaques meurent et gisent dans leur sang. Dianou ne fait pas partie du nombre.

Les hommes du G.I.G.N. se sont approchés de l'entrée de la grotte. « Dianou, rends-toi, crient-ils. Libère les otages, sinon tu vas mourir, toi et tes hommes. »

***

A la première grenade qui a explosé à l'intérieur, le capitaine Picon a compris. Il a suivi le plan de Philippe : grimper à l'extérieur par la cheminé et évacuer les otages pendant que les ravisseurs sont occupés à se défendre. Picon court, trébuche sur l'éboulis et s'engouffre dans le boyau. Le lieutenant Destremau le suit. Il faut ouvrir la voie. Si Picon tombe sur un Canaque, il ne faudra pas le rater, car il ne reste plus que trois balles dans le barillet. Picon s'écorche les mains, s'égratigne le visage. Enfin, l'air libre. Le jour qui éblouit. Un homme debout. Picon pointe son arme, mais il entend : « Venez vite ! C'est fini. »

En bas, les otages se ruent un à un vers la sortie. Le vieux Joseph sonné par le bruit et la fumée du gaz lacrymogène, tente de convaincre Alphonse de se rendre. Les porteurs de thé reniflent, pleurent. Personne n'y voit rien. Du haut, les G.I.G.N. tirent. Les mobiles sont en train de sortir par la cheminée. Il ne faut pas qu'au dernier moment, les irréductibles massacrent les otages. « Rends-toi, répètent les G.I.G.N., sinon vous serez tués. »

« Je mourrai sur ma terre », répond Alphonse en bas. Les grenades pleuvent. Les rafales aussi. Des Canaques meurent encore. Les vieux sont terrorisés.

« Alphonse, dit le vieux Tangopi, si tout le monde meurt, qui restera sur cette terre ? Il faut penser aux gens qui vivent sur cette terre. » Alphonse ne sait plus. Il tousse. L'atmosphère est devenu irrespirable. Il jette son arme et s'appuie aux racines du banian. Il a gardé son casse-tête qu'il brandit d'une main. Une fumée âcre se dégage de l'ouverture, comme si la grotte était en feu. Alphonse surgit des entrailles de la terre, tel un fantôme. Un homme de Legorjus l'attend. Le Canaque a quelque chose dans sa main. Le gendarme tire. Dans le genou. Des militaires investissent la grotte. D'autres restent sur la plate-forme. Lavelloi est déjà mort. Waina Amossa, un « porteur de thé », aussi. C'est fini. Mais la polémique commence.

Chapitre 17

REQUIEM POUR DIANOU

Wenceslas Lavelloi est torse nu. Il ne porte qu'un short rouge. Il est allongé sur le dos, à 2,60 mètres de l'entrée de la grotte, sur la partie droite. Du sang coule d'une large plaie et imprègne le sol sous son épaule gauche. A côté, à quelques centimètres, son arme : le Famas n° 29089 équipé d'un chargeur contenant 16 cartouches, dont l'une est engagée dans le canon.

Son frère, Jean, habillé d'un jean et d'un blouson rouge, est couché sur le ventre dans le cratère. Il est mort. Il porta une importante plaie à la tête et sa cervelle est répandue à 20 centimètres de son crâne. Il tient encore son P.M. Mat 49 à la main gauche. L'arme est munie d'un chargeur contenant 9 cartouches dont une est engagée dans le canon.

Waina Amossa, lui, porte un imperméable ciré de couleur jaune et un bermuda bleu et rouge. Il est aussi allongé sur le dos, incliné vers le cratère. Aucune blessure n'est apparente. Près de son bras droit, un Famas n° C 29130 dérobé à la brigade avec un chargeur contenant 18 cartouches dont une engagée dans le canon.

L'assaut est fini depuis une heure quand le lieutenant-colonel Benson se pose sur la DZ de fortune aménagée près de la grotte. Tous les commandos ont regagné Saint-

Joseph. Il reste simplement quelques parachutistes de choc. Ils sont fatigués. Le maquillage a tourné au noir sur leur visage défait par l'effort. Aucun triomphalisme. Aucun cri de joie. Il y aurait de quoi : tous les otages sont vivants. Une opération qui intéressera plusieurs semaines après les services américains qui, en Iran, ont naguère eu moins de chance.

« Mission accomplie », disent-ils simplement. Ce sont des professionnels et ils sont — mal — payés pour ne pas avoir d'état d'âme. Aucun des leurs ne se plaint. Même lorsqu'on a ramené de la grotte le corps du 2e classe Jean-Yves Véron, 19 ans, né au Mans, dissimulé sous une couverture. Trois plombs de chevrotine en pleine tête. Ses camarades attendent maintenant la seconde rotation de l'hélico qui a déjà emmené le corps de leur deuxième tué : l'adjudant Régis Pedrazza. Benson avait prévenu : « Ne touchez à rien. » Mais ces hommes ont pour règle d'or d'emmener leurs morts et leurs blessés après le combat. Le lieutenant-colonel Benson et la dizaine d'officiers de Police judiciaire qui l'accompagnent, se voient mal demander aux parachutistes de remettre les deux cadavres à leur place d'origine qui a été tout de même signalée. Le juge Bianconi est resté sur les lieux. Il estime que c'est son devoir de magistrat. En sa présence, les gendarmes dénombreront 17 cadavres, plus un autre retrouvé vers 16 heures à 80 mètres de la grotte. Les prisonniers, eux, sont rassemblés près du chemin d'accès. Assis sur le sol, ils semblent profondément choqués. Ils ne réalisent pas ce qui s'est passé. Autour, des parachutistes de l'E.P.I.G.N. montent la garde. A côté, Dianou est allongé sur un brancard. Il respire difficilement, mais il est conscient. Alphonse a les yeux vitreux et sous lui, une large flaque de sang tache sa civière. Le substitut lui dit quelques mots, mais le blessé ne semble pas voir son interlocuteur. « Pourquoi n'avez-vous pas donné l'ordre à vos gens de se rendre dès le premier assaut ? » demande Bianconi. « Lorsque je fais quelque chose, je vais jusqu'au bout ! » répond Dianou avec peine.

Le substitut a été l'otage des Canaques, mais à partir du moment où a été libéré, il considère qu'il n'est plus qu'un homme de loi, seulement soucieux de la vérité et du droit. Aucun esprit de vengeance ne l'anime. Aussi a-t-il aidé immédiatement Legorjus et ses gendarmes à faire le tri des ravisseurs, des deux coutumiers et des trois ou quatre porteurs de thé. Pendant ce temps-là le médecin du commando Hubert faisait une perfusion à Dianou, avant de lui injecter 15 mg de morphine. Le médecin capitaine Thomas du 11e Choc l'assistait en appliquant un pansement compressif sur la blessure au genou. Mais déjà les membres du commando retournaient vers Saint-Joseph pour attendre, Général Vidal en tête, Bernard Pons qui avait annoncé sa venue. Bianconi s'est aperçu que le chef des ravisseurs gît toujours sur son brancard. « Pourriez-vous faire évacuer Alphonse Dianou ? J'ai un sentiment désagréable. Il serait préférable qu'il quitte cet endroit rapidement », dit-il à Benson. Le lieutenant-colonel sait que la section T.A.P. du R.I.M.A.P. est sur le terrain. Mais il préfére demander à quatre prisonniers de brancarder le blessé jusqu'à la DZ. Pour plus de sûreté, il les fait même encadrer par des gendarmes de l'E.P.I.G.N.

Les ordres écrits du général Vidal sont très clairs : les blessés doivent être évacués à Ouloup selon cette hiérarchie : les otages, les forces de l'ordre et, ensuite, les ravisseurs. Les prisonniers quant à eux, doivent être acheminés vers Saint-Joseph.

Que se passe-t-il à ce moment-là ? Très vraisemblablement une erreur d'aiguillage. Dernier et seul blessé canaque à la grotte, Dianou doit être, selon les ordres, évacué en dernier. Mais il s'est retrouvé parmi les prisonniers. Est-ce parce que sa blessure n'est pas spectaculaire ? Il est transféré à Saint-Joseph où personne ne se rend compte, avec la venue du ministre et la décompression qui a suivi l'attaque, que son état nécessite des soins d'urgence. Sur une photo publiée par Paris Match, Alphonse Dianou ne porte plus de perfusion. Celle-ci a disparu soit entre la grotte et le DZ — mais il était porté par ses camarades —, soit à la DZ, soit à Saint-Joseph.

Une enquête de commandement a été diligentée par Jean-Pierre Chevènement qui a remplacé André Giraud au ministère de la Défense. A l'issue d'une semaine d'investigations en métropole, complétées par un séjour en Nouvelle-Calédonie, le général de corps d'armée Rouchaud et le général d'armée Berthier écrivent : « Après une phase d'attente avec les prisonniers difficile à évaluer mais pouvant s'élever à trente minutes le blessé a été, sur ordre de l'officier chargé de la garde des prisonniers, dirigé sur la zone de « posé » des hélicoptères. Le déplacement, d'une durée de vingt minutes, a été effectué en brancard porté par quatre Mélanésiens prisonniers. Il semble, selon plusieurs témoins, que durant ce trajet la perfusion était encore en place. L'officier de l'E.P.I.G.N., dont la mission consistait à tenir la zone et à évacuer les personnels qui s'y présentaient, a orienté Dianou sur le point de regroupement des prisonniers à Saint-Joseph, et non sur Ouloup où se trouvait l'A.C.P. Pour étayer sa décision, il avait recueilli, selon lui, l'avis du médecin du G.I.G.N. Ce dernier point demande confirmation auprès du praticien en cause. Dianou, peut-être descendu sans ménagement de l'hélicoptère, a été placé dès son arrivée à côté de l'église de Saint-Joseph dans le groupe des prisonniers, sur son brancard. Sur ordre du général Vidal, l'ensemble des prisonniers, dont Dianou, objet de curiosité, a été déplacé par des éléments du G.I.G.N. et vu près de l'école. Comme en témoignent les photographies prises par l'officier de renseignements du P.C. en activité sur place, le pansement était, bien en place et le visage de Dianou, bien que crispé, ne portait aucune trace de coups. »

Vers 16 heures, il est décidé de transporter les prisonniers à l'aérodrome d'Ouloup afin qu'ils soient acheminés par avion sur Nouméa. C'est le capitaine Alain Belhadj, né le 2 mai 1949 à Ouled-Lazreg en Algérie, qui est chargé du transfert jusqu'à Ouloup.

Cet officier commande l'escadron 1/20 de la gendarmerie mobile de Decize dans la Nièvre. Il sera suspendu administrativement de son commandement à la suite du rapport des généraux Rouchaud et Berthier qui précisent dans leur rapport : « En ce lieu [Saint-Joseph] les prisonniers, dont le blessé, ont été pris en compte par un commandant d'escadron de gendarmerie mobile qui avait reçu l'ordre de les acheminer par voie routière sur Ouloup, en raison de l'état de santé de Dianou. »

« L'attente de ce dernier à Saint-Joseph peut être évaluée à trente minutes. Cet officier se serait laissé aller à frapper violemment les visages des prisonniers, dont celui de Dianou, au dire de plusieurs militaires de la gendarmerie témoins, ce que ne reconnaît pas l'intéressé. »

« A l'arrivée du convoi à Ouloup, l'officier de gendarmerie responsable de la zone et le médecin présent ont constaté les faits suivants :

— mort de Dianou, allongé sur le ventre, à même le plancher d'une camionnette (corps tiède sans rigidité cadavérique) :

— absence de brancard ;

— aucune trace de pansement sur le genou ;

— visage tuméfié et ensanglanté.

« L'essentiel de ces constatations est confirmé par l'aumônier militaire, également présent sur les lieux. »

« En conséquence, dans l'état actuel de l'enquête de commandement, il peut être avancé que :

— Dianou n'a pas été évacué selon les procédures prévues pour les blessés, alors même que le général Vidal avait donné des ordres stricts pour éviter toute discrimination entre ceux-ci. Il a subi le sort commun aux prisonniers mélanésiens :

— Dianou a été l'objet de sévices graves entre le moment de son stationnement à Saint-Joseph et celui de son arrivée à Ouloup;

— Dianou est mort au cours de son transfèrement par voie routière. »

« S'il est impossible d'affirmer que les sévices subis ont entraîné la mort de Dianou, il est indéniable que des fautes graves ont été commises, tant dans la chaîne d'évacuation que dans le comportement de l'officier responsable du transport de Saint-Joseph à Ouloup. »

Muté au service des affaires immobilières à la Section de gendarmerie de Dijon, le capitaine Belhadj nie les faits qui lui sont reprochés. Entendu par un officier de Police Judiciaire, il explique dans sa déposition comment, selon lui, s'est déroulé le transport d'Alphonse Dianou entre Saint-Joseph et Ouloup.

« J'ai participé aux événements d'Ouvéa avec mon escadron. Du 25 avril au 6 mai 1988. Le 5 mai 1988, j'ai passé la journée au Nord de Wadrilla sur l'île d'Ouvéa. A 16 h 30, j'ai reçu l'ordre du colonel Picard commandant le S.G.O. Sud de rejoindre le P.C. à Saint-Joseph à 25 km au nord de ma position. »

« Arrivé à 16 h 57, j'ai été accueilli par le colonel Picard. Ce dernier m'a ordonné le transport à l'aérodrome d'Ouloup de 14 prisonniers capturés dans la grotte dont l'un, Alphonse Dianou, blessé, peut-être même décédé. L'officier m'a demandé de conduire rapidement ces personnes.

Je les ai alors réparties dans deux 4×4 et un car et j'ai emporté Dianou sur un brancard dans un 4 × 4 à part pour lui permettre d'être acheminé plus rapidement sur l'aérodrome. Ce 4 × 4 est arrivé cinq minutes avant le convoi à Ouloup. Le reste du convoi, parti à 17 h 10 de Saint Joseph, est arrivé à Ouloup à 17 h 44. J'ai remis le blessé au médecin militaire se trouvant sur place. Celui-ci a malheureusement constaté le décès. S'agissant des treize autres personnes, elles ont été remises à l'escadron de parachutistes de la gendarmerie chargé de les convoyer sur Nouméa. »

Le médecin militaire qui a constaté le décès ne fait pas partie de l'antenne chirurgicale parachutiste. Les deux chirurgiens de l'A.C.P. n'ont en effet reçu aucun blessé mélanésien. Les autres ravisseurs étant morts ou prisonniers. Ils ont en revanche sauvé la vie du lieutenant Thimotée, lieutenant du G.I.G.N., qui présentait un ébranlement crânien majeur avec deux hématomes importants. Une fois le crâne rasé, ils ont procédé à une trépanation en découpant un volet dans la boîte crânienne. Les chirurgiens sont intervenus sur une dizaine de blessés, le premier étant le gendarme Ledrenn du G.I.G.N. présent dans le Puma qui survolait la grotte au moment de l'assaut. La balle a traversé une cuisse et un bras. Aujourd'hui, Ledrenn a repris comme le lieutenant Thimotée, ses activités. Alberto Addari, blessé par un tir de forces de l'ordre, n'a jamais été interné, ni même “ dissimulé dans un établissement où il aurait été soigné incognito pour “ troubles mentaux ” », comme l'affirmait, en exclusivité, le magazine « Politis » après l'affaire d'Ouvéa. Motif de cet isolement : « le syndrôme de Stockholm ». Addari aurait pris fait et cause pour ses ravisseurs. Addari, soigné en orthopédie à l'hôpital Bégin, n'a jamais été fou et encore moins interné. Mais il est vrai, que, surpris au moment de l'assaut, lui et ses camarades otages pris entre deux feux, ont parfois crié aux assaillants : « Partez, vous allez tous nous faire tuer ! ». Plusieurs gendarmes libérés se sont effondrés en larmes une fois arrivés à l'A.C.P. d'Ouloup. Alberto Addari, lui, ne s'apaisera qu'après une piqûre de valium.

Des témoignages de Mélanésiens recueillis par le F.N.L.K.S., affirment que Wenceslas Lavelloi a été exécuté à la fin de l'assaut par les militaires. D'autres précisent qu'il a été amené dans la grotte pour être abattu. Aucun corps n'a été retrouvé dans la grotte par les officiers de police judiciaire et Lavelloi est probablement mort au cours du deuxième assaut. En même temps que le porteur de thé.

Chapitre 18

I 'ENJEU DU « CAILLOU »

Aujourd'hui encore, la société mélanésienne et la société « militaire », en métropole, sont profondément traumatisées par l'affaire d'Ouvéa. 19 morts chez les ravisseurs et 6 du côté des forces de l'ordre, sans compter les blessés et les otages que l'on oublie trop souvent. Si l'armée se sent meurtrie, c'est qu'elle a l'impression d'avoir été utilisée à des fins politiques en période électorale, par un gouvernement de droite soupçonné d'avoir donné l'assaut avec l'accord de François Mitterrand, afin de satisfaire un électorat attiré par les thèses de Jean-Marie Le Pen. La Grande Muette se sent d'autant plus destabilisée qu'elle estime avoir été également utilisée par le nouveau gouvernement de gauche qui, sous prétexte de régler ses comptes avec l'ancienne majorité, a décidé de « déclassifier pour les besoins de la justice » le rapport de commandement initialement classé « confidentiel défense ». Un rapport transmis au ministère de la Justice pour être versé au dossier de l'instruction… avant de s'étaler dans les journaux.

Mais l'opération Victor devait-elle être considérée comme une opération de guerre ou une opération de police judiciaire ? C'est ce que l'on appelle la confusion des genres

— l'armée n'a pas vocation de police — qui a accru le malaise. Fallait-il laisser œuvrer la gendarmerie, incapable à elle seule de mener une telle opération, qui s'apparent davantage à une opération de lutte anti-guerilla ?

Enfin, fallait-il ordonner l'assaut ? A Matignon, comme à l'Elysée, il semble que le consensus s'affirme clairement.

Le malaise qui touche les militaires et la gendarmerie provient aussi de la polémique qui s'est développée après l'affaire d'Ouvéa, à propos de ravisseurs qui seraient morts de sévices ou exécutés après l'assaut. L'armée ne comprend pas qu'on lui « dise d'y aller », puis qu'on le lui reproche. Pour elle, on a trop vite oublié que l'affaire commencé par la tuerie de Fayaoué.

Quand le magazine « Politis » affirmait que l'armée dissimulait un témoin à l'opinion publique, il n'avait pas tort. Rarement, des otages libérés ont été aussi absents de la « scène médiatique ». La hiérarchie a formellement ordonné aux gendarmes mobiles de respecter leur devoir de réserve. Mais ce devoir leur interdit-il de s'exprimer, comme tout otage français libéré, sur le calvaire qu'ils ont subi ?

En revanche, des membres du G.I.G.N. se sont portés partie civile. Ils sont les seuls. Le ministre de la Défense, M. Jean-Pierre Chevènement, a opposé son veto à ce qu'un seul otage témoigne de sa détention. Cela aurait-il permis aux citoyens français de se faire une opinion sur le bien-fondé, ou sur la maladresse de l'opération Victor ? Le « terrain médiatique » a donc été entièrement occupé par les témoignages — pas toujours crédibles ni spontanés — des habitants du nord d'Ouvéa, qui ont été brutalisés pendant leur interrogatoire. Mais des « blessures » morales ou physiques des otages, on ne parle point. Alors existerait-il de bons et de mauvais otages ? Ou bien, l'armée, le pouvoir, la nation, auraient-ils honte d'avoir libéré des otages français ?

Non. Car si l'opération Victor a causé beaucoup de dégâts, c'est sur ses décombres que le gouvernement Rocard a pu concrétiser les accords de Matignon sur la Nouvelle-Calédonie. M. Jean-Marie Tjibaou et M. Jacques Lafleur se sont serré la main et ont apposé leur signature au bas d'une même feuille de papier. Après les morts d'Ouvéa, ces deux hommes ont eu peur. Ils ont vu passer le spectre de la guerre civile.

C'est l'une des raisons qui ont poussé le gouvernement de M. Rocard à imposer le silence aux otages, à accepter de livrer le résultat d'une enquête de commandement à la justice et enfin de suspendre un officier « lampiste ». Des gestes de bonne volonté dédiés aux indépendantistes du F.L.N.K.S., afin de les amener plus facilement à une table de négociation.

Mais vouloir oublier la guerre pour construire la paix comporte le risque de mal cicatriser une blessure encore très vive. La libération au compte-goutte des ravisseurs et le rapport aux calendes grecques d'un procès qui n'aura probablement jamais lieu, pèsent comme une menace sur les accords de Matignon qui prévoient une transition de dix ans après le référendum, avant que les Néo-Calédoniens eux-mêmes choisissent de rester dans la communauté nationale ou de devenir indépendants.

Dix longues années où la paix civile devra être assurée sur le « Caillou ». Un pari ambitieux qui ne passe pas obligatoirement par la relaxe pure et simple des preneurs d'otages d'Ouvéa. Le juge d'instruction qui a la charge du dossier doit se poser, à ce propos, quelques questions sur l'indépendance de la justice et la Raison d'Etat. Outre le fait que la communauté militaire comprenne mal ce pardon, le territoire de Nouvelle-Calédonie risque d'en payer le prix.

« Depuis les accords de Matignon, on ne fait plus rien,

même pas la circulation, explique un gendarme de Nouméa. On a ordre de ne pas pénétrer dans les tribus. » Et de citer cet assureur qui, sachant que la jeep de marque japonaise volée à son client roule dans une tribu voisine de Nouméa, téléphone à la gendarmerie pour demander pourquoi on n'arrête pas le voleur, pourquoi on ne lui ramène pas la voiture. « Nous savons très bien, mais on ne peut rien faire. » Le contrat de confiance demandé aux Français le 6 novembre ne va-t-il pas entraîner le territoire vers de nouveaux troubles ? Le F.L.N.K.S., persuadé que l'indépendance est au bout du tunnel, ne va-t-il pas anticiper l'échéance du référendum de 1998 ?

Si au sein de leur communauté, les indépendantistes sont majoritaires (70 % de l'électorat), cette même communauté mélanésienne n'est pas aujourd'hui majoritaire sur le plan démographique.

Le recensement de 1983 indique que pour une population totale de 145 368 habitants, la répartition est la suivante : 63 082 Mélanésiens (43,4 %) dont 1 212 Néo-Hébridais ; 53 974 Européens (37,1 %) ou assimilés ; 17 744 Polynésiens (12,2 %) dont 12 174 Wallisiens et Futuniens et 5 570 Tahitiens ; 5 319 Indonésiens (3,7 %) 2 381 Indochinois (1,6 %) ; 2 868 Antillais, Arabes, Indiens, Malabars, etc. (2 %).

Avec seulement 43,4 % de la population totale l'indépendance ne paraît pas assurée. Il faut cependant ajouter à ce chiffre 4 à 5 000 personnes (5 % du corps électoral) qui ne sont pas inscrites sur les listes. Les accords de Matignon prévoient cependant au moins trois mesures qui permettraient de remonter la barre. D'abord le gel électoral, qui garantit que seules les personnes en mesure de voter au référendum de 1988 et leurs descendants pourront participer au scrutin d'autodétermination de 1998. Ensuite, une loi d'amnistie qui donne le droit de voter aux personnes condamnées pour des motifs politiques (les ravisseurs d'Ouvéa sont-ils des politiques ou des droits communs ?). Enfin, l'accord prévoit de vérifier que tous les électeurs, comme les fonctionnaires, qui votent par procuration, habitent le territoire. Grâce à de telles mesures, la population mélanésienne dépasserait les 50 %, et pourrait même atteindre les 53 %.

Un autre système cependant permettrait de favoriser la population mélanésienne pour qu'elle devienne la première ethnie du territoire. Il suffirait simplement que la population européenne soit incitée à partir. A Nouméa, on parle de contrat secret passé entre le F.N.L.K.S. et le gouvernement. « Moins de congés pour les fonctionnaires, des charges et des impôts alignés sur ceux de la métropole (sur le territoire, la fiscalité est réduite), diminuer la majoration des salaires fonctionnaires, et c'est 10 000 Européens qui auront quitté la Nouvelle-Calédonie dans dix ans », explique un Caldoche. Les fonctionnaires, retraités ou non, à condition qu'ils restent sur le territoire, voient en effet leur salaire augmenter de 75 %. Une raison suffisante pour rester sur le territoire même si la cherté de la vie est plus importante qu'en Métropole.

Au cas où la Nouvelle-Calédonie deviendrait indépendante dans dix ans, la France perdrait-elle beaucoup ? Sur le plan économique, pas grand-chose, bien que le cours du nickel soit remonté dernièrement. En revanche, si la situation géo-stratégique de l'archipel ne s'évalue pas directement en termes financiers, sa perte entraînerait à coup sûr l'arrêt de l'influence française dans le Pacifique sud. Une région (50 % du produit national brut mondial) promise à devenir le pôle d'intérêt du XXIe siècle et où le « Caillou » joue un rôle capital, puisqu'il permet à la France de conserver la troisième place dans le classement des plus grandes nations maritimes du monde depuis la convention de Montego Bay qui assure à tous les états la souveraineté sur les ressources marines jusqu'à 200 milles (360 km) des côtes. Sans les départements et territoires d'Outre-mer, la France serait reléguée à la 45e place de ce classement. La perte de la Nouvelle-Calédonie risque en effet de provoquer, selon la théorie des dominos, celle à plus ou moins grande échéance, de la Polynésie française. Un risque majeur pour l'indépendance de la France qui sur l'atoll de Mururoa procède à ses essais nucléaires. Seul un archipel aussi vaste peut permettre de telle expérimentations liées directement à la Défense nationale. Qui aurait pensé, il y a seulement un quart de siècle, que la Guyane, pays des anciens bagnards, couvert par la forêt amazonienne, permettrait de lancer la fusée européenne Ariane qui connaît un grand succès sur le plan commercial ?

« Les bonnes relations qui existent entre Londres et Paris ne permettent pas de soupçonner le profond sentiment de jalousie avec lequel les Australiens ont vu et voient une occupation en Nouvelle-Calédonie. Ce sentiment se révèle à chaque page de tous les livres, de tous les journaux publiés à Sydney ou à Melbourne. On y trouve des accusations constantes contre la France. » Ces phrases ne sont pas d'aujourd'hui. Elles sont extraites d'un rapport sur les causes de l'insurrection canaque demandé par le ministre de la Marine française. Elles datent de 1878. Elles pourraient être d'aujourd'hui.

L'Australie et la Nouvelle-Zélande estiment que le Pacifique demeure une chasse gardée et voient depuis toujours d'un mauvais œil l'influence française dans cette région traditionnellement anglo-saxone. A moins de deux heures d'avion de Nouméa, l'Australie ne manquerait pas d'exercer un droit de regard sur un pays frontalier, de crainte que la Nouvelle-Calédonie ne devienne un nouveau Cuba. Encore faurait-il qu'elle en ait les moyens, les forces armées de Camberra étant pratiquement inexistantes. C'est en effet le danger qui guette le territoire qui, en cas de divorce avec la France, sombrerait dans une paupérisation croissante, alors qu'aujourd'hui, les Néo-Calédoniens affichent un produit intérieur brut (P.I.B.) de 8 163 dollars, un des plus riches du Pacifique.

Les victimes d'Ouvéa ont cependant entraîné une conséquence positive : elles ont fait réfléchir les Néo-Calédoniens. Déjà à Ouvéa, la hache de guerre semble enterrée. « Les vieux ont su faire parler leurs morts, affirme le Professeur Guiart. La fosse commune est établie à Hwadila, au centre géographique de l'île principale, là où les clans maîtres de la terre et la chefferie locale ont pour fonction d'assurer le maintient des relations entre les parties nord et sud de l'île. »

A la même époque d'autres obsèques se déroulaient dans la petite église de Garnat sur Engièvre, dans l'Allier. Le colonel Manificat, commandant le 11e Choc, enterrait son sous-officier mort à Ouvéa à 32 ans, avec toute sa famille et tous ses amis, :

« Vous étiez toujours disponible pour toutes les missions qui vous ont été confiées dans ces opérations de la paix que nous menons aux avant-postes de notre défense de notre pays et de nos libertés. C'est au cours de l'une d'elle que vous avez vu la mort en face. Comme dans la vie vous l'avez affrontée droit », affirmait l'officier dans l'éloge funèbre de l'adjudant Régis Pedrazza. Avant de conclure : « Adjudant, Régis Pedrazza, vous avez montré à la France, à ses amis comme à ses ennemis, que des sous-officiers d'aujourd'hui savent, comme leurs anciens, aller jusqu'au sacrifice suprême et tomber pour sauver d'autres vies. »

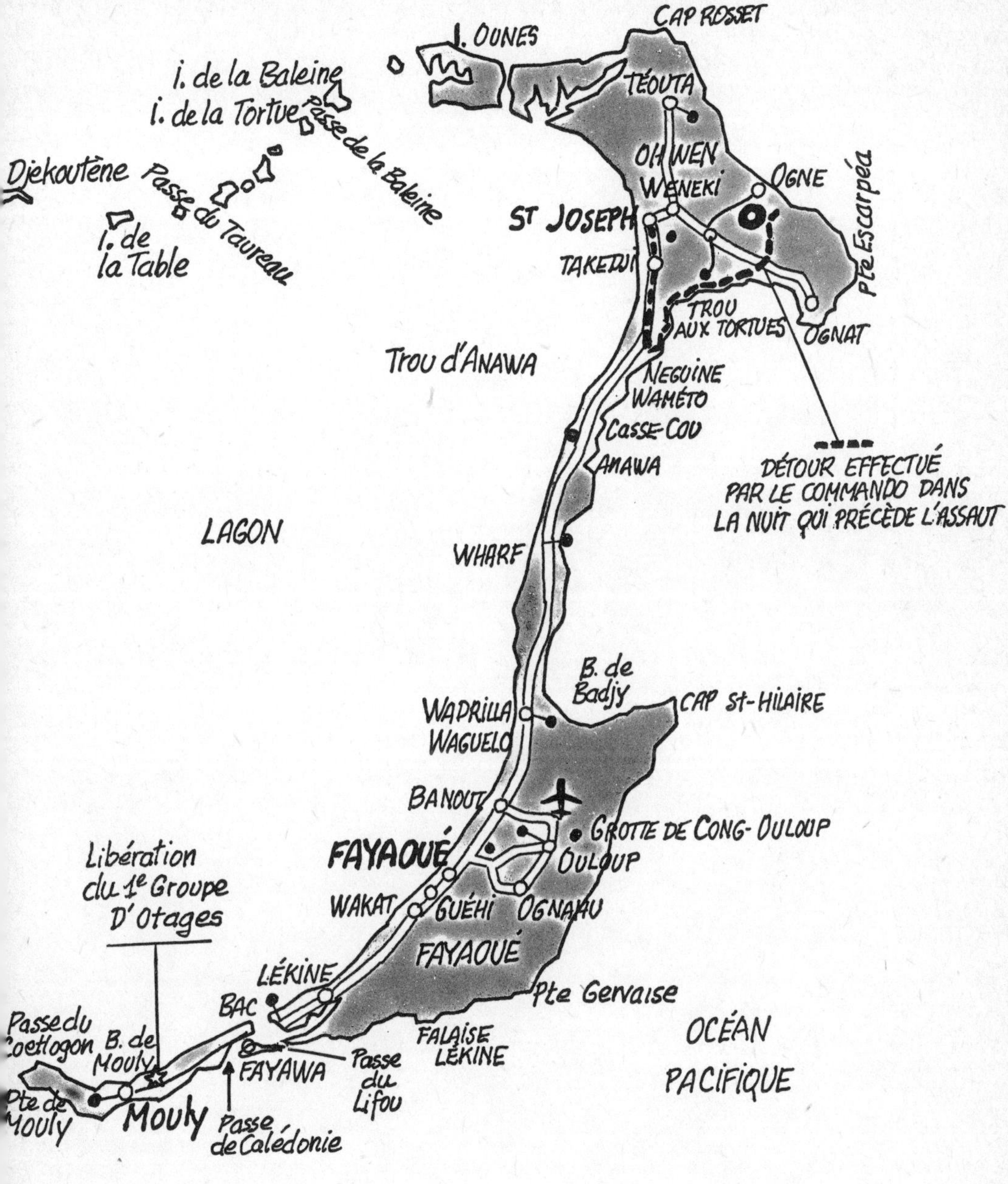
CAP ROSSET
I. OUNES
i. de la Baleine
i. de la Tortue
Passe de la Baleine
Djekoutène
Passe du Taureau
i. de la Table
TÉOUTA
OHWEN
WENEKI
OGNE
ST JOSEPH
TAKEDJI
Pte Escarpéa
TROU AUX TORTUES
OGNAT
Trou d'ANAWA
NEGUINE
WAMÉTO
Casse-Cou
ANAWA
DÉTOUR EFFECTUÉ PAR LE COMMANDO DANS LA NUIT QUI PRÉCÈDE L'ASSAUT
LAGON
WHARF
B. de Badjy
CAP St-HILAIRE
WAPRILLA
WAGUELO
BANOUT
GROTTE DE CONG-OULOUP
FAYAOUÉ
OULOUP
Libération du 1e Groupe D'Otages
WAKAT
GUÉHI
OGNAHU
FAYAOUÉ
LÉKINE
BAC
Pte Gervaise
OCÉAN PACIFIQUE
Passe du Coetlogon
B. de Mouly
FALAISE LÉKINE
FAYAWA
Passe du Lifou
Pte de Mouly
Mouly
Passe de Calédonie

L'ÎLE D'OUVÉA.

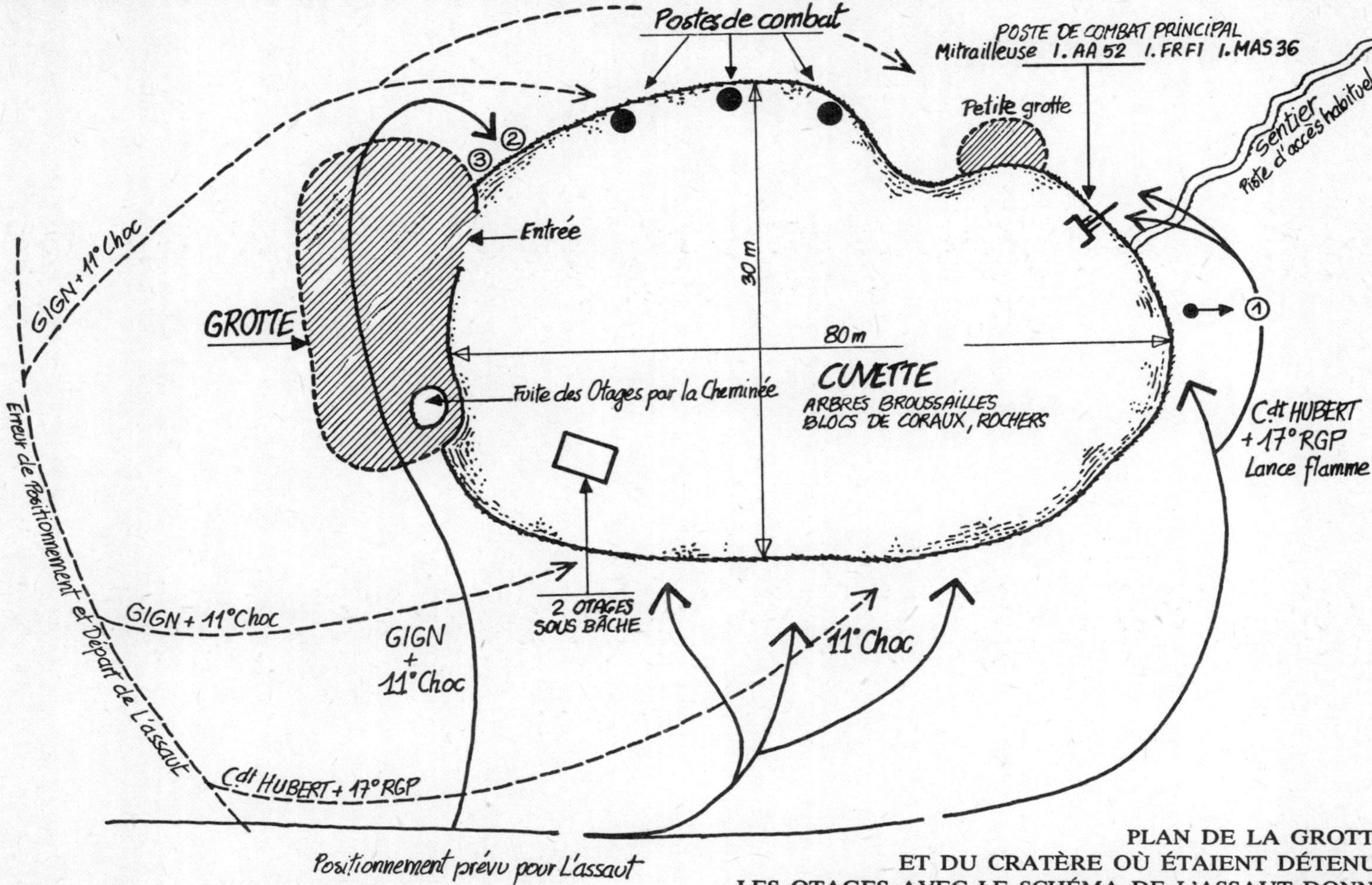

PLAN DE LA GROTTE
ET DU CRATÈRE OÙ ÉTAIENT DÉTENUS
LES OTAGES AVEC LE SCHÉMA DE L'ASSAUT DONNÉ
PAR LES HOMMES DU COMMANDANT AUBERT,
DU 11e CHOC, DU 17e RGP ET DU GIGN.

Cet ouvrage
a été composé
par l'Imprimerie BUSSIÈRE
et imprimé
sur presse CAMERON
dans les ateliers de la S.E.P.C.
à Saint-Amand-Montrond (Cher)
en octobre 1988

N° d'éditeur : 1198. N° d'impression : 6203-2076.
Dépôt légal : 3e trimestre 1988
Imprimé en France

ISBN : 2 85018 209 5